本书是2021年度河海大学中央业务经费人文社科专项——重大培育项目……
研究"(项目编号:B210207035)的终期成果。
河海大学中央业务费项目"我国河流流域生态保护立法的国际经验借鉴……
该重大培育项目的部分内容提供支持。

跨界 水治理法律问题研究

邢鸿飞 ◎ 主编

撰稿人(排名不分先后):

王春业　邢鸿飞　孙　珺　葛勇平

王志坚　李祎恒　顾向一　黄雅屏

向　佳　曾丽渲　穆斯塔基甫·吾甫尔

于　慧　刘南希　金　昊　费　博

河海大学出版社
HOHAI UNIVERSITY PRESS
·南京·

图书在版编目(CIP)数据

跨界水治理法律问题研究 / 邢鸿飞主编. -- 南京：河海大学出版社，2023.10
ISBN 978-7-5630-8263-6

Ⅰ.①跨… Ⅱ.①邢… Ⅲ.①水资源－资源保护－环境保护法－研究－中国 Ⅳ.①D922.680.4

中国国家版本馆 CIP 数据核字(2023)第 117004 号

书　　名	跨界水治理法律问题研究
	KUAJIE SHUI ZHILI FALÜ WENTI YANJIU
书　　号	ISBN 978-7-5630-8263-6
责任编辑	毛积孝
文字编辑	余　迪
特约校对	王春兰
封面设计	槿容轩
出版发行	河海大学出版社
地　　址	南京市西康路 1 号(邮编:210098)
电　　话	(025)83737852(总编室)
	(025)83722833(营销部)
经　　销	江苏省新华发行集团有限公司
排　　版	南京布克文化发展有限公司
印　　刷	广东虎彩云印刷有限公司
开　　本	787 毫米×1092 毫米　1/16
印　　张	16.75
字　　数	281 千字
版　　次	2023 年 10 月第 1 版
印　　次	2023 年 10 月第 1 次印刷
定　　价	58.00 元

目录

第一章　流域生态环境保护的中国立法 ······················ 001
一、我国流域生态环境保护立法之演变 ······················ 001
　（一）初创阶段（1949—1979 年） ······················ 001
　（二）起步阶段（1979—1990 年） ······················ 003
　（三）提速阶段（1991—2001 年） ······················ 005
　（四）加速阶段（2002—2011 年） ······················ 006
　（五）提质阶段（2012 年至今） ······················ 007
二、我国流域生态环境保护立法的发展趋势 ······················ 012
　（一）污染控制法与自然资源法理念逐渐趋同 ······················ 012
　（二）基本的法律体系已经建立并逐步完善 ······················ 013
　（三）地方水事立法工作越来越受到重视 ······················ 014
　（四）进一步推进机构改革 ······················ 014
　（五）注重水管理的"放、管、服"有机结合 ······················ 015
三、我国流域生态环境保护立法存在的问题 ······················ 016
　（一）流域生态环境保护法律体系不够完善 ······················ 017
　（二）流域治理规划缺少必要的立法支撑 ······················ 020
　（三）流域相关主体的协商机制缺失 ······················ 021

第二章　流域生态环境保护的域外立法 ······················ 023
一、流域立法立足于生态系统的自然规律 ······················ 023
　（一）美国田纳西河流域 ······················ 023
　（二）美国密西西比河流域 ······················ 024

（三）法国罗纳河流域 ……………………………………………… 026
二、法律规范中设定明确的标准 ………………………………………… 027
　　（一）美国《清洁水法案》相关标准明确 ……………………… 027
　　（二）《欧盟水框架指令》概念制定详细而明确 ……………… 028
　　（三）德国标准制定的统一 ……………………………………… 030
三、立法明确多方合作管理 ……………………………………………… 032
　　（一）美国WSRA《自然与风景河流法案》的体现 …………… 032
　　（二）欧盟通过法律规定利益各方的通力合作与协商 ………… 033
　　（三）北美五大湖流域加强利益方的协作治理 ………………… 036
四、水事管理的公共参与 ………………………………………………… 039
　　（一）德国制定与公众相关联的流域规划 ……………………… 039
　　（二）加拿大魁北克省可持续发展的合作 ……………………… 040
　　（三）澳大利亚流域管理设置的要求 …………………………… 043

第三章　我国流域生态环境保护立法体系之完善 ………………… 046
一、开展流域综合保护立法 ……………………………………………… 047
　　（一）树立整体性治理的立法理念 ……………………………… 047
　　（二）对流域一体化保护的各项制度作更为细化的规定 ……… 048
　　（三）流域生态环境立法坚持可持续发展原则 ………………… 048
　　（四）提高流域生态环境保护法制建设的科技水平 …………… 049
二、加强流域共同体治理立法 …………………………………………… 050
　　（一）形成权义明确、多元融合的共同体治理主体制度 ……… 051
　　（二）建立中央引导、流域管理机构协调、地方参与的磋商合作制度
　　　　 ……………………………………………………………… 051
　　（三）建立健全流域环境信息公开与公众参与制度 …………… 052
　　（四）构建流域环境污染和生态破坏联合防治制度 …………… 053
　　（五）完善跨流域生态环境纠纷多元解决机制 ………………… 054
　　（六）构建流域一体化保护的机制 ……………………………… 055

第四章　长江流域跨区河流治理协调机制 ………………………… 056
一、长江流域协调机制的现状 …………………………………………… 057
　　（一）域外立法中流域协调机制的隐性表达 …………………… 057

（二）协调机制在我国的实践及发展 …………………………… 058
二、长江流域协调机制的缺失 ………………………………………… 058
　　（一）长江流域协调机制的法律定位不明 …………………… 059
　　（二）协调机制难以满足流域长期性管理的需求 …………… 060
　　（三）协同立法机制存在改进空间 …………………………… 061
　　（四）环境司法与行政执法的合作有待深入 ………………… 063
三、长江流域协调机制的规范化 ……………………………………… 065
　　（一）流域协调机制的体系化建构 …………………………… 065
　　（二）流域协调机构的建立及权限 …………………………… 068
　　（三）流域协调行政协作的运行流程 ………………………… 069
　　（四）流域协调立法协作的细化规则 ………………………… 071
　　（五）流域协调法律实施的联动 ……………………………… 073

第五章　我国跨区域水资源用途管制 …………………………… 076
一、跨区域水资源用途管制的现状 …………………………………… 076
　　（一）宏观：府际间缺少合作意愿 …………………………… 077
　　（二）中观：多元主体间缺少统筹发展规划 ………………… 078
　　（三）微观：利益相关主体间的水权交易缺少动力机制 …… 078
二、跨区域水资源用途管制的价值取向 ……………………………… 079
　　（一）宏观层面——构建"人类命运共同体" ………………… 080
　　（二）中观层面——实现可持续发展 ………………………… 081
　　（三）微观层面——改革管制方式与提高用水效率 ………… 082
三、跨区域水资源用途管制的改革路径 ……………………………… 085
　　（一）建立联合管控机制 ……………………………………… 085
　　（二）推进区域水资源、水环境、水生态综合治理 ………… 087
　　（三）实行水资源用途管制区域统筹 ………………………… 088
　　（四）完善水权交易制度 ……………………………………… 089

第六章　我国生态环境损害赔偿诉讼的法律定位与制度衔接 …… 092
一、问题的提出 ………………………………………………………… 092
二、理论争议：生态环境损害赔偿诉讼的性质检视 ………………… 093
　　（一）生态环境损害赔偿诉讼的性质论争 …………………… 093

（二）生态环境损害赔偿诉讼的性质评说 …………………… 094
三、回归本质：环境民事公益诉讼的子类型 ………………………… 096
　　（一）适用范围上高度重合 ……………………………………… 096
　　（二）制度功能趋向一致 ………………………………………… 098
四、制度关联：生态环境损害赔偿诉讼与环境民事公益诉讼的衔接 … 099
　　（一）诉前规范的立法现状 ……………………………………… 100
　　（二）协商性规范的法律分析 …………………………………… 101
　　（三）协商性规范的整合 ………………………………………… 102

第七章　国际河流法与我国相关政策 ……………………………… 104
一、国际河流法简介 …………………………………………………… 104
　　（一）国际河流法是国际法的一个分支 ………………………… 104
　　（二）国际河流法包括特殊国际河流法和一般国际河流法 …… 104
二、我国国际河流政策 ………………………………………………… 106
　　（一）政治上：构建和谐周边关系是我国国际河流政策的指导思想
　　　　 …………………………………………………………………… 106
　　（二）法律上：严格执行特殊国际法并奉行国际河流有限主权原则
　　　　 …………………………………………………………………… 107
三、我国国际河流政策建议 …………………………………………… 108
　　（一）不急于加入联合国《国际水道非航行使用法公约》 …… 108
　　（二）不急于确立国际河流一体化规划模式 …………………… 111

第八章　"一带一路"中哈国际河流保护合作协调机制 …………… 113
一、问题的提出 ………………………………………………………… 113
二、国际河流保护合作的协调框架 …………………………………… 115
　　（一）协调主体 …………………………………………………… 115
　　（二）协调事项 …………………………………………………… 116
　　（三）协调规则 …………………………………………………… 116
　　（四）协调制度 …………………………………………………… 117
三、中哈国际河流保护合作协调机制现状 …………………………… 118
　　（一）中哈合作协调机制现状 …………………………………… 118
　　（二）现有合作协调机制的成效 ………………………………… 120

（三）现有合作协调机制的局限 …… 120
四、中哈国际河流保护合作协调机制的完善 …… 121
　　（一）中哈利用和保护跨界河流联合委员会 …… 121
　　（二）缔结综合、全面的水资源合作条约 …… 121
　　（三）构建中哈跨界水资源协商谈判机制 …… 122
　　（四）形成一体化管理、多层次治理体系 …… 123

第九章　"一带一路"沿线国家坎儿井合作 …… 125

一、问题的提出 …… 125
二、"一带一路"沿线国家坎儿井合作动机 …… 128
　　（一）促进农业繁荣与互利共赢 …… 128
　　（二）增进地下水保护与可持续发展 …… 128
　　（三）强化坎儿井保护与结构升级 …… 128
三、"一带一路"沿线国家坎儿井合作基础 …… 129
　　（一）坎儿井国际研讨会为"一带一路"沿线国家坎儿井合作做理论准备 …… 129
　　（二）"一带一路"沿线国家坎儿井的相似性是建立合作模式的实践基础 …… 130
四、"一带一路"沿线国家坎儿井合作缺失 …… 132
　　（一）农业技术交流不足 …… 132
　　（二）坎儿井保护措施单一 …… 133
　　（三）现代技术应用不够 …… 133
五、"一带一路"沿线国家坎儿井合作内涵 …… 134
　　（一）创建互利共赢的长效机制 …… 134
　　（二）推动农业合作与技术互动 …… 134
　　（三）建立水利信息交流、共享平台 …… 135
　　（四）利用现代技术促进保护与发展 …… 135
　　（五）增进制度实践与学术研究的互动 …… 136

第十章　澜湄流域跨境水资源合作机制 …… 137

一、澜湄流域水资源合作现状 …… 138
二、澜湄流域水资源合作治理模式 …… 140

（一）澜湄水资源合作需要国际法治 …………………………… 141
　　（二）硬法治理的弊端与软法治理的优势 ………………………… 141
　　（三）澜湄水资源合作软法治理的尝试 …………………………… 143
三、澜湄水资源合作机制取得的创新成果 ……………………………… 144
　　（一）确立澜湄水资源合作目标任务 ……………………………… 144
　　（二）建立跨境水资源信息共享机制 ……………………………… 145
　　（三）促进跨境水资源科技文化交流 ……………………………… 145
　　（四）提供跨境水资源合作平台 …………………………………… 146
四、完善澜湄水资源合作机制 …………………………………………… 146
　　（一）建立联合管理机构 …………………………………………… 147
　　（二）有效应对流域外国家干扰 …………………………………… 147
　　（三）鼓励流域国共同参与 ………………………………………… 148
　　（四）促进多元合作 ………………………………………………… 148

第十一章　澜湄流域水资源合作开发及中国参与 ……………… 150

一、澜沧江—湄公河流域概况 …………………………………………… 151
二、澜湄流域水资源合作机制与冲突原因 ……………………………… 152
　　（一）澜湄流域水资源合作机制历史发展 ………………………… 152
　　（二）澜湄流域水资源冲突原因 …………………………………… 154
三、澜湄流域水资源开发依据、范围和路径 …………………………… 156
　　（一）澜湄流域跨境水资源开发的国际法律依据 ………………… 156
　　（二）澜湄流域水资源开发范围 …………………………………… 158
　　（三）澜湄流域水资源开发的合作路径 …………………………… 160
四、中国参与澜湄流域水资源合作的欠缺与完善 ……………………… 162
　　（一）中国参与澜湄流域水资源合作的主要活动 ………………… 162
　　（二）中国参与澜湄流域合作开发的欠缺 ………………………… 164
　　（三）中国参与澜湄流域合作开发的新举措 ……………………… 165

第十二章　国际水权视角下的澜湄合作 …………………………… 169

一、既有的官方合作机制 ………………………………………………… 170
　　（一）多个国际机制重合、竞争 …………………………………… 170
　　（二）既有合作机制大多限制中国 ………………………………… 173

（三）澜湄合作的运行成效与突出问题 ⋯⋯⋯⋯⋯⋯⋯⋯⋯⋯⋯⋯ 174
二、国际水权确权是跨界水合作的重要一环 ⋯⋯⋯⋯⋯⋯⋯⋯⋯⋯⋯⋯ 176
　　（一）国家水权与国际水权 ⋯⋯⋯⋯⋯⋯⋯⋯⋯⋯⋯⋯⋯⋯⋯⋯ 176
　　（二）当前国际河流水量分配应立足于所有权 ⋯⋯⋯⋯⋯⋯⋯⋯ 178
　　（三）流域国家国际水权水量份额的计算方式 ⋯⋯⋯⋯⋯⋯⋯⋯ 179
三、国际水权确权有利于推进澜湄合作 ⋯⋯⋯⋯⋯⋯⋯⋯⋯⋯⋯⋯⋯⋯ 183
　　（一）国际水权确权在突出澜湄合作预防性的同时减少进攻性 ⋯⋯ 185
　　（二）国际水权确权强调河流的生态价值用以增加澜湄合作的专业色彩
　　⋯⋯⋯⋯⋯⋯⋯⋯⋯⋯⋯⋯⋯⋯⋯⋯⋯⋯⋯⋯⋯⋯⋯⋯⋯⋯⋯ 187
　　（三）国际水权确权有利于体现对流域当地社区的历史文化关怀 ⋯ 188
　　（四）国际水权确权引导下的澜湄合作能有效抵消中国"水威胁"论调
　　⋯⋯⋯⋯⋯⋯⋯⋯⋯⋯⋯⋯⋯⋯⋯⋯⋯⋯⋯⋯⋯⋯⋯⋯⋯⋯⋯ 190

第十三章　湄公河水问题的安全化 ⋯⋯⋯⋯⋯⋯⋯⋯⋯⋯⋯⋯⋯ 193
一、问题的提出 ⋯⋯⋯⋯⋯⋯⋯⋯⋯⋯⋯⋯⋯⋯⋯⋯⋯⋯⋯⋯⋯⋯⋯ 193
二、湄公河水问题的安全化与去安全化 ⋯⋯⋯⋯⋯⋯⋯⋯⋯⋯⋯⋯⋯⋯ 194
三、湄公河旱涝问题的安全化认知不足 ⋯⋯⋯⋯⋯⋯⋯⋯⋯⋯⋯⋯⋯⋯ 197
四、湄公河水电负面影响的安全化解读过度 ⋯⋯⋯⋯⋯⋯⋯⋯⋯⋯⋯⋯ 198
五、湄公河水问题适度安全化的关键——健全流域决策机制 ⋯⋯⋯⋯⋯ 200
六、结论 ⋯⋯⋯⋯⋯⋯⋯⋯⋯⋯⋯⋯⋯⋯⋯⋯⋯⋯⋯⋯⋯⋯⋯⋯⋯⋯ 202

第十四章　"一带一路"国际合作争端预防与解决 ⋯⋯⋯⋯⋯⋯⋯ 203
一、国际社会面临百年未有之大变局 ⋯⋯⋯⋯⋯⋯⋯⋯⋯⋯⋯⋯⋯⋯⋯ 203
　　（一）全球化发展加剧国际格局的变化 ⋯⋯⋯⋯⋯⋯⋯⋯⋯⋯⋯ 203
　　（二）疫情全球大流行加速百年未有之大变局的进程 ⋯⋯⋯⋯⋯ 204
二、习近平法治思想促进国际关系法治化发展 ⋯⋯⋯⋯⋯⋯⋯⋯⋯⋯⋯ 205
　　（一）习近平法治思想概要 ⋯⋯⋯⋯⋯⋯⋯⋯⋯⋯⋯⋯⋯⋯⋯ 205
　　（二）习近平法治思想为变局中的国际法治注入新动力 ⋯⋯⋯⋯ 206
三、"一带一路"国际合作中难免产生争端 ⋯⋯⋯⋯⋯⋯⋯⋯⋯⋯⋯⋯⋯ 211
　　（一）"一带一路"倡议的由来与意义 ⋯⋯⋯⋯⋯⋯⋯⋯⋯⋯⋯ 211
　　（二）"一带一路"倡议下的国际合作难免产生争端 ⋯⋯⋯⋯⋯⋯ 211

四、习近平法治思想促进国际争端预防与解决的法治化发展 …………… 212
　　（一）全面布局新时代中国特色大国外交 ………………………… 212
　　（二）积极参与全球治理体系改革与建设 ………………………… 213
　　（三）在百年大变局下推进国际争端预防与解决的法治化发展 … 214
五、国际争端预防与解决法治化发展的路径 ……………………………… 215
　　（一）重视条约缔结与条约解释理论 ……………………………… 216
　　（二）擅缔约促进国际争端预防法治化发展 ……………………… 218
　　（三）擅释约促进国际争端解决法治化发展 ……………………… 219

第十五章　美墨水债问题：国际水权纠纷的新发展 ……………… 221
一、美墨水债问题的背景和现状 …………………………………………… 221
　　（一）水文地理背景 ………………………………………………… 221
　　（二）国际条约背景 ………………………………………………… 222
　　（三）美墨水债问题的现状 ………………………………………… 223
二、美墨水债问题的成因 …………………………………………………… 225
　　（一）根本原因：对立的河流主权理念 …………………………… 225
　　（二）制度原因：美墨格兰德河管理法律框架僵化 ……………… 226
　　（三）直接原因：干旱气候 ………………………………………… 227
三、美墨水债问题的走向 …………………………………………………… 227
　　（一）两国政府短期内不会考虑重新缔结条约 …………………… 227
　　（二）两国将在法律框架内尽可能减少水债问题的负面影响 …… 228
　　（三）两国水债问题将与各类边界问题综合考量 ………………… 229
四、结论与启示 ……………………………………………………………… 232

参考文献 ……………………………………………………………………… 234

后记 …………………………………………………………………………… 255

第一章
流域生态环境保护的中国立法

一、我国流域生态环境保护立法之演变

（一）初创阶段（1949—1979 年）

19 世纪以来，我国长期处于落后状态，市场经济、科学技术不发达，城市化、工业化进程严重滞后，缺失环境法、水法等法律产生发展的必要条件，我国近现代意义上的环境法、水法等未能获得充分发展，未能与世界环境法的良性发展同步。相比于农耕文明下的自然资源利用和生态保护，环境污染是"新生事物"，甚至，在这个阶段的国家行政机构设置中，环境保护的相关机构也几乎不见踪影。

20 世纪 50 年代，我国以"人定胜天"的理念指导经济建设，面对各类自然灾害，强调人的主观意志和拼搏精神，试图通过全社会的努力改造自然。由于工业化水平低下，工业污染甚至被人们误认为是发展的代名词。到了 60 年代，生产力依然低下，"人定胜天"的思想继续盛行。围湖造田、大炼钢铁等改造自然、征服自然的人类活动使自然环境被破坏，导致生态退化恶化，至此人们才开始认识到生态平衡的重要性。

1972 年，中国派出恢复联合国合法席位后的首个代表团参加在斯德哥尔摩召开的人类环境会议，这是有史以来第一次由联合国牵头的、以环境为议题的全球性会议。受这次会议的启发，1973 年，国务院组织召开了第一次全国性的环境保护会议，讨论通过《关于保护和改善环境的若干规定（试行草案）》，并由国务院发布作为新中国成立以来第一个环境保护规范性文件，自此我国环境保护立法与世界基本同步展开。同年，首个国家级环保机构——

国务院环境保护领导小组办公室正式成立。同时,从生态环境行政机构设置的演化进程中①,我们可以发现,改革开放前的重点和中心是以生态建设为主。为了利用自然,我国也短暂组建过以森林砍伐、农业垦殖为职能的森工部和农垦部。

改革开放前夕,基于我国当时快速发展重工业的迫切需求,加之对生态环境问题的偏见和刻意回避,我国一些流域开始水污染日益严重②。1971年,北京官厅水库发生严重水污染事故,造成多人中毒。1972年北京市官厅水库环境污染综合治理行动,是我国在国家层面最早实施的流域水污染防治的标志性事件,自此我国开始探索有特色的中国水环境保护道路。当时考虑水污染跨行政区域和水污染治理跨部门等特点,国务院成立了由中央部委和北京等四省(市)参加的"官厅水库水源保护领导小组"(以下简称"官厅小组"),统筹协调官厅水库水污染治理工作。"官厅小组"随即整合大量资源投入水库上游地区生态环境治理工作,其高效治污工作促使国务院随即要求"全国主要江河湖泊,都要设立以流域为单位的环境保护管理机构"。1974年,长江、黄河等流域保护领导小组及执行机构相继成立,这些流域水资源保护机构接受水行政部门(时为水利电力部)和生态环境主管部门(时为设在国家计划委员会的国务院环境保护领导小组)双重领导。

1979年9月,第五届全国人大常委会第十一次会议通过《中华人民共和国环境保护法(试行)》,不仅将《保护和改善环境若干规定》确定的"32字方针"③以立法方式加以确认,而且明确了"合理地利用自然环境,防治环境污染和生态破坏,为人民造成清洁适宜的生活和劳动环境,保护人民健康,促进经济发展"的立法目的,还对各级国家机关、企事业单位在保护环境、防治污染和其他公害方面的职责和义务做了明确和具体的制度安排。以上史实说明,

---

① 1949年,中华人民共和国成立之际即成立中央人民政府林垦部,1951年改为林业部,1956年成立森林工业部,1958年与林业部合并,1970年与农业部合并为农林部,1979年恢复为林业部。1998年3月10日,九届全国人大一次会议审议通过国务院机构改革方案,林业部改为国务院直属机构国家林业局。2018年3月13日,十三届全国人大一次会议审议通过国务院机构改革方案,组建国家林业和草原局,不再保留国家林业局。关于农业垦殖,1956年在国务院组成部门中专设农垦部,统筹安排开垦发展人口密集程度低、自然生态环境具有较高原生生产力的地区,尤其是边疆,如黑龙江的北大荒等。直到1982年,撤销农垦部,与农业部、水产总局合并为农牧渔业部。

② 松花江水系保护领导小组办公室. 六年来松花江水资源保护工作基本情况[J]水资源保护,1985(1).

③ 《保护和改善环境若干规定》确定了环境保护"全面规划,合理布局,综合利用,化害为利,依靠群众,大家动手,保护环境,造福人民"的工作方针。

改革开放前 30 年,是我国生态环境保护立法的初创阶段,这一阶段,保护与破坏是并行的。

(二)起步阶段(1979—1990 年)

改革开放政策实施初期,我国环境污染问题凸显,生态恶化进程加速。这一阶段,高污染、高能耗的乡镇企业遍地开花,工业污染严重,环境污染成为社会"公害"。与此同时,西方的环境保护理念和可持续发展认知开始影响中国,面对这一阶段中国的环境污染及由此引发的生态危机,人们逐步意识到,经济的高速、无序发展必然导致环境污染,但对环境污染的整治又离不开经济的良性、有序发展,经济发展是一把"双刃剑",经济发展不能以牺牲环境为代价,必须组建环境保护机构,建立健全环境法治体系。

1982 年,国务院机构改革后,组建城乡建设环境保护部,部内设环境保护局,当时环境保护机构只是城乡建设环境保护部内设的一个局级单位。1984 年,国务院成立了环境保护委员会,作为环境保护协调机构,由副总理挂帅。同年 12 月,国务院批准成立国家环境保护局,归属国家城乡建设环境保护部,由城乡建设环境保护部代管。1988 年,国家环境保护局脱离归属部委,升格成副部级国务院直属机构,正式独立。环境保护局下设 10 个司,主要职责是负责全国自然环境的保护,监督管理环境污染的防治工作。同时,我国流域水管理形成了以行政区划为单元的"分级、分部门"体制[1],相应出台和实施了一些法律法规[2]。比较典型的是国务院 1988 年颁布的《中华人民共和国河道管理条例》(以下简称《河道管理条例》),这是我国流域水管理的第一部行政法规,在流域管理史上具有开拓性意义。

随着改革开放的不断深入,20 世纪 80 年代开始,我国的生态治理理念也由被动参与转变为主动跟进。1982 年,世界环境与发展委员会(WCED)开始

---

[1] 由国务院水利部门负责全国水资源利用和保护、防洪、水土保持等工作,环保部门负责水污染防治,此外还有交通、市政、农业、能源等涉水部门,依法分管水运、水能、渔业等事宜。依照中央多个涉水部门的职能划分,每个流域所涉行政区域各级政府的职能部门,按照纵向、垂直的管理方式,管理流域内的水资源开发利用和环境保护事宜。

[2] 1984 年通过的我国第一部水事法律——《中华人民共和国水污染防治法》(以下简称《水污染防治法》),第 4 条规定水污染防治实行"环保部门统一管理与分级、分部门管理相结合"的体制。1988 年颁布的我国第一部《中华人民共和国水法》(以下简称《水法》)第 9 条的规定,国家对水资源实行水利部门统一管理与"其他有关部门"分级、分部门管理相结合的体制。作为水土保持基本法律的 1991 年《中华人民共和国水土保持法》(以下简称《水土保持法》),在第 5 条规定了"区域管理、水利部门主管"的体制。

调研和撰写《我们共同的未来》报告,主张可持续发展的概念认知与生态平衡的实际需求相交融,顺应世界潮流,可持续发展理念逐步成为社会共识。1989年召开第三次全国环境保护会议,强调了要向环境污染宣战,要加强制度建设。这次会议的一个具体贡献是确定了"三大政策"和"八项制度"[①],将我国环境保护工作推向了一个新阶段。

1979年全国人大通过了《中华人民共和国环境保护法(试行)》并要求尽快启动修法工作,提请审议后将该试行法变为正式法律,但因为种种原因,实际上是到十年之后的1989年,全国人大常委会才审议通过《中华人民共和国环境保护法》(以下简称《环境保护法》)。这一阶段,单行法制定进程、修改频率都比基本法更及时、快捷,我国先后制定了《中华人民共和国海洋环境保护法》(1982年,以下简称《海洋环境保护法》)《水污染防治法》(1984年)《中华人民共和国草原法》(1985年,以下简称《草原法》)和《中华人民共和国土地管理法》(1986年,以下简称《土地管理法》)《中华人民共和国矿产资源法》(1986年,以下简称《矿产资源法》)《中华人民共和国大气污染防治法》(1987年)《水法》(1988年)《中华人民共和国野生动物保护法》(1988年,以下简称《野生动物保护法》)等单行法近20部。国家对饮用水安全也比较重视,1989年国家多部委联合制定《饮用水水源保护区污染防治管理规定》。

其中,1988年《水法》的实施,对规范当时水资源的开发利用行为、保护水资源、防治水害、促进水利事业的发展,发挥了积极作用。具体可归结为:第一,通过坚持不懈的水法宣传教育,全社会和广大公民的水观念发生了深刻变化。第二,从水利是农业的命脉、为农业生产服务、水利部门归农口管理阶

---

① 王金南,万军,王倩,等.改革开放40年与中国生态环境规划发展[J].中国环境管理,2018,10(6).

第三次全国环境保护会议通过了两份重要文件和两个指导性的工作目标。两份文件是:《1989—1992年环境保护目标和任务》和《全国2000年环境保护规划纲要》。会议形成了"三大环境政策",即环境管理要坚持预防为主、谁污染谁治理、强化环境管理三项政策。"预防为主"的指导思想是指在国家的环境管理中,通过计划、规划及各种管理手段,采取防范性措施,防止环境问题的发生;"谁污染谁治理"原则是指对环境造成污染危害的单位或者个人有责任对其污染源和被污染的环境进行治理,并承担治理费用;"强化环境管理"的主要措施包括:制定法规,使各行各业有所遵循,建立环境管理机构,加强监督管理。

此外,会议认真总结了实施建设项目环境影响评价、"三同时"、排污收费3项环境管理制度的成功经验,同时提出了5项新的制度和措施,形成了我国环境管理的"八项制度"。参见中华人民共和国生态环境部网页:https://www.mee.gov.cn/zjhb/lsj/lsj_zyhy/201807/t20180713_446639.shtml;访问于2023-1-4。

段,到水利是国民经济基础产业、为经济社会全面服务、水利部门是水行政主管部门阶段。第三,从无偿用水到建立水费制度,实行水商品的价格管理。第四,从重在兴建和管理已建工程的供水管理转向重在节水和提高用水效率的需水管理,保障水资源可持续利用[①]。在1988年《水法》颁布以后,全国建立起取水许可等一系列的水管理制度,开始实行计划用水,厉行节约用水。但是,也存在一定的局限性[②]。

（三）提速阶段(1991—2001年)

20世纪90年代开始,我国积极参与全球可持续发展进程,既主动跟进又有所贡献。1992年出席联合国里约环境与发展会议,随后中国第一个启动可持续发展国家战略。由此,环境保护的意识在全社会进一步提升,但是,在以发展为中心,发展意愿、压力、动力强劲的背景下,环境保护与发展并重的政策导向只具有形式意义,实际依然是发展优先或以发展为导向的环境保护。整体而言,这一阶段我国环境污染虽然进一步加剧,但在治污工程建设、管控污染排放等方面,投入显著增加,治污力度越来越大,环境保护机构逐步升级,法制进一步完善,环境生态得到一定程度的改善。

1998年6月,国家环保机构升格为正部级的国家环境保护总局,成为国务院主管环境保护工作的直属机构。同年,撤销国务院环境保护委员会。

这一时期,能源开发和工程建设规模不断扩大,进一步加剧了我国的水土流失。通过遥感技术对全国水土流失情况进行普查,发现水土流失面积远大于50年代初,而严重的水土流失,必然产生严重后果,造成严重危害。为了更好地保护水土资源,切实有效预防和治理水土流失,1991年6月29日,第七届全国人大常委会通过了《中华人民共和国水土保持法》(以下简称《水土保持法》),我国第一部水土保持工作方面的基本法律正式诞生。

但是,我国于1991年通过的《水土保持法》没有直接规定流域管理机构在流域水土保持中的职能,仅有少数几个条款涉及流域管理,如第22条规定水力侵蚀地区的水土流失综合防治体系等。

同一阶段,我国掀起了新一轮大规模的经济建设,重化工项目沿河沿江的布局和发展,使水环境保护的压力不断加大。1994年淮河再次爆发污染事

---

① 陈琴.《水法》修订实施十周年回顾与展望[J].水利发展研究,2012(9).
② 第一,水资源开发利用中,重开源轻节流和保护,重经济效益轻生态环境保护。第二,水资源管理制度不够完善,特别是在水资源保护方面缺乏相应的管理制度。第三,水资源有偿使用制度规定不够明确,难以适应市场经济条件下水资源优化配置的需要。

故,流域水质已经从局部河段变差向全流域恶化发展,在流域层面开展大规模治水迫在眉睫[①],基于此,重点流域水污染防治规划制度,首次在 1996 年修正的《水污染防治法》中予以明确。

(四)加速阶段(2002—2011 年)

21 世纪初,我国工业化推动城市化进程,生产力水平大幅提高,生态得以自然修复,但污染严重,资源短缺。这一阶段,中国加入世界贸易组织,融入世界经济,成为"世界工厂"。由于工业制造业的规模效应,污染排放总量增加,中国的发展逼近工业文明的生态红线、环境底线和资源上线,可持续发展挑战不断凸显,环境质量整体恶化,但趋势得到遏制。主要污染物排放达峰,总量绝对量减少。中国的参与趋于积极主动,开启了科学发展的征程,明确第一要义是发展,核心是以人为本,通过统筹兼顾,寻求全面协调可持续的发展。

中国加入世界贸易组织以后,国际贸易规则和市场对中国环境与生态的相关要求倒逼污染控制和生态保护机构再升级,实施污染物排放总量控制。2002 年,约翰内斯堡可持续发展世界首脑会议,联合国"新千年目标"成为政治共识。生态文明成为国家发展战略并被学术研究系统深化。党的十六大报告明确提出全面建设小康社会的目标之一是要"可持续发展能力不断增强,生态环境得到改善,资源利用效率显著提高,做到人与自然的和谐,推动整个社会走上生产发展、生活富裕、生态良好的文明发展道路",这一表述较为系统全面地界定了生态文明建设的物理内涵,即生态、环境、资源三大成分,生态得到改善,环境得到整治,资源高效利用。

在此背景下,我国于 2002 年新修订《水法》,2009 年又修改了其中部分条文。《水法》调整对象也由水量调节、水工程保护与防洪,拓展到水生态保护和水污染防治领域。强化了水污染防治和水生态保护,夯实了水资源宏观管理与配置制度,确立了水资源战略规划的法律地位,建立了完善的水利规划体系。《水法》理顺了水资源管理体制,强调水资源统一管理与流域管理,规定了流域管理机构的设置,确定了流域管理机构的水资源管理和监督

---

① 淮河、海河、辽河(简称"三河")、太湖、巢湖、滇池(简称"三湖")在《国民经济和社会发展"九五"计划和 2010 年远景目标纲要》中被确定为国家的重点流域,也就是当时的"33211"重点防治工程,自此大规模的流域治污工作全面展开。同时,提出环境质量管理目标责任制和推进"一控双达标",即污染物排放总量控制、工业污染源达标排放、空气和地表水环境质量按功能区达标。但是,由于"九五"计划目标偏乐观,可达性论证不足,且计划实施时间仅 2—3 年,"九五"计划目标在 2000 年未能如期实现。

职责、流域水事纠纷行政调解制度、水行政执法监督制度、法律责任制度等。随之,1998年《水法》对水资源实行"统一管理与分级、分部门相结合的制度",演化为对水资源实行"流域管理与行政区域管理相结合的制度"。此外,还建立了水质水量水生态一体化保护的基本制度,确立了水功能区划的法律地位,完善了水资源有偿使用制度。但是,在修订和实施中仍然存在一些问题[1]。

《水污染防治法》的主要立法目的在于落实《环境保护法》在水环境方面的规定。该法确立了水污染防治规划、环境影响评价等基本法律制度。2008年实施的《水污染防治法》[2]在流域水资源保护机构职责、重要江河和湖泊流域水质量标准、水污染防治规划和标准、饮用水水源保护区的划定、流域管理机构的监督管理等方面强化了流域管理。

(五)提质阶段(2012年至今)

这一阶段,我国全面启动生态保护、污染控制和资源节约的转型发展进程,高质量、大力度建设生态文明,推进人与自然的和谐发展。生态环境建设步入新时期,共抓生态大保护,大气、水、土壤环境介质全面污染防治攻坚,资源减量节约、循环再生,环境质量趋稳向好,走向绿色和谐之路。2012年全国污染防治工作会议提出"由粗放型向精细化管理模式转变、由总量控制为主向全面改善环境质量转变"的思路,直接推进了"十二五"规划在精细化管理方面的突破。

国际层面,2012年联合国可持续发展大会("里约+20"峰会),中国积极参与"新千年目标"的制定进程。2015年,通过《2030年可持续发展议程》,召开《联合国气候变化框架公约》缔约方会议,开展"后京都时代"即2012年后全球应对气候变化的国际协定谈判,达成《巴黎协定》等重大活动中,都有中国积极的、不可或缺的贡献。

自2011年中央一号文件《中共中央 国务院关于加快水利改革发展的决定》实施以来,我国以流域综合管理为目标,进行流域水管理体制特别是流域

---

[1] 部分《水法》配套法规建设进展缓慢,还不能完全满足水行政管理的需要。《水法》的一些规定还不够明确,可操作性和执行性有待加强;《水法》规定的制度贯彻落实不平衡,一些制度的实施明显滞后。

[2] 在《水污染防治法》的框架下,环保部与发改委、水利部、住建部2008年联合出台《淮河、海河、辽河、巢湖、滇池、黄河中上游等重点流域水污染防治规划(2006—2010年)》,并由中央政府对规划实施进行资金和项目支持。

管理机构的改革。2012—2013年,水利部会同环保部等多个部门编制的七大流域综合规划,先后获国务院批复,这些政策文件有很多创新和发展。例如,七大流域综合规划明确提出,流域综合管理体系到2030年基本实现完善或全面建成;另外,河长制的推行、环境监管体制改革、国务院和地方政府机构改革等,也对流域水管理体制产生了不同影响①。

2014年修订的《环境保护法》,要求建立跨行政区的流域水污染防治协调机制,实现"统一规划、统一标准、统一监测和统一防治措施"等"四个统一"。2015年,国务院出台《水污染防治行动计划》,要求"建立跨部门、区域、流域、海域水环境保护议事协调机制,发挥环境保护区域督查派出机构和流域水资源保护机构的作用"。2017年,中央全面深化改革领导小组第三十二次会议审议通过了《按流域设置环境监管和行政执法机构试点方案》,要求"试点省份要积极探索按流域设置环境监管和行政执法机构、跨地区环保机构,有序整合不同领域、不同部门、不同层次的监管力量"。

在新时代,生态文明建设不仅是"五位一体"总体布局不可或缺的组成部分,党中央更是要求将生态文明建设放在突出地位,融入经济建设、政治建设、文化建设和社会建设的各方面和全过程,新的发展理念要求创新、协调、绿色、开放、共享,系统形成并升华为习近平生态文明思想,成为习近平新时代中国特色社会主义思想的重要组成部分。

十八大以来,环境质量总体呈现改善态势,生态文明建设的机构职能进一步强化。2018年,第十三届全国人大一次会议通过的《国务院机构改革方案》,依法确立了七大流域(海域)生态环境监督管理局的法律定位等。诸多情形表明,我国流域生态环境管理机构设置及职权配置,开始走上法治主义路径。

2018年3月13日,十三届全国人大一次会议审议通过国务院机构改革方案,组建国家林业和草原局,不再保留国家林业局。2018年国务院组建生态环境部,统一行使生态和城乡各类污染排放监管与行政执法职责,强化了政策规划标准制定、监测评估、监督执法、督察问责"四个统一",实现了地上和地下、岸上和水里、陆地和海洋、城市和农村、一氧化碳和二氧化碳"五个打通"以及污染防治和生态保护贯通,在污染防治上改变了"九龙治水"的状况,

---

① 王清军.我国流域生态环境管理体制:变革与发展[J].华中师范大学学报(人文社会科学版),2019(6).

在生态系统保护修复上强化了统一监管[1]。

十八大以来,我国治水理念健康发展,不断完善的水法律法规体系,推动了我国防洪工作从控制洪水向管理洪水转变,水资源管理从供水管理向需水管理转变,水土保持从重点治理向预防保护、综合治理与生态自我修复相结合转变,水利建设从开发利用为主向开发保护并重转变,水行政管理从行政手段为主向综合运用法律、经济、行政和科技手段转变等。这些理念的转变,反过来也促进我国水法律法规体系的完善,合力推动我国依法治水局面的形成。到 2018 年生态文明入宪[2],历经 40 年的大量环境立法,促成了我国环境法律制度体系框架的生成[3]。

2018 年,《生态环境部职能配置、内设机构和人员编制规定》("三定"方案)指出国家将在长江、黄河等七大流域设立"流域生态环境监督管理局,作为生态环境部设在七大流域的派出机构",实行"生态环境部和水利部双重领导、以生态环境部为主"的管理体制。可见,重新调整"双重领导"体制而相应设立的七大国家重要流域生态环境监督管理局,主要负责流域生态环境监管和行政执法等方面的相关工作。显然,调整后的"双重领导"体制,不是过去"双重领导"体制的简单复制,也绝不仅仅是以哪个部门为主实施领导的问题,而是包含着流域生态环境管理理念、管理制度和管理方法围绕着生态文明、美丽中国建设而进行的一次全面的转型或升级,无疑会对我国流域生态环境管理体制的未来变革产生重大影响[4]。

国家层面对流域综合立法工作的重视程度也不断加深。2018 年 9 月,十三届全国人大常委会发布立法规划,《长江保护法》被列入一类立法项目规划。2019 年 12 月 6 日,全国人大环资委已提请全国人大常委会审议《中华人民共和国长江保护法(草案)》。2019 年 12 月 23 日,第十三届全国人大常委会第十五次会议对《中华人民共和国长江保护法(草案)》进行首次审议。2020 年 12 月 26 日,第十三届全国人大常委会第二十四次会议通过《中华人

---

[1] 李干杰. 继往开来 砥砺前行 谱写新时代生态环境保护事业壮丽华章[J]. 环境保护,2019(17).

[2] 2018 年 3 月,十三届全国人大一次会议通过宪法修正案,将"推动物质文明、政治文明、精神文明、社会文明、生态文明协调发展,把我国建设成为富强民主文明和谐美丽的社会主义现代化强国"写入序言并与其他国家目标相互协同,充实完善了已有环境保护宪法规范体系,为在环境法治中处理协调经济发展、社会发展和环境保护等权力和权益冲突提供了宪法解决方案。

[3] 郑少华,王慧. 中国环境法治四十年:法律文本、法律实施与未来走向[J]. 法学. 2018(11).

[4] 何艳梅. 我国流域水管理法律体制的演变与发展[J]. 水利经济,2020(11).

民共和国长江保护法》(以下简称《长江保护法》),自 2021 年 3 月 1 日起施行。《长江保护法》由理想逐渐转变为现实[①]。

站在历史交汇点,放眼百年目标,为巩固 5 年来长江大保护所取得的成绩,深入贯彻习近平生态文明思想、习近平法治思想,全面落实习近平总书记关于长江保护的指示精神和党中央战略部署的重要举措,有效把握新发展阶段、贯彻新发展理念、构建新发展格局,着力解决长江流域目前存在的整体性、系统性生态保护不足,生态系统退化趋势加剧,水污染物排放量大,环境风险隐患较多,产业结构布局不合理,绿色发展相对不足等多重问题,需要国家及时出台长江保护法[②],为进一步加强长江流域生态环境保护和修复,促进资源合理高效利用,保障生态安全,实现人与自然和谐共生和中华民族永续发展提供法治保障[③]。《长江保护法》的制定颁布是贯彻习近平生态文明思想与法治思想的重大立法实践,同时也是标志着我国流域生态环境保护立法发展到新高度的一部标志性法规[④]。

继《长江保护法》实施以来,2022 年 10 月 30 日,中华人民共和国第十三届全国人民代表大会常务委员会第三十七次会议通过《中华人民共和国黄河保护法》(以下简称《黄河保护法》),自 2023 年 4 月 1 日起施行。

《黄河保护法》包括总则、规划与管控、生态保护与修复、水资源节约集约利用、水沙调控与防洪安全、污染防治、促进高质量发展、黄河文化保护传承弘扬、保障与监督、法律责任和附则 11 章,共 122 条。这部法律的制定实施,为在法治轨道上推进黄河流域生态保护和高质量发展提供了有力保障。

生态环境脆弱是黄河流域最大的问题。法律明确,国家加强黄河流域生态保护与修复,坚持一体化保护与修复,实行自然恢复为主、自然恢复与人工修复相结合的系统治理;国家加强黄河流域环境污染的综合治理、系统治理、源头治理,推进重点河湖环境综合整治。

水资源短缺是黄河流域最大的矛盾。法律强调,国家在黄河流域强化农业节水增效、工业节水减排和城镇节水降损措施,有效实现水资源节约集约利用,推进节水型社会建设。黄河流域水资源利用,应当坚持节水优先、统筹

---

① 长江技术经济学会. 促进经济带发展问题研究[M]. 武汉:长江出版社,2006.
② 萧木华. 制定长江法的十大理由[J]. 水利发展研究,2004(12).
③ 付琳,肖雪,李蓉.《长江保护法》的立法选择及其制度设计[J]. 人民长江,2018,49(18).
④ 廖志丹,孔祥林. 流域管理与立法探析[M]. 武汉:湖北科学技术出版社,2014.

兼顾、集约使用、精打细算。国家对黄河水量实行统一配置，对黄河流域水资源实行统一调度，遵循总量控制、断面流量控制、分级管理、分级负责的原则，根据水情变化进行动态调整。

洪水是黄河流域面临的最大威胁。法律规定，国家统筹黄河干支流防洪体系建设，加强流域及流域间防洪体系协同，推进黄河上中下游防汛抗旱、防凌联动，构建科学高效的综合性防洪减灾体系。在黄河流域组织建设水沙调控和防洪减灾工程体系，完善水沙调控和防洪防凌调度机制，保障防洪安全。

不充分的高质量发展是黄河流域最大的短板。法律提出，促进黄河流域高质量发展应当坚持新发展理念，加快发展方式绿色转型，以生态保护为前提优化调整区域经济和生产力布局。

此外，法律还提出，加强黄河文化保护传承弘扬。编制并实施黄河文化保护传承弘扬规划，推动黄河文化体系建设[①]。

总体而言，我国流域生态保护的立法越来越全面、深入、细致。宏观微观多方面兼备，不仅有长江、黄河的宏观流域立法，也有流域单一物种的微观保护立法。例如作为长江生物多样性和生态系统保护的旗舰物种，江豚的种群数量直接体现长江大保护的成效。为推进江豚生境保护，江苏省南京市、镇江市和安徽省马鞍山市协同制定的《关于加强长江江豚保护的决定》（以下简称《决定》），分别通过江苏省和安徽省人大常委会审查批准，2022年10月24日起正式施行。

本次协同立法是南京都市圈首次跨省域协同立法，也是全国首例对单一物种的流域性区域协同保护立法。《决定》明确，将建立都市圈区域协同保护机制，健全完善上下游、左右岸、跨地区、跨部门协同保护制度，在资源调查、种群交流、收容救护、执法监督、社会参与等方面开展协作活动，共同推动长江江豚全生命周期联动保护。

《决定》将物种保护与生态系统保护相融合，要求政府及有关部门在编制有关规划时，充分考虑长江江豚及其生境保护的需求，明确了长江江豚生存环境中航运、涉水工程施工、灭螺、无人机跟踪拍照等活动的规范，禁止实施捕捞、垂钓等损害长江江豚及其生态的行为[②]。

[①] 陆文琳. 黄河保护法通过，明年4月1日起施行[EB/OL]. [2022-10-30].
[②] 杨森. 苏皖三市协同立法保护江豚今起施行[EB/OL]. [2022-10-24]. https://baijiahao.baidu.com/s?id=17475768461496618684&wfr=spider&for=pc.

二、我国流域生态环境保护立法的发展趋势

（一）污染控制法与自然资源法理念逐渐趋同

2017年5月26日，习近平总书记在中共中央政治局第四十一次集体学习时特别强调"推动形成绿色发展方式和生活方式是贯彻新发展理念的必然要求"。众所周知，环境问题一直存在，其生成原因极其复杂，但"归根到底是资源过度开发、粗放利用、奢侈消费造成的"[1]。环境问题不是科学技术的发展带来的，也不是靠进一步发展科学技术就能彻底解决的，科学技术一方面可能加速环境问题的恶化，另一方面也可能为环境问题的解决提供可行方案。如何遏制日益恶化的环境问题，仅靠科学技术不行，必须有强有力的法治保障。

随着环境问题的加剧，环境法涉及的领域不断扩大，但其法规制度的重心始终在于环境保护与资源利用两方面。其中，生态环境保护问题的解决还有赖于科技发展，资源节约利用问题的解决同时取决于利益协调。我国污染控制法（《水污染防治法》）和自然资源法（《水法》）在多维度上逐渐趋同，如均限制了自然资源私人权利的行使等。污染控制与自然资源政策正变得越来越相似，在制定能够最有效实现其环保目标的法律框架方面，两者都试图在传统的侵权行为与财产权概念之间，建立起一种新的平衡。《水污染防治法》更大限度地利用侵权责任原则来限制《水法》的私人权利，比如调整政府对公共或私人妨害行为进行管制的规范。在污染控制方面，不断尝试利用财产法优势，增加对环境保护的额外激励措施。比如在强调财产所有人特权的同时，重在规划如何集约节约利用资源。以清洁生产促进法、循环经济促进法等对资源利用方式与废弃物处理进行规制的循环再利用法，采用了超越传统公法的私法管制策略，以期能在生产、流通和消费等过程中实现减量化、再利用、资源化，提高资源利用效率，减少和避免污染物的产生[2]。

---

[1] 生态环境问题，归根到底是资源过度开发、粗放利用、奢侈消费造成的。资源开发利用既要支撑当代人过上幸福生活，也要为子孙后代留下生存根基。——2017年5月26日，习近平在中共中央政治局第四十一次集体学习时强调。参见新华网官方账号，https://baijiahao.baidu.com/s?id=1600671080443170015&wfr=spider&for=pc；访问日期2022年11月24日。

[2] 鄢德奎.中国环境法的形成及其体系化建构[J].重庆大学学报，2020(6).

（二）基本的法律体系已经建立并逐步完善

2014年4月,十二届全国人大常委会第八次会议审议通过《环境保护法》修订案,对1989年制定的《环境保护法》进行了全面修订,明确了其在环境立法体系中的基础性地位。修订后的《环境保护法》贯彻"五位一体"战略,对价值目标与治理结构进行了重新设计,明确将"保护和改善环境,防治污染和其他公害,保障公众健康,推进生态文明建设,促进经济社会可持续发展"作为立法目的;明确了"保护环境是国家的基本国策。国家采取有利于节约和循环利用资源、保护和改善环境、促进人与自然和谐的经济、技术政策和措施,使经济社会发展与环境保护相协调"的价值取向;明确地方政府环境保护职责以及企业、个人、社会的环境保护义务,构建了政府主导、企业主责、公众参与的多元共治新格局;以"大环保"的理念安排制度体系,统筹考虑生态环境保护与环境污染防治、城市与农村环境治理、统一监管与分工负责等问题。在制度建设方面,既在总结经验的基础上将污染防治领域较为成熟的执法实践上升为法律制度,赋予环保部门按日计罚、查封扣押、限产停产等强制执法权,完善法律责任制度;又在保护和改善环境方面着力完善相关制度,规定了生态红线、生物多样性、生态安全、农业农村环境治理、环境与健康保护等新制度。

《环境保护法》施行后,又先后修订《大气污染防治法》《水污染防治法》等9部单行法,制定《中华人民共和国土壤污染防治法》(以下简称《土壤污染防治法》)等3部单行法;启动了《中华人民共和国固体废物污染环境防治法》(以下简称《固体废物污染环境防治法》)、《中华人民共和国环境噪声污染防治法》(以下简称《环境噪声污染防治法》)、《中华人民共和国渔业法》(以下简称《渔业法》)、《草原法》等单行法的修法程序[①]。2020年12月26日,第十三届全国人大常委会第二十四次会议表决通过《长江保护法》。当天,国家主席习近平签署第六十五号主席令,该法于2021年3月1日起施行,强调了规划统

---

① 《固体废物污染环境防治法》于2016年修正。《环境噪声污染防治法》于2018年修正。《渔业法》是涉海法律体系的重要组成部分。现行《渔业法》于1986年7月1日颁布施行,并于2000年10月进行了修正。随着经济社会快速发展,现行《渔业法》已不适应新形势的要求,特别是法律责任部分的处罚额度是基于20世纪90年代的经济水平制定,目前已明显偏低,不符合行政处罚的比例性原则,严重影响法律的威慑力,各方面对修订《渔业法》的呼声强烈。目前,《渔业法》修订得到国家的高度重视,已经列入国务院、全国人大有关工作计划。在《渔业法》修订草案中,将进一步细化禁渔期禁渔区管理制度,补充完善相应的法律责任,显著提高违法成本,增强法律的针对性、可操作性和威慑力。2018年9月《草原法》修改被列为十三届全国人大常委会立法规划二类项目。

领、空间规划为基础以及保护优先的理念,以此促进长江流域系统保护和有序发展,在确立长江流域协调机制的前提下,进一步明确了各部门和各省级人民政府在规划管控、资源保护、水污染防治、生态修复、推进绿色发展和保障与监督等方面的工作职责,突出了"统筹协调、分工有序、整体联动、共防共治"的保护特点[①]。

此外,国家公园法、能源法等法律的制定也已纳入十三届全国人大常委会立法规划。以《环境保护法》为基础,涵盖污染防治、生态环境保护及专门事项的环境法律体系在实践中趋于成熟,可以说,我国流域生态环境保护比较完善的法律体系已经建立并在逐步发展。

(三)地方水事立法工作越来越受到重视

地方水事立法工作越来越受到重视,大部分省份均建立起较为完备的水法规体系,各地方的水法规建设日益完善,围绕《水法》《中华人民共和国防洪法》(以下简称《防洪法》)、《水土保持法》、《河道管理条例》等骨干性水法律法规,密切结合本地实际出台了相关配套办法,相对完善的地方水法规体系,基本实现了重点水利管理领域立法全覆盖,为地方水利管理工作提供了坚实的法律制度保障。

其次,流域管理、水资源管理、生态环境保护、节水管理、地下水管理成为近几年地方立法重点。大部分省份在地方水利立法中,紧密结合省情、水情,制定了适合本地需要的地方水法规,尤其是在地下水管理、再生水管理、水资源管理等方面,且生态文明在地方立法与地方发展中占据越来越重要的地位[②]。

除此之外,地方及时将水利改革发展探索的成果通过立法程序予以固化,强化立法创新,为中央顶层设计提供参考。近几年,地方立法不断出现亮点,在很多中央没有制定统一规则的领域,地方进行了有益的探索,如《广东省水权交易管理试行办法》《浙江省河长制规定》,为其他地方及中央立法提供了有益经验借鉴。

(四)进一步推进机构改革

2018年,环境保护与生态建设融合,功能拓展、职责强化,组建生态环境部。按照国务院机构改革方案,生态环境部整合了环保部的职责;国家发展

[①] 周誉东.长江保护法草案二审:碧水东流法治护航[J].中国人大,2020(20).
[②] 陈金木,汪贻飞.我国水法规体系建设现状总结评估[J].水利发展研究,2020(10).

改革委的应对气候变化和减排职责;国土资源部的监督防止地下水污染职责;水利部的编制水功能区划、排污口设置管理、流域水环境保护职责;农业部的监督指导农业面源污染治理职责;国家海洋局的海洋环境保护职责;国务院南水北调工程建设委员会办公室的南水北调工程项目区环境保护职责。

上述改革方案,有望终结环保职能"九龙治水"、多头管理的局面,原来环保职能碎片化,这个问题比较突出。以水污染为例,企业排的污水,在岸上归环保部门管,到了河里归水利部门管,可能在岸上时,水质还是达标的,但流到河里就不达标了,而各部门自说自话,不能真实反映污染状况。

我国水体制改革的方向明确将监控、管理及服务三方分离。自然资源部门负责宏观监督,在调查基础上,明确水权的分配,包括生态水权,保护自然资产;生态环境部门监督水的质量,确保水质逐步改善;水利部门作为水管理者,负责取水、用水、节水、排水、回用的社会水循环管理和河湖自然循环系统治理修复等具体工作;水库、供水企业、灌区等部门作为水服务提供者,在监督和管理的规则框架下,为社会经济和生态环境保护提供有效的水服务和水产品,通过财政及服务价格等机制实现成本回收。

"监管服"分离是权和利的分离,并不是工作的脱节。三者必须紧密协调,监控者提出的宏观自然资产目标需要在管理层面是可实现的,例如地下水超采治理,不可能提出一夜之间就实现地下水的可持续利用。具体的治理目标要综合考虑水资源的总体配置安排及社会经济转型发展过程。同样,水管理的最终目的是水服务,服务对象既包括人,也包括生态系统,让社会经济用户及生态环境系统能获得足量优质的水资源。因此更不能相互脱离,要不断协调和反馈,尤其要尊重用水者的意见。

(五)注重水管理的"放、管、服"有机结合

为贯彻实施《中华人民共和国行政许可法》(以下简称《行政许可法》)和行政审批制度,促进水利行政审批与许可事项的规范性和制度性,水利部全面清理水利行政审批项目,"一些不必管、不该管、实际上也管不好的水行政许可和审批事项给予取消和转变或调整管理方式",从 2014 年到 2020 年,水利部将 42 项水利行政审批项目逐渐减为 16 项[①]。

为有效贯彻落实最严格的水资源管理制度,根据《国务院关于实行最严格水资源管理制度的意见》(国发〔2012〕3号)和《国务院办公厅关于印发实行

---

① 水利部行政审批事项公开目录.

最严格水资源管理制度考核办法的通知》(国办发〔2013〕2号)规定,2014年1月国务院颁发了《实行最严格水资源管理制度考核工作实施方案》,通过管"官"提高水利部门依法治水和依法管水的能力,促进水利部门自觉将水利建设统一到社会的可持续发展上来。各省(自治区、直辖市)全面落实中央决策部署和最严格水资源管理制度,节水优先深入推进,水资源监管得到强化,水资源保护持续加强,河长制湖长制进一步深化[1],农村饮水保障显著提升。2018年度和2019年度,全国31个省(自治区、直辖市)用水总量分别为6 015.5亿立方米和6 021.2亿立方米,全国万元国内生产总值用水量比2015年(按可比价计算)分别下降19.2%和23.8%,万元工业增加值用水量比2015年(按可比价计算)分别下降20.6%和27.5%,农田灌溉水有效利用系数分别为0.554和0.559,重要江河湖泊水功能区水质达标率分别为83.1%和86.9%。

党的十八大以来,我国坚持绿色发展,全面加大生态保护力度,生态系统恶化趋势得到基本遏制,实现了沙化土地面积由长期扩大到持续缩小、森林面积和森林蓄积量由长期下降到逐年上升、水土流失面积和强度持续呈现"双下降"态势、江河湖泊生态明显向好的历史性转变。据统计,2012年至2018年,完成防沙治沙1 310万公顷,全国沙化土地面积由20世纪末年均扩展34.36万公顷转为年均减少19.8万公顷;森林面积、森林蓄积量分别由20 769万公顷、151.37亿立方米提高到22 045万公顷、175.6亿立方米;全国水土流失面积减少2 123万公顷[2]。

三、我国流域生态环境保护立法存在的问题

新时代,我国在流域生态环境保护立法上取得了非凡的成就,同时还存

---

[1] 2016年10月11日召开的中央全面深化和改革领导小组(以下简称"深改组")第28次会议通过了《关于全面推行河长制的意见》;12月中国共产党中央委员会办公厅(以下简称"中办")、中华人民共和国国务院办公厅(以下简称"国办")印发了《关于全面推广河长制的意见》,要求各地区各部门结合实际认真贯彻落实,"河长制"正式在全国推广落实。"河长制"实际是党政责负人主导下的流域协同治理制度,其核心在于对党政责任人的问责追究,具有明显的问题应对特征。立法是实现河长制制度化和长效化的根本,能够改变目前河长制行政性大于法制性的局面。目前,各地均在通过立法,将河长制进一步制度化,改变"无法可依"的现状。水利部关于发布2019年度实行最严格水资源管理制度考核结果的公告,http://www.mwr.gov.cn/zwgk/gknr/202007/t20200730_1441256.html.

[2] 鄂竟平.提升生态系统质量和稳定性[J].中国水利,2020(23):1-3+107.

在一些不足,我们既要看到过往努力所取得的成果,更需要顺应时代的需要,满足社会的发展要求,贯彻习近平总书记"绿水青山就是金山银山"的绿色法治理念,进一步推进我国流域生态环境保护立法工作的展开,为中国特色社会主义绿色发展提供更有力的法治保障。

(一)流域生态环境保护法律体系不够完善

1. 环境立法层面

近年来,我国环境保护领域已形成较为完善的法律体系,但在污染防治与生态保育方面仍存在立法认知不清、部分条文规定模糊、空白授权充斥、央地职责分工不明、正当程序缺失等缺憾。还有,目前我国寻求渐进式制度改革背景下的专项立法模式,极易陷入杂乱渐增、叠床架屋的困局,导致环境法律的重复、冲突、空白、不衔接等一系列问题[①]。具体反映在以下几个方面:

第一,当前大量的环境立法实践多将污染控制与资源利用的社会关系人为分割,划归不同部门分别加以调整,导致环境资源的监管者和所有者几乎合为一体,既是"运动员"又是"裁判员"。这在立法中表现为:由于机构及其部门的分工,国家分设生态环保部、自然资源部,生态环保部又下设水生态环境司、土壤生态环境司等。中国现行立法模式是以部门立法为主导的,上述建制往往作为各种法律制定修改职责的分配基础,而由各部门主导的立法过程容易造成法律之间的不一致甚至相互冲突。

第二,现有环境资源法律的制定缺乏对不同环境资源问题的整体规划,以环境介质保护为重心的环境法律规范缺乏对各类介质之间关联性考量,对已有环境领域的突出问题制定了相应的法律规范,忽视了某类亟待规制的环境资源问题,造成了相关法律冲突和立法缺位。尽管十八大以来,我国环境立法的质量有所提升,但所采用的专项立法模式无法有效应对整体环境问题[②]。所谓专项立法模式,是指针对某一领域的环境问题进行专门立法予以规制,如《大气污染防治法》《水污染防治法》。此种立法模式是历时性、渐进式、议题式的,没有将环境问题当成一项全面立法予以相应的整体性议题,导致环境资源管理的体制安排、执法行动和法律适用等方面存在诸多难题。由于缺乏体系化考量,这一趋势加剧了环境立法的碎片化,数量庞大的立法规

---

① 斜晓东. 从规范冲突到协同共生:环境法治进程中的普适性难题及破解[J]. 中国高校社会科学,2014(2).
② 何江. 为什么环境法需要法典化:基于法律复杂化理论的证成[J]. 法制与社会发展,2019,25(5).

范过于关注环境细分领域的规制要求。因缺乏统一的价值衡量标准,分立的相关专项环境资源法律难以对各种环境资源管制做出理性安排。

由于专项环境立法具有较高的政策弹性,在难以获得政治共识的情况下,也是一种现实的可行选择,以寻求渐进式的制度发展。然而,一套完整的环境立法往往包含多个法律,形成一套复杂的环境法律体系。结合环境立法水平和法制现状的考量,我国目前尚无制定环境法典的现实条件,统一立法的时机尚未成熟,因此,环境法的体系化可以作为一项长期性的立法工程。

2. 涉水立法层面

我国水法规体系尚不完善。从形式上看,我国现行涉水法律规范以《水法》为龙头,法律法规各有侧重,既相对独立,又相互联结,涉水法律结构较完整,具备较强的体系性。尽管现行水法规总体上已经具有一定的体系化特征,但是与复杂的水事活动相比,现行水法规体系尚不完善,治水管水的制度空白还比较多,难以满足将全部水事活动都纳入法制化、规范化要求的范围中,因此在一定程度上存在"少而不够用"现象。在中央层面,节约用水、地下水管理、河道采砂管理、生态流量管控等亟须规范的领域尚未制定法律法规,治水管水的制度空白比较多;在地方层面,各地水法规制定存在着不平衡现象,不少省份省级层面的治水管水制度建设普遍薄弱。相比我国现阶段复杂的新老水问题和保障国家水安全的需求,相比从改变自然、征服自然转向调整人的行为和纠正人的错误行为的需求,相比水利工程补短板、水利行业强监管的水利改革发展总基调的落实需求,少而不够用现象尤为突出,水资源管理、水生态保护、河湖管理等领域仍有不少治水管水的制度空白,因此目前的水法规总体上是不系统、不完备的,还不能称为完善的水法规体系。

同时,涉水的单行法规多,综合法规少,水法规布局总体呈现出"单打独斗"现象。目前综合性比较强的法律主要是《水法》,除《水法》外,其余的大多属于单行法规,即便是同一领域里的水法规,也基本是单行法规多。现行的4部水法律、20部水行政法规和52部水部门规章,涉及防洪抗旱、水资源管理、河湖管理、水土保持、水利工程建设与管理、水污染防治、农村水利水电管理、水文管理、水行政立法与执法管理等十多个领域,呈现出单行水法规"多且散"现象。以水资源管理为例,20部水行政法规中属于水资源管理的包括《城市节约用水管理规定》《取水许可和水资源费征收管理条例》《黄河水量调度条例》《中华人民共和国水文条例》4部。不过,《太湖流域管理条例》体现出流域综合立法的趋势,是一次良好的尝试。

我国水法规的制定还存在过于注重部门利益的问题。生态环境部及其下级部门水生态环境司和土壤生态环境司等部门的意见是法律制定和修改的基础,立法过程会经常被部门的利益牵绊,导致不同法律之间有不完全一致的规定,甚至有可能会出现相反的规定[①]。还有关于流域内涉及的生态问题立法,水利部门一般是作为主要参与者,因为水利部门以水为主,其主要关注点会放在有关涉水事项上,对于立法内容就会有一些限制,如涉水事项中会过多关注流域内的水生态环境保护,而缺乏对流域生态系统整体性的考量。这种立法范式将导致相关法律的制定会以该部门的利益或视角作为主要考量因素,产生流域治理与保护相关法律的设置不科学、不系统的情况,流域内的生态环境保护也难以获得理想的效果。

最后,水法规的修订滞后于水利改革发展形势的问题也较为突出。党中央国务院全面推进法治国家建设和生态文明建设,提出了"节水优先、空间均衡、系统治理、两手发力"的治水思路,水利部提出了"水利工程补短板,水利行业强监管"的水利改革发展总基调,加上党和国家机构改革中的部门职责调整,以及深化"放管服"等改革要求,这些都对水法规的修改提出了明确要求。但是,目前仍有不少水法规制定时间偏早,有些甚至制定于20世纪80年代和90年代,至今仍未进行大修大改,已经远远不适应水利改革发展新形势的要求,由于各法规制定背景不同,时间上有早有晚,不少法规之间不够协调,难以适应水利改革发展形势变化,局部不协调,"老而不好用"现象突出[②]。如《水法》大修于2002年,与落实"节水优先、空间均衡、系统治理、两手发力"的治水思路和发挥水资源最大刚性约束作用等相比,已经明显滞后;《河道管理条例》等出台距今已30多年,更是明显滞后于水利改革发展需要。

从水法规的实施效果来看,我国涉水法律调整较有力,但是实效有待进一步提高。现行水法规总体上保证了各项水事活动在法制轨道上运行;但多数水法规制定于党的十八大之前,甚至是20世纪八九十年代,立法理念滞后,存在一些不适合改革发展的现象,法律实效亟待提高。

综上,经过多年努力,我国涵盖水事活动主要领域的水法规体系已经基本建立,为依法治水管水兴水提供了重要保障。但也要看到,当前的水法规尚不系统、不完备,在理念、制度、措施等方面存在着明显不足,急需根据新的

---

① 叶三梅. 环境法治的立法瓶颈与突破[J]. 学术界,2014(7).
② 陈金木,汪贻飞. 我国水法规体系建设现状总结评估[J]. 水利发展研究,2020(10).

治水思路以及解决新老水问题、保障国家水安全、调整人的行为和纠正人的错误行为等内在要求,予以补强和提升。

(二)流域治理规划缺少必要的立法支撑

近年来,流域治理规划在实践中面临着主体不明确、内容不科学、执行不到位的困境,主要原因在于流域治理规划缺少立法支撑,有关流域治理规划的法律体系不完善。《水法》第二章专门规定了"水资源规划",并具体规定了规划的分类和从属关系,更加体现了全面规划、统筹兼顾的政策。而与水资源开发利用和管理保护等有关的其他相关法律,对本领域的相关规划虽有界定,但对相关规划如何与水规划有效衔接和协调,却没有明确要求,涉水行业的规划和区域水规划脱节或不协调的问题便不可避免。当下,立法对流域治理规划缺乏足够的重视,不能为其提供相应的法律依据,严重影响了我国流域生态环境保护的实施效果。

1. 流域治理规划制定主体不明确

根据《水法》规定,我国流域治理规划分为三个层级,第一层级是国家级流域治理规划,第二层级是跨省层级流域治理规划,第三层级为除第一、第二层级以外的流域治理规划。第一层级流域综合规划由水利部会同国务院有关部门和有关省级政府编制,而在实践中,流域综合规划的起草工作由流域管理机构具体负责,然后由水利部会同有关部门进行协商,最后由国务院进行审批。第二层级的流域治理规划由流域管理机构会同省级有关部门编制,由于对有关流域管理机构的主体定位、职责权限界定比较困难,不同区域、不同等级流域管理机构的属性及其与省级有关部门之间关系如何协调,规定不明确。由于流域治理规划的编制主体界定不清楚,水行政主管部门以外的相关主体参与规划编制的积极性不高,流域治理规划的编制似乎成了水行政主管部门一家的事情,其他相关部门不想参与,即便参与也很勉强,总觉得不属于分内之事,与己无关,致使流域治理规划缺乏权威性,从而严重影响了规划的执行力。此外,受制于传统的行政管理体制和机制,现行涉流域立法,不仅不同级别的法律之间的连接性不强,而且对于违反相关规定的人员或者事项进行追责的规定也不完善。实践中,要想尽快恢复流域生态,其过程是相当艰难的,原因在于生态恢复技术要求较高,并且需要花费的治污支出也过高[1],如果没有明确的主体界定与责任承担等制度保障,流域生态治理规划难

---

[1] 才惠莲.流域生态修复责任法律思考[J].中国地质大学学报(社会科学版),2019,19(4).

以达到预期目标。

2. 流域治理规划内容不科学

随着经济体制和政治体制改革的进一步深入,社会发展加速,对资源的获取进一步增强,这对流域治理规划提出了更高的要求,流域治理规划不但要确保对资源的高效利用,满足社会经济发展的需要,还要求其保障流域的生态平衡。而目前许多流域治理规划还不能适应这种变化,许多规划功能定位不准,规划内容不科学。流域治理规划往往以工程规划为主线,关乎生态、社会与公共服务的内容少。我国《水法》规定流域规划分为流域综合规划和流域专业规划,区域规划包括区域综合规划和区域专业规划,但在现实中许多规划往往互相脱节,没有关联,缺乏完整性和统一性。例如长江水污染问题,在1986年编制完成长江干流水资源保护规划,并将该规划归入了长江流域综合利用规划,后来没有编制相关详细的区域规划,沿江城市在编制涉及长江的规划时,因为二者之间没有协调,编制标准也不一样,往往低于综合规划标准,导致污染常常出现在下游城市。

3. 流域治理规划执行不到位

以《黑河流域近期治理规划》为例,规划中明确要求建立水政监察执法队伍,维持正常的水利秩序,确保规划的实施。但是在执法过程中,黑河流域的水行政执法机构不统一、地方保护主义严重、执法环境恶劣等因素,使得流域管理机构水行政执法的权威和力度受到影响,导致流域治理规划执行不到位,难以正常运行并有效实施。更为严重的是,由于流域管理机构不是地方立法规定的执行主体,地方立法难以规定其权限,而我国法律、行政法规和部门规章对于规划的执行存在立法空白,所以当流域管理机构行使水行政处罚权时,常常倍感困惑,必须费尽心思找寻法律依据。一旦发生流域执法与地方利益冲突的情形,流域执法的推进便步履维艰。

(三)流域相关主体的协商机制缺失

跨行政区流域的水资源利用和水环境保护关系作为一种社会关系,主体既包括政府、个人,又包括企业和其他社会组织等,且这些主体并非简单对应,主体间的利益与诉求是十分复杂的,主体间的关系包括区域与流域之间、各部门之间、各产业之间、政府与公众之间等方面。从利益内容来讲,除了一般主体具有的经济利益外,各地方政府的政治诉求不同,各产业之间还存在争取发展机会的竞争。我国目前没有建立与流域水管理社会协商相关的法律机制,许多问题的解决主要依赖于当地政府协调,应急方案或临时方案的或然性较大,受人为因素的干扰较多,欠缺长效稳定的协商机制。随着水资源保护的迫切要求和水污染越来越严峻的形势,我国必须进一步完善以公众参与、协调协商为内涵的协同治理机制,迈出体制机制变革的关键一步。

公众参与作为体制机制变革的动力和源泉,其内涵不外乎三个层面:一是各种鼓励和推进公众参与的政策宣示;二是具有可操作性的公众参与的法律制度;三是各种各样的公众参与实践形式。这三个层面的认识价值,功能各异且相互促进,特别需要指出的是,具有承上启下功能的公众参与法律制度,其角色定位更加积极。这是因为公众参与法律制度,通过具有一定可操作性的公众参与权利义务规则的设计,能够保证公众参与政策宣示的具体落实,并且能够有效指引公众参与的实践行动。

公众参与法律制度规定的基础是流域环境信息公开规则,包括流域政府环境信息公开和流域企事业单位环境信息公开。流域信息公开之所以能够推进流域生态环境管理的持续改进,主要原因在于:首先,通过政府环境信息公开,流域排污总量状况、排污许可证审批发证状况、入河排污口设置状况、跨界断面水质状况等讯息均能够使社会公众得以清楚知晓;通过企事业单位环境信息公开,排污单位自身状况、具体污染物排放状况、守法违法状况均能够使公众得以清楚知晓。社会公众或者环境保护团体通过对所有公开的环境信息进行搜集、整理和比对及再加工,避免或降低了政府"管制俘获"的可能性,从而对流域地方政府、排污企事业单位形成制约,以促使政府提高改进流域生态环境管理能力和管理水平,促使排污单位依法守法排污。其次,公众参与的程序性规则,包括参与主体、参与方式、参与内容和参与程序等制度规定,特别是以司法审查为核心的公众参与支持性制度规则体系,通过设置跨行政区域的司法审判机构,享有对流域生态环境管理的司法审查职能,能够保证公众参与权的具体落地,使其始终成为流域生态环境管理体制变革的强大动力。

第二章
流域生态环境保护的域外立法

一、流域立法立足于生态系统的自然规律

(一) 美国田纳西河流域

田纳西河(Tennessee River)是美国第八大河,也是俄亥俄河一条流程最长、水量最大的支流,全长 1 043 公里,流经 7 个州,流域面积 10.4 万平方公里。流域内降水充沛,水能资源丰富,拥有丰富的煤炭、磷矿等矿产资源。18 世纪中期以来,流域内农业发达,山清水秀,土壤肥沃。20 世纪以来,由于不合理开发,水土流失,环境恶化,逐步成为经济贫困地区。20 世纪 30 年代美国经济危机时期,流域内人均收入 168 美元,不及全国人均的一半。鉴于此,美国国会于 1933 年通过《田纳西河流域管理局法案》(以下简称 TVA 法案),经过不懈努力,田纳西河流域的生态和经济取得了举世瞩目的成绩,彻底甩掉了贫穷落后的帽子,TVA 法案在其中起着关键作用[①]。

TVA 法案的主要目标是成立田纳西河流域管理局(TVA),作为法人代表,统一管理流域内的一切保护、开发事宜。田纳西河保护开发的主要目标是改善航运条件,控制洪水危险,恢复河流边缘林耕地,为流域内工农业发展打造条件,也包括修建水库、生产肥料、水力发电等。可见,TVA 的任务并不仅限于保护开发水资源,而主要是为了促进全流域在自然、经济和社会方面得到有序发展。

---

① Dollar K T, Whiteaker L H, Dickonson W C. Sister States,Enemy States:The Civil War in Kentucky and Tennessee[M]. Lexington:The Vniversity Press of kontucky,2009.

TVA法案的主要内容是：第一，TVA的职责及人员构成。TVA全权负责田纳西河流域的保护开发等综合治理，具有高度的行政管理权，有权代表国家征收或者出售流域土地，有权生产经营肥料、电力，有权发放债券，并由国家财政做担保，有权制定、修改或废除流域法规。董事会成员由国会任命，每届任期五年。其他组织机构成员由董事会根据需要任命。第二，管理体制。TVA由董事会和地区资源理事会共同负责运作。董事会由3名董事组成，董事直接向总统和国会负责。董事会下设一个执行委员会，由15名高级管理人员组成，分别主管某一方面的业务。内设机构涉及农业、电力、工程建设、自然资源保护等，并根据需要不断调整。地区资源理事会具有咨询性质，目的是促进地方政府参与流域管理。理事会约有20名成员，涵盖流域内7个州的州长指定的代表，以及防洪、旅游、社区等代表，代表构成体现了广泛的公众参与度[1]。

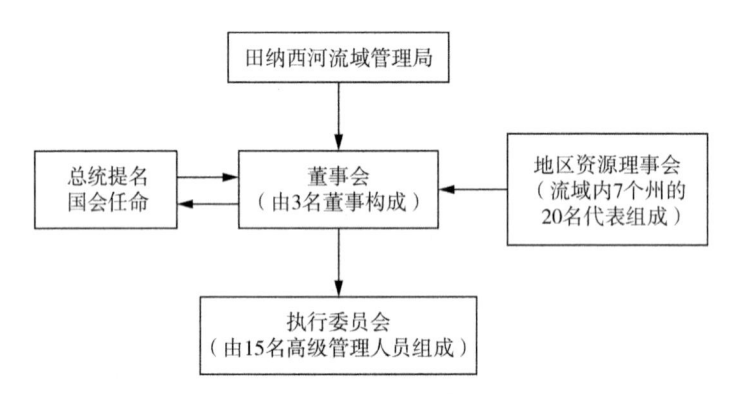

```
                    ┌──────────────────┐
                    │ 田纳西河流域管理局 │
                    └────────┬─────────┘
                             │
   ┌──────────┐      ┌──────▼──────┐      ┌──────────────┐
   │ 总统提名 │◄────►│   董事会    │◄────►│ 地区资源理事会│
   │ 国会任命 │      │(由3名董事构成)│      │(流域内7个州的 │
   └──────────┘      └──────┬──────┘      │20名代表组成) │
                            │             └──────────────┘
                            ▼
                    ┌──────────────┐
                    │  执行委员会   │
                    │(由15名高级   │
                    │ 管理人员组成) │
                    └──────────────┘
```

TVA努力保持其管理下土地的环境健康，改进土地交易程序以支持土地的可持续发展。制订水库土地管理计划，采取积极措施管理辖区土地，使不同用途的土地均能达到期望条件；针对性地制订政策指导合理利用矿产开发权，并充分考虑对环境的潜在影响；严格遵守土地和岸线管理政策，通过与流域内各机构、社区合作来改善水库岸线条件；通过土地管理计划、矿权政策、岸线管理政策，实现环保承诺，同时兼顾娱乐、居住和经济发展的需要[2]。

（二）美国密西西比河流域

密西西比河（Mississippi River）全长6 262公里，居世界第四位，整个流

---

[1] 徐祥民，李冰强. 渤海管理法的体制问题研究[M]. 北京：人民出版社，2011.
[2] 谭辉，张俊洁，冯时. 美国田纳西河流域环境保护特点分析[J]. 水利建设与管理，2016(7).

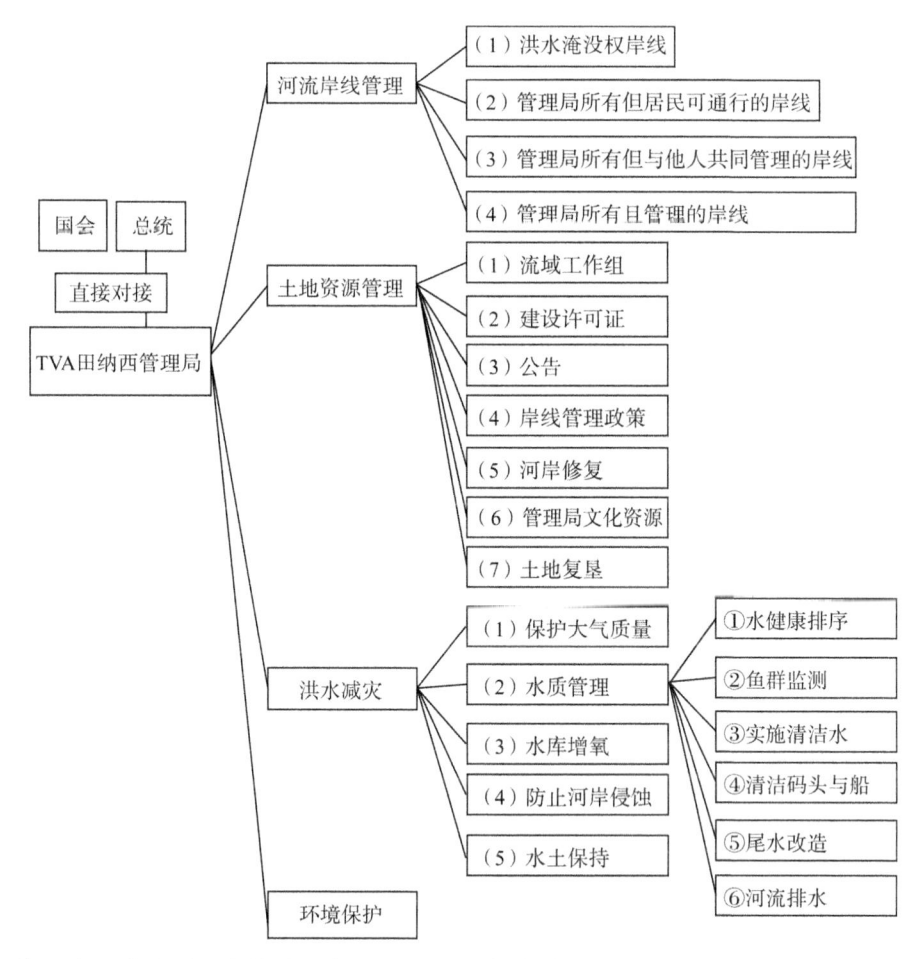

```
                                          ┌─(1）洪水淹没权岸线
                          ┌─河流岸线管理 ─┤─(2）管理局所有但居民可通行的岸线
                          │               ├─(3）管理局所有但与他人共同管理的岸线
                          │               └─(4）管理局所有且管理的岸线
                          │
                          │               ┌─(1）流域工作组
国会  总统                │               ├─(2）建设许可证
  │                       │               ├─(3）公告
直接对接                  ├─土地资源管理 ─┤─(4）岸线管理政策
  │                       │               ├─(5）河岸修复
TVA田纳西管理局 ─────────┤               ├─(6）管理局文化资源
                          │               └─(7）土地复垦
                          │
                          │                                    ┌─①水健康排序
                          │               ┌─(1）保护大气质量   ├─②鱼群监测
                          ├─洪水减灾 ─────┤─(2）水质管理 ─────┤─③实施清洁水
                          │               ├─(3）水库增氧       ├─④清洁码头与船
                          │               ├─(4）防止河岸侵蚀   ├─⑤尾水改造
                          │               └─(5）水土保持       └─⑥河流排水
                          │
                          └─环境保护
```

域包含6大支流,跨越美国的31个州和加拿大的2个省,流域总面积约322万平方公里,占美国本土面积的40%左右,流域内人口约5 000万。因此,密西西比河流域管理在美国具有重要地位。

美国虽然没有制定专门的密西西比河法,但对其流域基本上都是依法管理,且充分尊重自然规律,立足于生态系统的整体健康制定流域环境保护的相关法律。主要包括防洪、水土流失、湿地保护、自然资源规划等方面,其中国家法律有近20部,还有大量的州法律以及流域性法律规范文件。例如,1787年制定了关于河流的法令,1899年制定了《河流与港口法》,1928年为建设防洪工程制定了《洪水防治法》,1936年国会相继制定了《全国洪水保险法》《洪水灾害防御法》《灾害救济法》等。为了直接规范流域内洪水管理,1954年制定了《流域保护与洪水防御法》,在此基础上,1972年通过了《清洁水法案》。面对1993年春夏流域内大洪水造成的损失,1994年颁布了《洪水保险改革法》[①]。以上诸法合力保障了密西西比河流域良好的保护和开发。

(三)法国罗纳河流域

法国罗纳河(Rhone River)是一条被人类开发得淋漓尽致、梯级化和渠化的河,在法国境内有532公里长,从源头到入海口,19座水坝把罗纳河变成了一条阶梯状的河,但是并没有淹没农田。罗纳河流经法国的主要工业区,但是早已经告别了污染和洪水问题。"恢复自然""提高沿岸人民的生活质量"已经成为罗纳河流域居民的共识。罗纳河的管理机构是罗纳河管理委员会,罗纳河水利局是该委员会的执行机构,管理委员会由大区代表、省代表、乡代表、用水者代表、社会经济顾问及国家代表组成,每年召开一次会议,每五年制定一个五年规划[②]。罗纳河依法管理的法律依据是法国在1964年颁布的《法国水法》,该法经过多次修订与完善,目前最新法律依据是1992年颁布的《法国水法》。《法国水法》认为水资源是国家的公共资源,为达到水资源平衡管理为目的,按照流域划分,建立了有关水资源调度与管理的各项制度。其总的指导思想是通过流域管理保护水源地和湿地的水生态系统,防止污染地表水、地下水和海洋水域,开发和保护水资源,使水作为经济资源繁殖,保证水的卫生等[③]。《法国水法》的先进性主要体现在以下两点:

1. 明确水资源管理机构及分工。遵循自然流域规律设置水管理机构是《法国水法》成功的秘诀。《法国水法》要求,以自然河流为单元进行管理,强化水污染治理,明确治污目标,建立解决水问题机制。全国划分为六大水系,各水系成立流域委员会和流域水资源管理局,以环境大保护为前提,高效开发利用流域水资源。法国水管理体制分为四级:国家级、流域级、地区级和省市级。特点是法律体系明确,实行既综合又分权的管理。国家级机构主要包括自然与环境保护部、国家水管理委员会和水管理的部门间协调机构。流域级机构包括协调总监、水管理局、执行委员会和罗纳河公司。目前法国每个流

---

① Rodell M,Townsend T,Famiglietti J S,et al. Large Scale Variability of Ground Water Storage:the Mississippi River Basin(Invited)[J]. 2010.

② Comoretto L,Arfib B,Chiron S. Pesticides in the Rhone River delta(France):basic data for a field-based exposure assessment[J]. Science of the Total Environment,2007,380(1/3):124-132.

③ Gimenez S M. The implementation of the WFD in France and Spain:building up the future of water in Europe[D]. Victoria:University of Victoria,2010.

域都有一个水利局,隶属于法国国家生态与可持续发展部。法律明确了中央和地方政府的职责、权利与义务,同时鼓励各水资源管理主体在法律赋予的权限范围内灵活发挥作用,如有越权行为,则通过法律手段纠正。

2. 实行综合生态系统管理。《法国水法》以流域为管理单元制定五年规划,规划包括目标、重点、具体项目,保证项目实施的财政税收政策,还利用各种市场经济手段辅助项目实施。流域五年规划一经批准,即成为各级政府从事流域水资源保护开发的指导性文件,具有法律强制力。法国流域水资源管理的成功经验还在于将水资源的质量、工程、处理等进行综合管理。地表水、地下水的数量、质量都要纳入监管范围,充分考虑生态系统平衡。流域管理委员会还注重从社会、经济、环境效益上强化水资源综合管理,强调水质与水污染防治的管理。运用市场经济手段减少污染、促进节水,采取"以水养水"即"谁用水,谁付费;谁污染水,谁交钱治理"的政策。这样一来,通过采取政策、市场和法律的多重手段,保证了稳定充足的资金来源,使政府有财力进行全面、统筹、综合的流域治理。

二、法律规范中设定明确的标准

(一) 美国《清洁水法案》相关标准明确

根据《清洁水法案》制定的管理计划,水质要么受到"点源"污染,要么受到"非点源"污染的影响。点源一词是指"任何可识别的、受限的以及离散的运输"。相反,非点源包括大气沉积、污染沉积物和产生污染径流的土地利用活动,如建筑、农业、伐木、采矿和现场污水处理。在美国,由于人们普遍反对联邦政府参与管理私人土地的土地使用,根据《清洁水法案》,受联邦管制的唯一活动是与点源排放污染有关的活动。

美国《清洁水法案》的水质标准既适用于"点源"(从管道等离散源排放废水的源),也适用于"非点源"(漫射源,如农业径流)。联邦法规规定了州标准的最低要求,其中包括地表水体的"使用"、支持使用所需的"标准"以及"抗降解政策"。而且国家必须至少每三年审查一次其标准,并作出必要的修订。美国环境保护署(EPA,以下简称环保署)确保州标准符合联邦最低标准。如果环保署不批准标准,而州没有及时作出改变,环保署必须颁布标准。

《清洁水法案》是美国最重要的联邦水污染防治法律,其水质标准是数值限制(例如,溶解氧最低6毫克/升;最高温度12摄氏度),或叙述性禁止(例如,没有有毒物质),几乎完全指物理或化学条件。各州有责任执行水质标准,这些水质标准规定了一个水体在保护其指定用途的同时能够受到的最大污染。水质标准旨在保护具体用途,许多数值水质标准已经到位,以保护鱼类和其他水生生物。其他的数值指标则保护人类健康,从而支持娱乐或供水用途[1]。

这些标准是叙述性或数字性标准,水质的数值标准是根据中央水务局(CWA)第402条(国家污染物排放消除系统,"NPDES")向工业或污水处理厂发放的许可证中使用的废水排放限制而来的[2]。在这方面,环保署拥有重要的权力来监管任何可能排放污染物的可识别的、受限的和离散的运输工具,这就是"点源"。环保署对这些污染源建立了"排放限制",并要求点源污染者获得国家污染物排放消除系统(NPDES)许可,以将污染物排放到水体中。

同时,《清洁水法案》第9条第303(d)款要求国家为点源确定废物负荷分配。其中第1313(d)节要求各州向EPA提交仅靠排放限制不足以满足适用水质标准的水体所有部分的清单,一旦确定,各州必须建立在水中的部分污染物的总最大日负荷(TMDL),必须满足必要的水平,以实现可适用的水质标准。

为某些水体确定非点源负荷分配,再加上一定的安全边际,这些分配加在一起构成了水体的总最大日负荷(TMDL)。TMDL是一种基于水质的控制行动机制,仅靠技术控制不足以达到水质标准。TMDL计算确保在查明和解决水污染问题的全流域综合办法中,结合非点源核算和评估多点源的累积影响[3]。

(二)《欧盟水框架指令》概念制定详细而明确

2000年生效的《欧盟水框架指令》(以下简称《指令》)也制定了详细的标准,该指令的宗旨是使用和改变包括溪流、湖泊、沿岸水域的地表水和地下水

---

[1] Gibson-Reinemer D K, Sparks R E, Parker J L, et al. Ecological Recovery of a River Fish Assemblage following the Implementation of the Clean Water Act[J]. BioScience, 2017,67(11):957-970.

[2] "国家污染物排放清除系统"(National Pollutant Discharge Elimination System)许可证制度(以下简称为NPDES)是美国水污染防治法律的基础和核心。该制度主要体现在《清洁水法》第402条。该条规定,任何人从一个点源(point source)排放任何污染物(pollutant)进入美国的水域(waters),必须获得NPDES许可证,否则即属违法。NPDES通过许可证的各项具体条款使水污染防治的各项具体要求(如不同污染物、不同点源的各种技术排放标准、水质标准、某类设施的最好的排污管理实践等)得以落实。NPDES经过30多年的相关立法、执法以及司法发展,已经具备相当丰富的内涵。

[3] 美国通过一系列案例,迫使各州遵守第303(d)款的要求,为所有水质有限的溪流段确定每日最大总负荷。

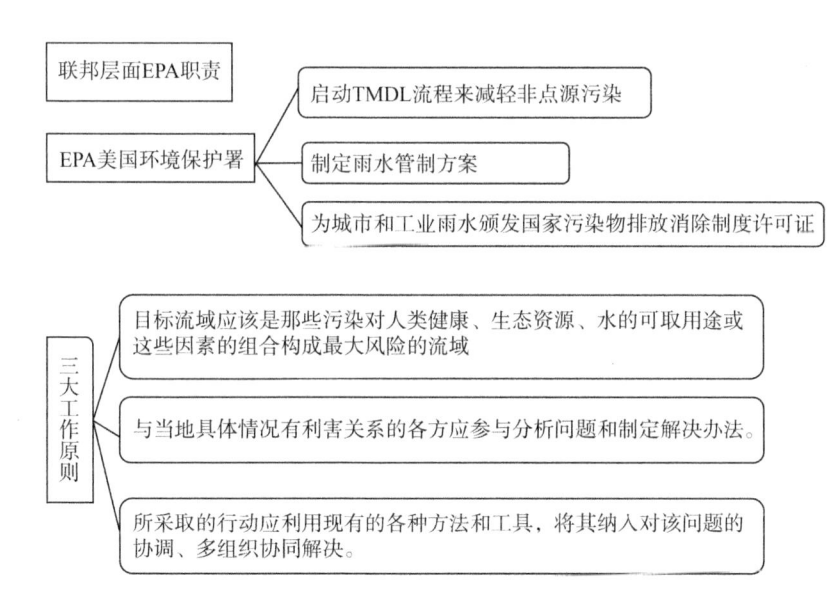

```
联邦层面EPA职责 ─┬─ 启动TMDL流程来减轻非点源污染
EPA美国环境保护署 ├─ 制定雨水管制方案
                 └─ 为城市和工业雨水颁发国家污染物排放消除制度许可证

三大工作原则 ─┬─ 目标流域应该是那些污染对人类健康、生态资源、水的可取用途或这些因素的组合构成最大风险的流域
             ├─ 与当地具体情况有利害关系的各方应参与分析问题和制定解决办法。
             └─ 所采取的行动应利用现有的各种方法和工具,将其纳入对该问题的协调、多组织协同解决。
```

的活动,使其在一定的范围内进行,不得对水域的生态功能造成严重损害。除此之外,《指令》坚持地表水仅能在流域范围内通过跨界的和协调一致的行动方能被有效管理的原则(《指令》第3条),旨在建立一个保护内陆地表水、过渡水域、沿海水域和地下水的框架,防止水域环境恶化并促进可持续发展。

《指令》的重点是水资源保护、防止水质恶化、促进可持续性用水、保护和改善与水域直接相关的土地生态系统和湿地以及减少洪涝和干旱造成的影响(《指令》第1条)。为实现指令的环境目标,指令覆盖了欧盟境内全部的地表水和地下水(《指令》第4条),地表水又分为内陆地表水、过渡性水体和沿海水体(第2条第1项)。为了使不同的水域种类保持良好的生态品质,《指令》为不同的水域类型设置了具体的要求。按照欧盟的做法,在执行指令时,每个成员国都必须实现《指令》的目标,但由它们自己决定如何实现。

《欧盟水框架指令》为评估水政策提供了一个具体框架,当中提及必须根据参考条件确定水质目标。水质政策在欧洲首先是通过命令和控制方法来管理特定污染物而制定的,在欧洲环境政策中一直沿用至20世纪90年代后期。欧盟《指令》将生态系统的参考条件定义为在没有或几乎没有人为干扰时普遍存在的条件。

1995年,荷兰,法国和英国政府共同质疑欧盟水政策。他们发表了几份文件,指出现有欧盟水政策之间缺乏一致性。他们设法说服欧州共同体采取一项综合战略,这使成员国在制定环境标准和优化实现目标的方式方面具有更大的灵活性。《指令》认为,成员国应"对最具成本效益的措施组合做出判断"(《指令》附件三)。比较不同措施的成本效益需要一个共同的"参考",而这并不需要成为整个欧洲的统一生态基线。

在《指令》中纳入参考条件概念是一种灵活的概念,这种概念有助于协调专家委员会朝着统一监控网络的工作。相互校准过程解决了这个问题,它"对整个欧洲的良好生态构成了基本统一的认识"[1]。

为支持这一目标,欧盟推动了相互校准,以确保水体状况的统一定义。在欧洲的波罗的海地区,通过选择河流参考地点进行校准。该地区提供压力标准清单,并且有14个会员国根据用于基准站点筛选的方法(即测量,现场检查等)对每个标准进行了分类。此外,各国还商定了参考土地使用和水化学的阈值,以便根据客观标准选择参考地点。对于土地使用标准,建立了参考阈值和拒绝阈值。所有标准都低于参考阈值的站点被视为"参考站点";多数标准都低于参考阈值且只有一些参数介于参考阈值和拒绝阈值之间的站点是"可能的参考站点"。这些地点只有在当地专家仔细检查压力的累积影响之后才被保留,并且有必要进行后验水化学评估。这是欧盟收集足够数据的一种途径,以确保生态状况评估能够被校准,这些检测结果可以在国家内部和国家之间进行比较[2]。

(三)德国标准制定的统一

在德国,与流域管理相关的法律首先是欧盟颁布的有关法律条文标准,德国联邦法律一直与欧洲法律保持一致。联邦政府层面上的主要涉水法律包括《水管理法》和《排污收费法》。《水管理法》自1960年3月1日起正式实施,至今已经七次修订,最后一次修订于2002年6月18日通过,主要内容是转化实施《欧盟水框架指令》。该法将水量与水质一起有计划地进行管理作为主要立法目的,同时要求通过各州水法转化实施。《污水排放收费法》于1981年开始生效,该法对于水域的使用者,在污水处理设施的建设和管理、污水处理技术水平的提高、少废水和无废水生产工艺的开发、引进方面,具有良好的促进作用。除此之外,相关的法律还包括《洗洁用品的环境相适性法(1987年)》《植物

---

[1] Bouleau G, Pont D. Did you say reference conditions? Ecological and socio-economic pers pectives on the European Water Framework Directive[J]. Environmental Science and Policy, 2015, 47: 32-41.

[2] Pardo I, Gómez-Rodríguez C, Wasson J G, et al. The European reference condition concept: A scientific and technical approach to identify minimally-impacted river ecosystems[J]. Science of the Total Environment, 2012, 420: 33-42.

保护法(1998年)》《化肥条例(1996)》,以及联邦和各州的水道和水上交通法①。

在德国,就《欧盟水框架指令》实施制定共同立场的主要是联邦水资源问题工作组(LAWA,也可以理解为联邦/州水工作共同体)。联合执行措施的协调和制定是 LAWA 的主要任务之一。通过制定统一的标准(例如,特定河流类型的水质),联邦和州机构能够更连贯地向其公民证明欧盟水政策的合理性,而且还可以在《指令》实施过程中加强其相对于欧盟委员会的综合权力。

而且,为了划分职责,德国于 2010 年达成了一项协议,即所谓的"Frauenchiemsee 文件",该协议区分了联邦一级(在 LAWA 的影响下)由联邦政府负责的流域管理主题与在流域规模(在各个州的影响下)河流一级要解决的主题。例如,环境质量规范(物理或化学)的定义属于 LAWA 的职权范围,而采取行动执行这些规范的权利则属于州一级。

这种内部和跨部门的行动利用重新调整水政策议程的机会,通过协调标准来影响问题的定义和解决方案是欧盟实施《欧盟水框架指令》进程的重要动机,旨在为共同实施提供指导②。

在与欧盟机构打交道时,德国联邦环境部代表德国的各个州行事③,并通过 LAWA 与联邦州进行协调。通常的做法是,来自 LAWA 州的州代表陪同联邦代表参加欧洲一级的会议。来自德国联邦州的代表也直接参与欧洲级别的不同工作组(例如,EUnet,前欧盟工作组)。数据汇总和报告的问题很好地说

---

① 伍永年. 中欧流域管理立法比较研究:以太湖流域为例[D]. 上海:复旦大学,2012.
② Hüesker F, Moss T. The politics of multi-scalar action in river basin management: Implementing the EU Water Framework Directive(WFD)[J]. Land Use Policy,2015,42:38-47.
③ 联邦机构还通过联邦水资源问题工作组(LAWA,也可以理解为联邦/州水工作共同体),来具体执行水法规定。在此工作共同体中,规定法律实施的基本方式,商议现实中的执行问题和发展法律实施的准则。联邦政府对于联邦法律在各州是否予以执行是基于宪法规定实施监督的(《基本法》第 84 条)。
德国是联邦制国家。根据宪法,联邦和各州及其他自治单位的立法、司法、行政职权有明确的划分。联邦和各州积极建立起协调性的委员会或共同体。如联邦/州水工作共同体(LAWA),是跨州协调水管理行动各方的重要委员会。
总体上,德国水资源管制和水体保护的特征有:制定公法上的监管规定,依照欧盟法规定的监管目标,依靠有效机制(特别是对水使用的许可机制和严格的废水排放标准)以及各州适当有效的水管理行政和协调机构(比如联邦/州水工作共同体和流域委员会)。在流域管理机构设置上,欧盟与德国水法都没有明确的强制性规定,但事实上,不管是德国国内州之间还是在欧盟层面上成员国之间都有流域共同体或委员会。此委员会更多作为协调机构存在,它是自下而上自发设立的,区别于中国流域委员会自上而下的设立模式。相比中国流域委员会庞大的行政机构,德国国内以及欧洲国际流域委员会机构精简、功能明确。因此流域管理理念中最主要的精髓不是机构,而是机构承担的功能与运作程序。参见沈百鑫,沃尔冈·科克德国水管理和水体保护制度概览——协调制度和农业中的水体保护,《水利发展研究》2012 年第 10 期。

明了联邦和州两级之间多尺度行动的划分。联邦政府必须向布鲁塞尔(欧委会办公地)报告数据,但各州担心由于必须首先向柏林传输数据而失去对水政策的影响力。达成的协议是将次流域以上的汇总数据与次流域以下的汇总数据区分开来,前者需要通过程序上报给欧盟委员会,后者则由州自己留存。

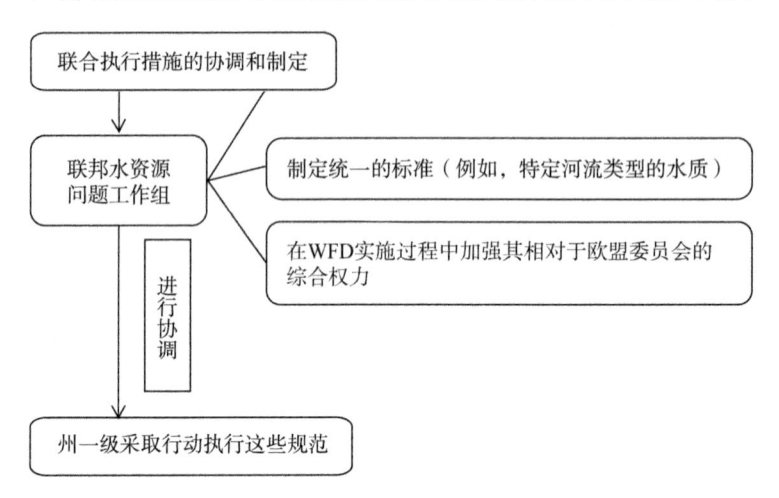

```
联合执行措施的协调和制定
            ↓
    联邦水资源问题工作组 → 制定统一的标准(例如,特定河流类型的水质)
            ↓         → 在WFD实施过程中加强其相对于欧盟委员会的综合权力
         进行协调
            ↓
    州一级采取行动执行这些规范
```

	联邦法律	州法律	时间	特点
德国	《水管理法》		自1960年3月1日起正式实施,至今已经七次修订,最后一次修订于2002年6月18日通过,主要内容是转化实施《欧盟水框架指令》	该法将水量与水质一起有计划地进行管理作为主要立法目的,同时要求通过各州水法转化实施
	《排污收费法》		1981年开始生效	该法对于水域的使用者,在污水处理设施的建设和管理、污水处理技术水平的提高、少废水和无废水生产工艺的开发、引进方面,具有良好的促进作用
		各州水法、水上交通法等		与联邦法律竞合性立法

三、立法明确多方合作管理

(一)美国 WSRA《自然与风景河流法案》的体现

在美国 WSRA《自然与风景河流法案》(以下简称 WSRA)的制定过程中,国会建立了管理指定河流的管理制度,但决定不设立一个单独的机构负责执行该法。相反,它将 WSRA 的义务叠加到现有的土地管理机构上,就像它在《荒野法案》中所做的那样①。由于在该系统中增加河流段的进程是高度政治性的,只对当地国会代表或州政府支持的河流提供保护,因此增加河流可能会很慢,需要广泛的地方支持,从而赢得国会代表和州议会的支持进而建议增加新的河流段,这就体现了国会的水治理的权力和重要地位,也体现了多方参与的重要性。

根据 WRSA,大多数河流是在联邦机构研究后通过国会立法添加到野生河流和风景河流系统中的。国会可以授权研究河流,农业部长或内政部长可以在土地和水资源规划过程中确定潜在的补充。研究过程和标准对于联合授权确定的和机构确定的研究河流都是相同的:机构必须确定该研究河流是否有资格和适合纳入,并建议分类,然后建议国会将该河流添加到野生和风景河流系统中。在列出一条可能增加的河流后,国会可以指示联邦机构研究该河流是否适合纳入国家系统。体现了国会在流域管理和保护当中的作用。

WRSA 的合作性的联邦结构创造了一种"胡萝卜加大棒"的方法,鼓励各州在国家制度下指定和管理部门,并提供三种激励措施:一,保护免受特定联邦行动的影响、技术援助和联邦资金。该法令保护各州管理的部分不受联邦紧急情况下的许可的限制,以防止联邦机构采取对此产生不利影响的行动。二,要求为水资源项目申请拨款的机构向农业和内政部长发出通知,并向国会通报对此的任何可预见影响。三,要求内政部长必须协助各州寻找机会,建立州和地方野生和风景优美的河流地区。

除此之外,WSRA 也要求管理机构与环保局和适当的国家水污染控制机构合作,以消除或减少 WSRA 河流的水污染。美国第八巡回法院将这一"合作"要求解释为"不让污染控制机构对 WSRA 河流走廊以外的活动拥有否决权"。

(二)欧盟通过法律规定利益各方的通力合作与协商

欧洲河流管理的历史演变可追溯到 19 世纪初的多边条约,这些条约主要集中在航行问题上,这可能是由于当时欧洲河流上正在出现的商业活动。世界大战后和平条约引入了"和平与商业"的法律制度,而近现代欧洲河流的管

---

① 比较 1964 年《荒野法案》(将执行权力下放给农业部长和内政部长)与 1968 年《自然与风景河流法案》第 1283(a)节(将管理权力下放给内政部长和农业部长)。

理,更加强调的是此类型的多边性条约(《赫尔辛基公约》、欧盟《指令》、《联合国水道公约》)等,并且进行合作、边界划分和建立若干区域流域委员会,这实际上为各国合作处理水流域环境问题奠定了一系列法律基础。欧洲的国际河流跨界合作是在稳定的制度框架下进行的,另一个重要原因是欧洲国家具有显著的跨国事务合作传统,使得国际河流争端能够在国际法的框架内,借助双边和多边协议来实现合作。

《赫尔辛基公约》(以下简称《公约》)提供了一套两级的程序规则,作为执行有关预防污染和限制不利越境影响的实质性规则的基础。《公约》约有35个缔约方,这些缔约方被分为两类:"缔约方"和"河岸缔约方"。前一类有第一部分所列的规则清单;后一类有第二部分所载的一套更详细的规则。例如,"河岸缔约方"必须通过缔结与《公约》一致的新协定(双边或多边协定)开展更密切的合作、协商,建立联合监测和评估方案,进行共同研究和开发,交流信息,建立预警和警报系统,并在"危急"情况下提供互助。这些程序要求促进了对跨界水域管理至关重要的业务合作。事实上,对欧洲经委会工作的调查显示,这些领域进行了大量值得关注的合作活动,取得了相对成功的结果。这体现了在流域管理和保护中需要各方关键性的合作,互相提供流域信息,并进行联合监测和评估,共同研究和开发,由于河流流域的跨地域性,需要建立起一套预警和河流流域的警报系统,并且需要在河流流域产生重大环境问题的时候,提供互助,以更好地解决河流流域环境问题。

另外,在《赫尔辛基公约》的影响下,欧盟又签订了一系列条约,包括《莱茵河公约》和《多瑙河公约》。值得注意的是以上公约中"范围"的定义。《莱茵河公约》界定"范围"的地质和生态方法提供了广泛的覆盖面,并创造了广泛的管辖范围,这就需要欧盟各国实行协定的执行行动。1994年《多瑙河公约》采用了一种略微不同的做法,其中协定的"范围"被界定为"集水区",即"缔约方共有的水文流域"。作为"主管当局",多瑙河委员会为多瑙河整个流域编写一份报告,该流域的范围超越欧盟划定的范围,而不仅仅局限于欧盟的水域。欧盟的其他欧洲跨界河流,也会有类似的计划。显然,这类流域报告需要欧盟内外的广泛合作,并可提供工作平台,以加强欧洲的合作。这将使欧盟和成员国有兴趣仔细研究根据《指令》制定的这些全流域计划,以评估这些计划对实现《指令》的水质目标的影响。所以,无论从法律角度还是实践角度来说,利益各方的合作在欧盟流域治理中显得十分重要和必要。

根据《欧盟水框架指令》,欧盟流域要进行分类、报告和监测。该法律文件要求,会员国应明确自己国家和跨国的河流流域,以便根据欧盟的生态系统保护政策,制定管理计划和相关措施方案。而且,流域范围的报告需要不时更新和进行进一步的审查。上文说的多瑙河流域就是一个响应这个政策的典型例子,多瑙河流域的范围报告对于所需详细报告进行了深入的了解,并提到了如何管理超过欧盟边界的河流流域的程序性要求。这种办法为区域合作提供了独特的机会,被认为是有效的全流域管理制度的一种成功做法。

除此之外,新的欧盟指令要求采用了强制性参与式计划(MPP)方法来实施政策。此方法最详尽的模型已经在《指令》中制度化,MPP结合了三个重要的决策过程:多级治理,参与性治理和嵌套策略周期。《指令》要求这些阶段每六年重复一次。嵌套的政策周期为管理者在执行自上而下的任务时留出了很大的空间,因为管理者要在本地一级执行和制定政策。从某种意义上讲,它使实施决策的"政治"性质制度化。因此,MPP方法的结果在很大程度上取决于管理者的行为及其与本地利益相关者(水平关联)以及上级政府官员(垂直关联)的互动[1]。

欧盟流域管理	
法律规范	内容
1997年《联合国国际水道非航行使用法公约》	为各国合作处理水流域环境问题奠定一系列法律基础。包括公平合理利用(第6条)和不造成重大损害的义务(第7条)
1992年《赫尔辛基公约》	提供了一套两级的程序规则,作为执行有关预防污染和限制不利越境影响的实质性规则的基础
2000年《欧盟水框架指令》	会员国需要明确自己国家和跨国的河流流域,同时根据欧盟的生态系统保护的政策,来制定管理计划和相关措施方案
在上述法律规范影响下签订的区域性条约	《多瑙河公约》 《保护莱茵河公约》 《萨瓦河流域框架协定》 《保护斯凯尔特河协定》

---

[1] Koontz Tomas M, Newig Jens. Cross-leve linformation and influence in mandated participatory planning: Alternative pathways to sustainable water management in Germany' simple mentation of the EU Water Framework Directive[J]. Land Use Policy, 2014, 38:594-604.

（三）北美五大湖流域加强利益方的协作治理

20世纪70年代起，美国和加拿大逐渐意识到五大湖环境恶化的危害性，两国政府就合作治理五大湖达成共识。两国签署了《大湖水质协定》，采取了流域综合管理，新建污水处理设施，加强水质监测与联合研究等一系列措施。

美、加国际联合委员会（IJC）是具体负责协定执行的机构，负责履行五大湖生态环境保护相关的权利与职责。IJC设有五大湖区域办公室，负责五大湖流域管理统筹协调工作，为委员会提供行政及技术支持。办公地点设立在加拿大温莎市。IJC设立了多个委员会和任务权力机构帮助其履行具体责任，包括大湖水质管理委员会和大湖科学咨询委员会等17个委员会。大湖水质管理委员会是IJC的主要咨询者，委员会成员来自缔约方、各州（省）政府代表。大湖科学咨询委员会在IJC和水质委员会研究的基础上提出建议，或经与IJC商讨，进一步对IJC关心的科学问题提出技术建议。大湖科学咨询委员会组成人员包括大湖研究计划项目的管理人员、大湖区水环境相关领域公认的专家。

此外，大湖流域相关州成立了五大湖州长委员会，它是协调湖区各州或省之间利益关系的最主要机构之一。它最初的成员包括美国的伊利诺伊州、印第安纳州、密歇根州、明尼苏达州、俄亥俄州以及威斯康星州，1989年美国的纽约州和宾夕法尼亚州加入，此外，加拿大的安大略省和魁北克省以准会员身份加入该委员会。

由美、加两国政府确定的合作项目大多围绕IJC开展，项目执行主要依托两国联邦政府、湖区州政府和地方政府来承担。随着合作不断深入和互信不断增强，两国层面的合作更加频繁与直接，而不是完全依赖于IJC的协调。多部门合作增强了美、加两国政府之间以及湖区各级政府、流域管理机构、科研机构、用水户和地方团队之间的合作交流，所有机构将作为一个环境保护团体来开展工作和进行相互合作，各机构可共享相关的资源和信息，同时也有义务汇报自己的工作进展。为此，IJC成立了公共论坛，以便于信息的交流和制定集体决议。所有这些工作都是为了实现五大湖环境保护以及人与自然和谐共存这一最终目标。

加拿大在五大湖应急中的关键措施之一是建立区域环境突发事件应急团队（REET）。该团队具体提供统一和协调一致的环境建议以及信息支援方面的协助，它由多部门、多专业背景的人员构成，团队成员每年召开会议并审议已发生的事件，完善应急预案、应急网络并共享信息。

《大湖水质协议》提出制订补救行动计划和湖区管理计划,用于控制关注区域的关键污染物。补救行动计划要求各缔约方应与各州和省级政府相互合作,以确保计划在关注域的实施,每个计划应包括:一,关注区域环境问题的定义及详细说明,包括对那些损害有益使用的定义,损害程度及损害的地理范围;二,要定义使用受损原因,包括所有可知污染物以及对其他可能来源的所有可知污染物以及对其他可能来源的污染物的评估;三,对某一区域补救措施评价;四,对恢复有益使用的其他替代性措施的评价;五,其他恢复有益使用的补救目的选择及实施日程表[①]。《湖区管理计划》要求各缔约方承诺建立一个时间表,减少进入湖区关键污染的负荷,其目的是满足水质目标要求及恢复水功能价值。基于污染物的物质平衡法是开展《湖区管理计划》的核心。

在这一时期,国际流域倡议组织(International Watersheds Initiative, IWI)倡议采用综合的生态系统方法,通过加强当地的参与性和加强地方能力来解决跨界水域的问题。这一倡议在2009年1月的报告《国际流域管理促进行动:跨界流域实施的新范式》中得到体现,国际联合委员会与其董事会制定了一个框架,依据IWI的基本理解,明确提出有效处理边境与环境问题需要一种生态系统方法,在政策权衡及管理方面要参与公众对话,要让地方社区合作参与生态系统管理。

为了使这种方法成为现实国际联合委员会开展了IWI项目,以帮助其管理资源,促进交流和进行科学研究。这些董事会项目通过IJC的IWI审查流程得到支持。自成立的20多年来,IWI通过董事会项目和IWI战略计划,为各级决策者提供参与信息,并提供工具,以更好地解决边境地区与水有关的各种有争议的问题[②]。

另外,《大湖契约》是一份在与北美五大湖水管理有关的案件中发挥关键作用的权威性文件。在五大湖流域,美国沿湖各州和加拿大沿湖各省必须根据文件承诺管理和监管取水权,在涉及大湖区流域的全部水资源转移或消耗性使用超过200万加仑/天(在任何30天平均期)时,如果一个州或省没有相应的管理和监管措施,它将失去参加下文所述的各种不同用途和消费用途的通知和协商程序的权利。

---

① 国冬梅,张扬,魏亮,等. 跨国界流域水环境综合管理国际经验借鉴研究[M]. 北京:中国环境出版社,2018.
② International Watersheds Initiative. accessed December 30,2020. https://www.ijc.org/en/what/iwi.

事前通知和咨询程序可以被描述为"保持联系"的更具体说法。它规定，考虑为新的或增加的消费性使用或转移签发许可证的州或省，要超过 500 万加仑/天（在任何 30 天的平均期），也应首先通知其他州长办公室。签发国或州也将"征求并认真考虑其他大湖州和省的意见和关切"。如有必要，启动"磋商程序"以寻求并向许可国或州提供相互同意的建议。这从法律上体现了多方合作的强制性。

但是《大湖契约》并不完善。五大湖流域的州长们曾根据《大湖契约》的规定同意了五大湖地区密歇根湖对瓦克夏市的调水要求。但是利益相关方——沿岸的地方政府却并不同意，作为地方政府利益代表的市长们采取通过创建五大湖和圣劳伦斯城市倡议（GLSL 城市倡议）的方式表达立场。当时，包括蒙特利尔、多伦多、密尔沃基和芝加哥等在内的多个城市组成的城市联盟，质疑关于水量流动的批准，要求州长们举行听证会进行听证以面对质询。该联盟的主要任务涉及对契约理事会决定的事项、所使用的程序和应用标准中做出的决定表达立场。

随着事件的发酵，契约理事会（五大湖流域管理机构）同意创建一个咨询委员会并与之合作，该咨询委员会将及时公布更新有关可能提出的引水要求的程序。不难看出，通过 GLSL 城市倡议，五大湖边界两边的市长可以试图积极干预，制止五大湖转移到沃喀莎等城市，以免利益受损。这个活动代表向前迈进了一步，形成了一个新的发展趋势：市政府被纳入转移审批程序中的考量因素。市长们通过重组成一个双边联盟并明确反对瓦克夏改道，要求契约委员会将他们视为关键利益相关者，而不是对契约委员会的决定十分冷漠的旁观者。

	主要法律文件	时间	内容
北美五大湖流域	《边界水域条约》	1909 年	制定了目标、适用政策法规、指标体系、最低水质标准、总体治理规划及实施安排和具体治理项目，被视为美国和加拿大之间五大湖管理的基础
	《大湖水质协议》	1972 年	要求达到共同的水质目标
	《大湖契约》	2008 年施行	确保野生动物和生态环境不受来自五大湖的水转移的影响，同时支持五大湖—圣劳伦斯河流域的严格水管理 把地下水、地表水和大湖支流视为一个单一的生态系统，而不是把它们视为二分类要素 保护和恢复流域的水文和生态系统完整性

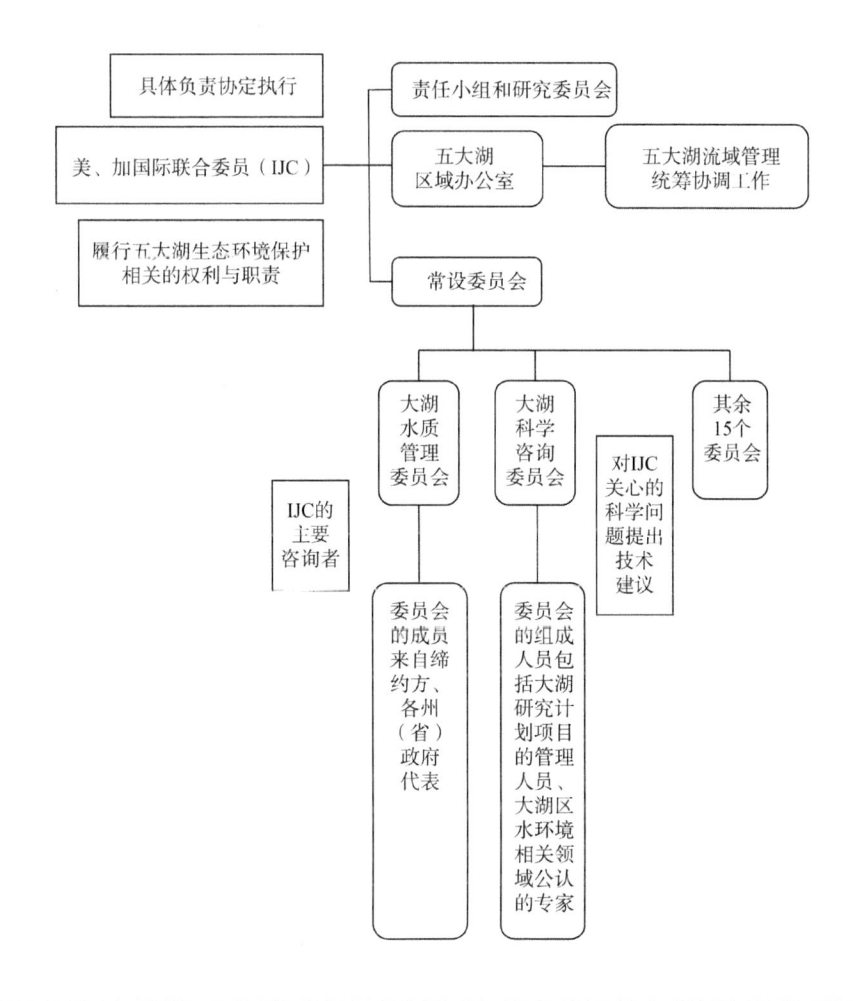

四、水事管理的公共参与

(一) 德国制定与公众相关联的流域规划

在欧盟，流域管理计划包括主管当局清单，所采取的公共信息和咨询措施的摘要，其结果以及对该计划所做的更改。在《指令》的整个实施过程中，公众咨询起着重要的作用。因此，成员国应鼓励所有有关方面积极参与，特别是在流域管理计划的制定、审查和更新中(见《指令》第14条第1款)。关于措施方案的制定、审查和更新，《指令》第14条没有明确要求公众参与。但是，根据第2a条、第3条第1款、第2a,b和5项以及附件IISEA指令(SEA指令,2001年)，措施计划必须接受战略影响评估(SEA)，在建立环境报告时也需要公众参与(第 6 条 SEA 指令)。与以前的规划工具相比,《指令》的实施大大提高了德国水资源规划的重要性。在不同协调级别上的合作使流域方法与联邦行政结构相结合[①]。在德国,《指令》和"洪水指令"(FD)的规定已由德国《联邦水法》取代,并由各州的《水法》予以补充。

在德国,通过上述规定,规划机制尤为重要,因为它要求成员国必须对各个流域单元制订管理规划和措施计划。通过这些规划,在整个规划层面上为将来可能的具体的水体使用个案许可规定了框架。另外,关于在建立、审查和更新河流流域管理计划和河流措施计划期间积极参与的问题,德国立法中采用了"利益相关方"一词(《联邦水法》第 85 节)。建立洪水风险管理计划时也要"积极参与"[《联邦水法》第 79(1)2 节]。在建立河流流域管理计划的正式磋商程序中,"每个人"都有权提交评论(《指令》第 83 条第 4 款)[②]。而且还要求在规划制订中促进公众积极参与,制订规划的职责机关必须要面对和处理来自公众的不同建议和意见[③]。

在德国,位于同一流域范围内的各州都参与到流域规划的制订中,流域共同体正是建立在此基础之上的。但是对于管理规划,欧盟法和德国联邦法中都没有明确其法律形式(即其具体的效力与意义)。原则上,它只对国家行政机关有效,而不针对地方自我管理权的地方乡镇,也不针对成员国公民。只有当因为关于规划的政府决定涉及公民利益,才产生对公民的关联与约束效应。

(二) 加拿大魁北克省可持续发展的合作

加拿大主要的流域管理立法大量产生于 20 世纪 70 年代。1970 年以前,由于水资源过度开发,加拿大的水质明显下降。为了改善流域水质,1970 年加拿大先后颁布了《加拿大水法》《北部内陆水体法》《北极水污染防治法》《航行水体保护法》《国际河流水体改善法》等。

1970 年《加拿大水法》颁布以后,加拿大成立了专门的流域管理机关,但此后十几年的时间里,流域管理理念仍是只将水作为一种消费性资源,主要

[①] Juliane Albrecht. The Europeanization of water law by the Water Framework Directive: A second chance for water planning in Germany[J]. Land Use Policy, 2013,30:381-391.

[②] Juliane Albrecht. Legal framework and criteria for effectively coordinating public participation under the Floods Directive and Water Framework Directive: European requirements and German transposition[J]. Environmental Science & Policy, 2016,55:368-375.

[③] 沈百鑫,沃尔夫冈·科克. 德国水体保护监管机制和治理理念发展及对我国的启示[J]. 环境法评论,2018(1).

着眼于如何向社会提供足够的水资源。这一时期,流域管理工作的重点是强调污染治理和水资源的规划评价工作,与污染和环境规划评价有关的立法开始出现。如《环境评价及其审批程序》(1973年)、《环境污染物法》(1975年)。

1987年加拿大流域管理事业进入了一个崭新的阶段——可持续的综合流域管理(IWM)阶段。流域管理理念除强调水的消费性价值外,也强调水的非消费性价值,着眼于建立支撑社会可持续发展的水系统,确保当代人和下代人用水权的平等兼顾,并且生态系统管理法被认为是实现可持续发展的一种基本方法。可持续的综合流域管理体现在此后出台的一系列立法中,如1987年《联邦水事政策法》、《加拿大水法》(1990年修订)、《加拿大环境保护法》(1988年、1999年修订)[①]。

加拿大总共有10个省、三个特别行政区,各个省和行政区都有各自的流域立法。从规划角度讲,在加拿大魁北克省,流域是一个单位,是其实施可持续利用和管理资源进程的基础。可持续流域管理规划进程力求协调地理流域内各社区和行业的各种利益、资源使用、关切和行动。制定和执行一项计划的过程是魁北克省所有流域地区共同的流程,其中包括:开发流域的确认和诊断;确定问题和方向;制定目标和选择指标;制定行动计划;实施行动计划;计划的监测和评估。

为促进这一进程,《水保护法》规定设立流域组织,负责通过利益相关方协商制定流域蓝图。流域组织行使行政权力和责任,通过将流域管理纳入魁北克省的可持续发展原则来实现流域的可持续发展。

魁北克省可持续流域管理具有正式文书,这些文书作为支持公民利用资源进行可持续流域管理的规范指南具有强大的潜力。加拿大的魁北克省确定了三类文书:魁北克省的水政策和立法;《魁北克民法》;制定可持续流域计划的行政安排。这些正式文书旨在确认水是一种共同资源,明确规定人人有义务承诺保护水及其可持续利用,并提供一种法律制度,使人们能够通过睦邻关系保护对水的普遍利益。

流域规划和管理进程旨在使流域内各利益攸关方有能力从可持续发展的角度指导资源分配。这是一项重要的集体责任,因为水的治理是每个人的事业,集体的承诺对普遍利益至关重要。魁北克省当地制定流域规划进程的一个预期好处是让更多的公民参与管理对水的普遍利益。由于农业用地占

---

① 王莉.加拿大流域管理法律制度解析[J].郑州大学学报(哲学社会科学版),2014(6).

魁北克省南部大部分面积,在制定提高水质量的计划时,必须让农民参与。而流域组织和规划进程为提高农民和其他利益相关方的认识和交流信息提供了一个平台。特别是,利用平台使农民能够成为治理项目的一部分,更好地了解某些做法对水资源的影响,并认识到他们的责任。同时考虑到义务的承担,使农民在土地和水管理决策中的普遍利益得到保护,包括为了使水保护义务具有可执行性,为了这样的利益,魁北克《民法》第982条允许私人索赔人就环境损害寻求禁令或损害赔偿。这种做法可能会加强保护水资源的法定义务下的责任定义,并提高其作为可持续利用资源标准的行为效力①。

发展可持续流域管理的合作进程为多方利益提供了一个机会,大家都可以坐在谈判桌上提出关于资源管理的看法。这一进程可能是一种适当的方式,使公民了解他们运作的更广泛的可持续性框架。在这项行动中,通过谈判一项具有来自流域领土的各种利益的计划是一个重要的社会进程,这个可以由行政流域组织推动,以充实对水的普遍利益的含义、其实施情况和进行审查的安排。尽管很多人对可持续流域管理制度的战略意图持这种乐观态度,并希望通过这样做法实现可持续流域管理的目标。但在将其转化为对睦邻关系的实际问责以保护对水的普遍利益方面仍然存在很大的限制。

	联邦法律	州法律	时间	内容
加拿大	《联邦水事政策法》		1987年	加拿大水事管理基本法,其规定了水事管理的总战略、政策实施、水质管理、地下水管理等诸多原则和细节问题
	《加拿大水法》		1990年	联邦和省对全国水资源联合管理的纲领性文件,是对加拿大水资源开发、利用和保护(包括研究、规划和方案实施)的一项法令
	《加拿大环境保护法》		1988年、1999年修订	该法将可持续发展作为立法所追求的终极目的,包括代内公平、代际公平、可持续利用和环境与发展一体化四个核心要素,采用符合生态系统特点的方法,为有毒物质控制设计了双轨制——生命周期控制和实质性消除

---

① David Hillier. Identifying Best Practices for Source Water Protection in Canada: A Comparison of Watershed Governance in Ontario, Alberta and B. C. JELP33. 3[J]. Journal of Environmental Law and Practice, 2020, 258.

续表

	联邦法律	州法律	时间	内容
加拿大		安大略省《清洁水法》		提供了一个示范水源保护制度,为80%的居民实现了具有约束力的保护计划
		魁北克省水事政策和《水保护法》		实施流域可持续管理的框架来源
		魁北克省的水政策和立法;魁北克的民法;制定可持续流域计划的行政安排		确认水是一种共同资源,明确规定人人有义务承诺保护水及其可持续利用,并提供一种法律制度,使人们能够通过睦邻关系保护对水的普遍利益

(三)澳大利亚流域管理设置的要求

在澳大利亚,流域尺度管理是墨累—达令河流域水管理的基本指导思想。在流域管理过程中,各管理部门的设置形式、管理组织框架、管理政策的制定和实施等都在流域尺度上进行,都充分体现流域整体管理的目标。三层管理组织框架主要包括墨累—达令河流域部长理事会(Murray-Darling Basin Ministerial Council,MDBMC)、墨累—达令河流域委员会(Murray-Darling Basin Commission,MDBC)和公众(社区)咨询委员会(Community Advisory Council,CAC)。在联邦制度的框架内,协定自然成为分担义务、分享权利、协调行为的一种重要手段。决策层:将整个流域作为一个整体,宏观调控,总体上进行各项制度和政策制定;执行层:由非政府性的自治组织负责,实现政策执行的公正和透明;协调层:广泛的公众参与,与决策层和执行层的沟通管理,协调各主体之间的利益与责任。三层之间协调配合,达到流域管理的最优化,从而实现流域整体管理的目标。

协调层强调公众参与是管理组织框架的一大特点。公众(社区)咨询委员会是部长理事会的咨询协调机构,从公众角度出发,就自然资源管理的重大议题向部长理事会提出建议,为部长理事会、流域委员会与社会之间提供一个沟通的双向渠道。公众(社区)咨询委员会的设立首先将流域的水管理网络大大拓宽,提高了公众参与的尺度,为公众参与流域管理提供了法律依据,体现了流域管理的广泛代表性和参与性。其次,在专业技术支持下,公众能更自主地发挥自身作用,使决策制定过程更为透明,政策执行过程更为公正,也能达到更好的监督管理效果,对整个流域的规划与管理也起到了积极的推动作用。最后,参与过程不仅能提高公众的流域生态恢复与环境保护意识,也传播了相关知识理论与技术,减小新政策实施的阻力,有利于各项政策的宣传,促进公众对政府方针政策的理解与支持[①]。

除此之外,在2008年,联邦政府与新南威尔士州、维多利亚州、昆士兰州、南澳大利亚州的州政府以及首都直辖区政府签署了《墨累—达令河流域改革谅解备忘录》和《墨累—达令河流域改革的政府间合作协议》,要求签约方恪守承诺,实施必要的改革,以满足流域当前需求,从长远角度保护和促进流域的社会、环境和经济价值。

根据《墨累—达令河流域改革谅解备忘录》和《墨累—达令河流域改革的政府间协议》谈判达成后修改《水法》。基于联邦宪法权力的结合,将各州水资源自治的部分权力以联邦法律的形式让渡给联邦政府,有了专门的政府机构——墨累—达令河流域管理局[②]。

根据《水法》的规定,墨累—达令河流域管理局向农业和水资源部报告。其合作治理的机构包括墨累—达令河流域部长级理事会、流域官方委员会、流域社区委员会。这个治理结构,也包括了流域社区委员会根据墨累—达令流域规划的规定向流域管理局提出建议,墨累—达令流域管理局根据墨累—达令流域协议向流域社区委员会进行咨询,体现了公共参与的重要性。

	时间	文件	
墨累—达令流域	1915年	《墨累河水域协定》	
	1985年	《墨累达令河水协议》	1987年批准
	1992年	《墨累—达令河流域协议》	1993年联邦和州政府出台具体法律,明确其法律地位
	1994年	框架协议	1996年生态系统提供水的国家原则
	2004年	政府间关于国家水资源的行动纲要	
	2008年、2015年	水法、水法修正案	

---

① 史潋,赵志轩,李立新,等. 澳大利亚墨累—达令河流域水管理体制对我国的启示[J]. 干旱区研究,2012,29(3).

② 和夏冰,殷培红. 墨累-达令河流域管理体制改革及其启示[J]. 世界地理研究,2018,27(5).

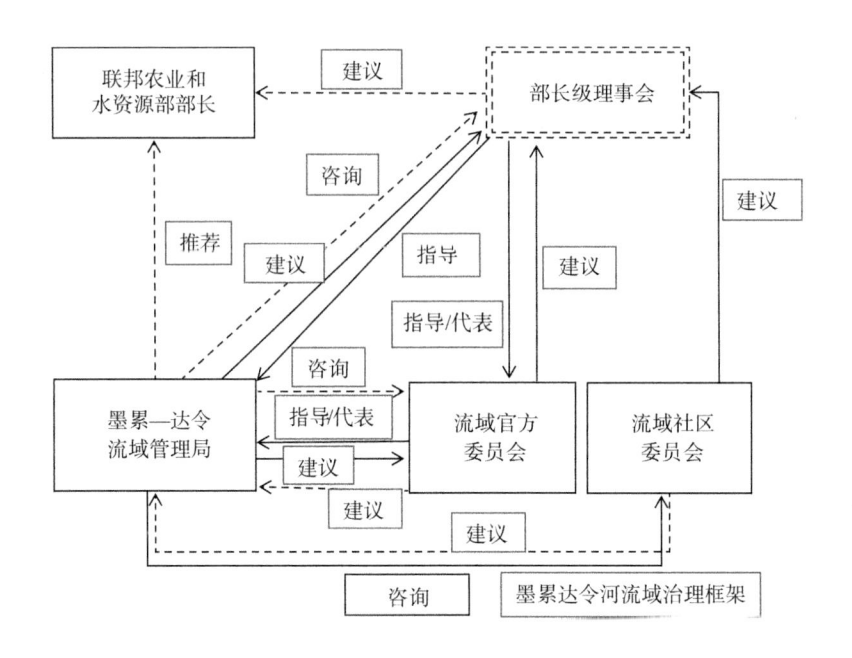

```
┌──────────────┐      建议      ┌ ─ ─ ─ ─ ─ ┐
│ 联邦农业和   │ ←- - - - - - - │ 部长级理事会 │ ←──────┐
│ 水资源部部长 │                └ ─ ─ ─ ─ ─ ┘         │
└──────────────┘                     ↑                 │ 建议
        ↑              咨询           │                 │
        │         ┌ - - - - →        │                 │
        │ 推荐    │       建议  指导  │ 建议            │
        │         │ - - - - →        │                 │
        │         │                  │ 指导/代表       │
        │         │                  │                 │
┌──────────────┐  │   咨询    ┌──────────┐   ┌──────────┐
│  墨累—达令   │ - - - - - → │ 流域官方 │   │ 流域社区 │
│  流域管理局  │   指导/代表 │  委员会  │   │  委员会  │
│              │ ← - - - - - │          │   │          │
└──────────────┘     建议    └──────────┘   └──────────┘
        ↑                  建议      ↑            │
        │ - - - - - - - - - - - - - - - - - - - -│
        │                     建议
        └──────────────────────────────────
                  咨询        墨累达令河流域治理框架
```

第二章 流域生态环境保护的域外立法 | 045

第三章
我国流域生态环境保护立法体系之完善

  我国河流流域实行的是碎片化保护模式,即按照流域、部门、行政区划及环境要素等人为划分流域生态系统,在此基础上,实行河流流域碎片化保护与管理。

  以长江为例,从自然角度看,长江是由河流、湖泊、土壤及生物等要素组成的有机统一的生态系统。然而,长江作为我国第一大河流,长江干流流经青海、西藏、四川、云南、重庆、湖北、湖南、江西、安徽、江苏及上海11个省(直辖市、自治区),这导致长江流域被分割为多个行政管辖区域,形成"条块"分割格局,也必然会形成以地方行政区划管理为中心的碎片化状态。以往,在长江流域保护领域,原环境保护部、水利部及原国土资源部等部门均拥有一定的管理权限,出现多头管理的窘境,从而在各政府部门之间产生职能交叉、职权模糊的现象。对此,2018年3月,《关于国务院机构改革方案的说明》予以回应,明确了相关资源的管理和保护问题,以改变之前的状况。

  原环境保护部、国家发展改革委和水利部也曾于2017年7月17日联合印发了《长江经济带生态环境保护规划》(环规财〔2017〕88号),该规划明确提出,须"贯彻山水林田湖草是一个生命共同体理念""统筹上中下游,统筹水资源、水生态、水环境,统筹产业布局、资源开发与生态环境保护""构建区域一体化的生态环境保护格局,系统推进大保护"。

  2021年3月,我国第一部流域法律《中华人民共和国长江保护法》(以下简称《长江保护法》)正式施行,其横跨多个法律领域,是一部整合多类法律资源、综合多种法律机制的新型立法[1]。长江流域是我国重要的生态区和经济

---

[1] 吕忠梅.《长江保护法》适用的基础性问题[J]. 环境保护 2021,49(z1).

发展区,是实现区域协调发展、乡村振兴、民族友好融合和绿色发展的重要区域,以《长江保护法》为指导,有必要基于流域整体性和区域发展一体化,深入开展长江上游流域司法协同治理研究。

此外,长江流域保护手段具有单一化的特征。目前,总的来看,我国对长江流域保护工作采取的主要是自上而下的行政管制手段。在这种单向型手段中,政府部门是主角,工业企业、环保组织及社会公众发挥的作用有限,未能充分调动社会各界共同保护长江的积极性,"多元共治"的体系尚未真正形成。

而鉴于流域环境问题的复杂性及单一治理主体的局限性,需要从整体性治理理念出发,对我国流域问题采取一体化保护模式。所谓整体性治理理念,是指着眼于政府部门的整体性运作,从分散走向集中,从部分走向整体,从破碎走向整合的理念。以整体性治理理念为基石,可以构建起流域一体化保护机制。流域一体化保护机制,就是以流域的系统性、各部门及行政区划的整体性为切入点,通过法律、政策等工具,实现各部门及行政区划之间的协调配合,最终建立起流域的整体性和一体化保护机制。其实,"生命共同体理念"正是整体性治理理念的最佳阐释,而"一体化的生态环境保护"作为整体性治理理念的实践方略,是构建流域一体化保护机制的政策基石。

综上,一体化保护机制能有效化解碎片化模式的弊端,确保政府、企业及社会公众均能参与到保护长江的工作中,进而形成多元共治的体系,促进长江流域保护与治理工作的健康发展。

一、开展流域综合保护立法

河流生态环境保护工作是一项复杂的综合工程,从法律管理手段角度考察,仅依靠某一部门法的调整是不够的,必须依靠其他法律部门的手段对河流生态环境社会关系进行综合调整,同时也要加强与环境相关的其他法律法规、政策的关联制定。

(一)树立整体性治理的立法理念

我国现行立法是严格按照水体、土壤及大气等生态要素,采取各要素分别立法的模式。在此种分散立法模式下,各主管部门易从自身立场出发,不能充分对流域整体利益、流域生态系统各要素之间的内在关系等做综合性、全方位考察,从而导致流域保护工作难以统筹规划。因此,应当严格遵循整体性治理理念,开展流域保护综合性立法,切实为流域生态系统一体化保护提供立法理念支撑。

立法中应将流域视作一个整体,包括水量、水质、地表水和地下水等各个部分,开展水环境、水生态、水资源与水灾害的协同治理。我国通过对地表水与地下水的共同保护,实现了生态环境的显著改善。借鉴五大湖流域的环境管理经验,跨界地区的政府和民间社会要建立生态系统治理的新理念,充分认识跨界污染治理是一个包括水、土壤、大气等生态要素紧密联系的统一体,也是相邻行政单元采取统一行动的利益共同体。因此,应启动"多水共治"统一管理,树立生态系统治理理念,实行与生态系统管理相协调的流域管理体制和立法。

(二)对流域一体化保护的各项制度作更为细化的规定

环境问题具有潜伏性、复杂性和多样性的特征,同时考虑到立法应具有的严肃性、稳定性与权威性,我国环境立法一贯采取极为谨慎的态度,坚持"宜粗不宜细"的原则,即法律以原则性、倡导性规定居多,细化、可操作的规定一般由行政法规、部门规章甚至地方规章等低层级的立法机构来设计。

一个结构完整、内容丰富的中央层面的流域环境保护法律体系,应当包括由全国人大及其常委会制定的流域保护综合性法律、国务院制定的专门行政法规、国务院各部委出台的专项部门规章等法律规范。"流域保护法"是流域生态保护领域的"龙头法",主要对流域水资源开发、利用及保护等活动作原则性规定,有关行政法规及部门规章在不违反"流域保护法"规定的前提下,可以对流域一体化保护的各项制度作更为细化的规定。

(三)流域生态环境立法坚持可持续发展原则

可持续发展,就是要促进人与自然的和谐,实现经济发展和人口、资源、环境相协调,坚持走生产发展、生活富裕、生态良好的文明发展道路,保证一代接一代地永续发展,这是当今世界发展的主流。从一定意义上说,可持续发展应该是一种法治程序,它需要一系列相对稳定的机制才能得到长期、稳定、有效的实施。因此,可持续发展原则是流域环境治理立法必须考虑的基本指导思想。

目前,流域资源的可持续开发利用所面临的生态环境压力和河流水资源越来越缺乏的现状,要求传统的依靠经验实行的河流开发利用必须向科学的河流流域管理的可持续利用转变。中央政府必须对河流流域开发利用行为实行强有力的宏观指导和系统规划,构建将利益和监管有效联系在一起的制度。

改革开放后,随着我国的工业化进程,加上很长一段时间内片面追求以GDP为导向的经济发展观、政绩观,我国水资源污染日趋严重。许多污水未经处理或者没有经过适当处理就直接排放,或排入河流湖泊,或排入地下,或直接就地排放,致使许多水体遭到污染,水质状况日益恶化。

鉴于我国之前立法中"经济至上"的色彩相当浓厚,流域生态环境保护立法必须确立生态安全的指导思想,强调以无害于生态环境为前提。饮用水安全是所有涉水立法的首要考虑,同时生态空间管控、环境标准体系完善、规划的制度整合,也是重要立法问题。我们在进行水流域管理立法时,毫无疑问地要坚持可持续发展原则,运用法律武器保证这一原则的切实贯彻;流域的发展不能以破坏生态环境、污染水源为代价,水资源、森林资源、土地资源等自然生态资源是流域生存与发展的基础,必须将此类资源的保护与流域保护相结合,进行专门性、针对性的立法。通过重新审视人与自然的关系和水资源开发利用与整个生态环境的关系,对于流域立法予以调整,促进其向可持续方向发展。同时,市场机制也是促进资源合理配置和有效利用的重要手段,利用价格机制,采取征税、补贴、生态补偿等鼓励性或限制性经济措施,促使流域内减少排污、消除污染,可以有效减少对资源的滥用。

(四)提高流域生态环境保护法制建设的科技水平

面对我国河流流域生态环境的治理,需要切实提高我国河流流域生态环境保护法制建设的科技水平。中国河流生态环境保护立法要实现质的飞跃,必须首先实现对河流流域资源的科学勘测和对河流流域环境承载力的准确预测,同时也要对河流流域的历史水文记载、地质构造变化、流域气候影响等因素进行评估,进而编制科学的控制指标,利用现代科技对河流流域进行整体规划、开发。特别是将信息、生物等高新科技流域的成果,广泛应用于我国资源利用、河流生态环境保护和生态建设的相应立法中。例如"三线一单"[①]划定;建立河流流域信息合作中心或委员会机制;开展国际河流工程技术信息的监测与反馈;建立良好高效的信息传递和共享方式。

---

① "三线一单",是指生态保护红线、环境质量底线、资源利用上线和生态环境准入清单,是推进生态环境保护精细化管理、强化国土空间环境管控、推进绿色发展高质量发展的一项重要工作。截至2019年7月1日,"三线一单"编制工作全面铺开,已经有12省市陆续成立了相关协调小组,组建了技术单位与团队;部分地市在省级框架下,对"三线一单"的相关要求进行了细化。参见环保"三线一单"工作全面铺开;经济参考网 https://tech.sina.cn/2019-07-01/detail-ihytcerm0454893.d.html;访问日期2022年11月12日。

对此,可以借鉴多瑙河经验,抓住长江经济带建设等重要契机,推动"多水共治",实现水量、水质、水生态等天空地一体化立体监测。利用物联网、互联网建立基于GIS的流域水环境监控和预警平台、公众参与的信息共享平台(含手机版),有力推动流域社会经济事业的可持续发展。借鉴五大湖流域基于利益相关者的参与式管理方法,拓宽融资渠道,加大科技投入,完善信息共享与交流机制,建设公众信息平台,增大宣传与公众参与力度。建立有效的协商、沟通机制,综合运用工程、技术、经济、行政和法律手段,建立权威、高效协调的流域综合管理体制。

二、加强流域共同体治理立法

2013年《中共中央关于全面深化改革若干重大问题的决定》将我国全面深化改革的总目标设定为:"完善和发展中国特色社会主义制度,推进国家治理体系和治理能力现代化。"保护生态系统不仅是生态文明建设的核心要义,而且对市场经济、民主政治、先进文化以及和谐社会具有重要影响。治理理论的运用,对政府管理能力、公民文化和公民社会都有着较高的要求[①]。

2016年,环境保护部部长在环境保护工作会议上指出,要提高环境管理系统化、科学化、法治化、精细化和信息化水平。实施流域共治是提高我国水环境管理系统化水平的重要手段。将流域作为水环境管理的基本单元,协调流域内各利益相关者的力量,解决流域内最突出的环境问题,是一种有效的水环境管理方式,是落实党中央关于以改善环境质量为核心重要决策部署的具体实践[②]。

流域共同体治理更加强调形成制度环境,制度环境能够使利益相关者充分参与、平等协商、共同决策,通过共同体范围内成员的反复磋商、充分博弈,建立沟通规则与信任关系,从而选择合作而不是对抗。基于此,流域综合法律制度的规划和设计,应注重从主体融合、行为协同、激励约束、公众参与、纠纷解决等方面展开,为流域共同体治理提供行之有效的政策法律框架。

---

① 佟德志.当代西方治理理论的源流与趋势[J].人民论坛,2014(14).
② 李瑞娟,徐欣.实施流域共治,提高我国水环境管理的系统化水平[N].中国环境报,2016-02-03.

（一）形成权义明确、多元融合的共同体治理主体制度

由于生态系统保护的复杂性、整体性和利益相关性，治理主体结构体系建设，必须坚持由多元化、负责任的主体共同参与治理的方针。该治理主体结构，应该既有中央政府和省一级政府的参与，又有市、县、乡、镇、村及其他基层单位的参与；既有公共管理机构，又有各种社会组织、民间团体乃至公民个体，是涵盖"政府与政府""政府与非政府组织""政府与公众""非政府组织与公众"等多维合作关系主体共同参与的系统工程。

通过立法，明确该治理结构中共同体及其成员的法律地位，清晰规定各类主体的权利义务，促进共同体成员的互动合作。不仅有益于具体的生态系统保护活动，而且有利于科学理解和认识水资源的可再生能力，培养和提升各治理主体及其成员的生态文明意识和理念，从而推动生态文明建设。

从纵向结构看，应对类似于"某某水利委员会"这样的机构进行重新定位，从派驻机构转变为流域管理委员会。该委员会独立于水利部，直接对国务院负责，其成员由相关职能部门和地方政府的代表构成，主要担负起省际生态环境问题的协调职能。

从横向结构看，流域内具备环境监管权的政府部门应相对集中。结合国务院机构改革，进一步以事权为中心展开部门整合，使水质与水量、地表水和地下水、水资源开发利用与生态环境保护等管理事项尽量集中。可以先在地方层面试点，在同级政府指导下强化横向涉水部门整合，例如，借鉴广州市的做法，设立水系建设指挥部，将水利、环保等各部门及区县负责人纳入其中，实现部门间协同。

（二）建立中央引导、流域管理机构协调、地方参与的磋商合作制度

流域共同体治理更加强调利益相关者的平等协商、沟通对话，通过使利益共同体充分表达、沟通、论辩、协商探讨共同关心的事务，在利益碰撞中妥协平衡，进而形成价值上的共识。借鉴欧盟经验，推动利益相关方对话与合作是解决水冲突和实现流域管理目标的最佳方法，建立利益相关各方高层对话和合作机制、推动利益相关方积极参与、实现信息互通共享、促进规划和决策过程透明等，是流域综合管理有效实施的关键。

在这一过程中，法律的作用在于激励主体参与动能、形成各层级的磋商平台、确立磋商合作规则和违约惩戒机制，以规范磋商合作行为。就中央政府而言，作为整体利益代表的中央政府应积极引导地方政府就跨域治理事务

进行协商,通过完善财政转移支付和生态保护补偿机制,为地方协商活动提供动力。已有案例,如原环保部和安徽省、浙江省就新安江流域生态环境治理达成的生态补偿协议;原环保部、财政部和江西省、广东省就东江流域生态环境治理达成的生态补偿协议等,就取得了较好的示范效应。国内各流域可以成立"多水共治"合作委员会,打破现在的条块分割,加强流域内政府、企业、非政府组织、公众之间的合作。

《长江保护法》明确了国务院建立长江流域协调机制,负责统筹协调、指导、监督长江保护工作,统筹协调长江保护重大政策、重大规划、重大事项,督促、检查长江保护重要工作的落实情况。还明确了国务院各相关部门、县级以上地方人民政府等各方在协调机制中的职责分工。

流域综合管理协调机构应当发挥自身的协调职能,在管理委员会内部形成协商议事规则,就流域整体事务及跨域协调事务交换意见、形成共识;地方政府间也应创造条件,利用地方交流、城市论坛、领导干部挂职锻炼机会,展开不同层面的协商沟通,形成具有特色的横向沟通机制。

(三)建立健全流域环境信息公开与公众参与制度

流域治理更多依赖于共同体成员间的合意,通过"对话、协商、谈判、合作等集体选择和集体行动",实现对环境公共利益的维护。因此,流域共同体治理需要对环境信息公开与公众参与制度作出详尽的制度安排。

修订后的《环境保护法》以专章规定了"信息公开和公众参与"的内容,但在公众参与能力建设、核心参与机制设计等方面仍然存在不足。建议通过支持非政府组织发展、扩大社会公众知情权及充分发挥媒体舆论力量等手段,实现长江流域内政府、企业及社会公众等利益相关方的共同合作。在此基础上,力争突破传统的以行政区域为单元、人为分割长江流域各环境要素之间联系的做法,转为以长江流域生态系统为整体单元,进行流域资源开发、环境保护及社会经济发展等一体化管理,最终形成多元共治的体制机制。

可以借鉴《欧盟水框架指令》的规定,鼓励所有感兴趣的团体积极参与流域管理规划的制定、检查、更新,确保向包括用水者在内的公众公布规划的时间表、工作程序、草案及相关背景文件,并预留时间让公众有书面评论的机会。此外,"公众咨询委员会"机制也值得借鉴。例如,澳大利亚"墨累—达令河流域"的管理架构由墨累—达令河流域部长理事会(Murray-Darling Basin Ministerial Council,MDBMC)、墨累—达令河流域委员会(Murray-Darling Basin Commission,MDBC)和公众(社区)咨询委员会(Community Advisory

Council,CAC)三部分构成。公众(社区)咨询委员会作为咨询协调机构,在流域委员会与公众之间提供了沟通的双向渠道。

与此同时,还应充分发挥大众媒体的作用,及时、准确报道各类跨界污染事件,帮助民众做好跨界流域水质保护的舆论监督和信息公开工作,真正发挥社会治理特有的第四方力量,积极引导和教育广大民众,形成科学的消费方式和生活习惯,最大程度降低水资源消耗,减少水污染。跨界流域治理中,有效采取水环境保护民间组织、发展论坛、学术研究团体等参与形式,营造跨界流域环境保护的社会氛围,最大程度地提高环境保护的社会参与度。

(四) 构建流域环境污染和生态破坏联合防治制度

流域环境污染和生态破坏联合防治制度是"基于环境整体性、环境要素流动性的特点,主动克服行政管理的地域性、分割性而展开的制度设计"[①]。

2014年修订的《环境保护法》规定了"重点区域、流域环境污染和生态破坏联合防治协调机制",并要求实行"四个统一"——统一规划、统一标准、统一监测、统一防治措施,为构建长江流域环境污染和生态破坏联合防治制度确立了法律规范基础。但"四个统一"要求在流域治理实践中并未取得预期效果。

从现有规划制度看,《水法》规定了"流域规划和区域规划",《水污染防治法》规定了"水污染防治规划",但是两者制定主体、规划内容不一致,也缺乏相互衔接;从现有标准制度看,部门利益导向仍然较为明显,而且整个环境标准体系缺乏以特定流域为对象展开的标准设计;从现有监测制度看,"水量"监测与"水质"监测分属水利系统和环保系统,监测网络重复建设严重,计量标准不一致、监测数据"打架"的情况仍然存在。在这种情况下,要真正让"四个统一"要求得到落实,需要通过立法将原则性规定转变为具体机制,通过实施细则具体明确参与联合防治各方的权利义务、磋商程序、协议效力、违约责任等内容,使流域环境污染和生态破坏联合防治机制真正发挥实效。可以借鉴美国《清洁水法案》对联邦政府和州政府之间标准的关系定位,该法案规定了州标准的最低要求,其中包括地表水体的"使用"、支持使用所需的"标准"以及"抗降解政策"。而且国家必须至少每三年审查一次其标准,并作出必要的修订。环保署应确保州标准符合联邦最低标准,如果环保署不批准国家标

---

① 王彬辉.从碎片化到整体性:长江流域跨界饮用水水源保护的立法建议[J].南京工业大学学报(社会科学版),2019,18(5).

准,而州又没有及时制定出州的标准,环保署则必须颁布国家标准。

当然,颁行后的《长江保护法》相比起草的第一稿增加了一条规定:国家建立以发展规划为统领,空间规划为基础,专项规划、区域规划为支撑的长江流域规划体系,充分发挥规划对推进长江流域生态环境保护和绿色发展的引领、指导和约束作用。强调长江流域发展规划"科学统筹长江流域上下游、左右岸、干支流生态环境保护和绿色发展"[①]。

这意味着我国将建立以发展规划为统领,空间规划为基础,专项规划、区域规划为支撑的长江流域规划体系。有专家指出,长江大保护的关键在于"大",要从整个流域、整个区域、整个大环境上,从更大的空间尺度和时间尺度来考量。《长江保护法》在这一理念指导下,以坚持系统保护、加强统筹协调、坚持全流域合作、协同保护等为起草原则,将通过统一规划、统一标准、统一监测和统一信息发布的方式,对全流域内资源调查、环境监测、生态环境风险预警、环境应急体系和信息监测等进行管理,这是我国流域治理与保护值得称赞的地方。

(五)完善跨流域生态环境纠纷多元解决机制

流域治理共同体建设,不仅需要加强主体融合、磋商合作、行为协同等制度建设,也需要构建跨流域生态环境纠纷的多元解决机制,使共同体成员的不同利益诉求和矛盾冲突通过合规渠道予以协调、化解,进而促进共同体成员的团结协作、和谐共生。

我国《水污染防治法》第 31 条规定了跨行政区域水污染纠纷由地方政府协商解决或者由其共同上级政府协调解决两种途径,这一规定主要针对的是政府间跨域生态环境纠纷的解决,其纠纷解决思路仍然是行政主导型的。这一纠纷解决渠道,不能涵盖政府与生产经营者之间、生产经营者之间以及生产经营者与公众之间存在的跨域生态环境纠纷;而且,环境信访、仲裁、约谈等非诉解决机制没有得到应有的重视,跨域环境司法"定纷止争"的权威性作用也没有得到较好彰显。

但是,仅仅依托跨域生态环境协定的纠纷解决条款,基于约定展开的以仲裁或者诉讼为形式的纠纷解决机制,"案结事了"的目的也很难达成。因此,应进一步健全跨流域生态环境纠纷的多元解决机制,逐渐从单一的行政主导型纠纷解决机制向多元化纠纷解决机制转变,在行政主导型纠纷解决机

---

① 周誉东.长江保护法草案二审:碧水东流 法治护航[J].中国人大,2020(20).

制基础上融入契约型、司法型纠纷解决形态,形成民间、行政、司法有机衔接和相互协调的跨流域生态环境纠纷多元解决机制,形成纠纷解决的新型社会观念和文化;同时,应进一步明确《水污染防治法》规定的"协商""协调"的操作办法,构思跨流域生态环境纠纷解决方案的类型化设计,在跨流域生态环境协定中设置纠纷的司法解决条款,将司法解决作为跨流域生态环境纠纷解决机制的最后一道防线。

（六）构建流域一体化保护的机制

首先,建立各部门间的权威协调机制或者机构。2018年3月13日,我国公布了新一轮的国务院机构改革方案。为贯彻"山水林田湖草"一体化保护理念,国务院组建了生态环境部与自然资源部。

长江、黄河地位特殊,建议国务院成立专司流域治理职能的部级委员会。该部级委员会由国务院领导,不同于水利部派出的流域管理机构,相关部门共同参加,统一协调各部门在流域环境保护工作中的各类重大议题,为实现长江、黄河流域的一体化保护提供可协调的机构保障。

莱茵河流域生态环境管理充分体现了协同管理理念,相关方通过成立ICPR,实现水环境、水生态、水资源与水灾害的协同治理,地表水与地下水共同保护,实现了莱茵河生态环境的显著改善。建议国内环保部门借鉴莱茵河管理经验,与相关部门建立协调机制,实现国内流域的"多水共治",推动流域生态环境质量切实改善[①]。

其次,设立跨行政区划的环境合作机制。考虑到长江流域横跨11个省级行政区划的客观情况,为避免出现各行政区划之间各行其是、相互推诿的管理窘境,建议各地方政府联合设立统一有效的环境合作机制,为长江流域各行政区域合作搭建平台。可以借鉴加拿大的做法,如加拿大《水保护法》规定应当设立流域组织,流域组织负责通过利益攸关方协商制定流域蓝图。流域组织行使行政权力和责任,通过将流域管理纳入魁北克的可持续发展的原则来实现流域的可持续发展。

---

① 国冬梅,张扬,魏亮,等.跨国界流域水环境综合管理国际经验借鉴研究[M].北京:中国环境出版社,2018.

第四章
长江流域跨区河流治理协调机制

目前,在河流治理方面,我国法律法规不在少数,这些以河流治理为目标的法律规范根据调整法律关系的不同而分散于水资源利用、水污染防治、渔业资源保护、水土保持等相对独立的法律文件之中。随着我国河流治理实践的深入展开,原先这种分散化的管理模式逐渐暴露出越来越多的问题。不仅流域可持续发展的目标无法实现,而且部分主要河流甚至出现了生态环境和资源恶化的趋势。据报道,如今的长江,流域生态功能退化依然严重,洞庭湖、鄱阳湖频频干旱见底,接近30%的重要湖库仍处于富营养化状态,沿江产业发展惯性较大,污染物排放基数大,废水、化学需氧量、氨氮排放量分别占全国的43%、37%、43%[1]。在这样的状况下,为了贯彻习近平总书记关于长江保护"要科学运用中医整体观,追根溯源、诊断病因、找准病根、分类施策、系统治疗"[2]的思想,《长江保护法》应运而生。该法充分融合协同、统一的思想,体现了"山水林田湖草是生命共同体"的理念,无论是在总则还是在其他章节,都有大量的法条直接涉及流域协调与统一治理。可以说,构建长江流域协调机制是《长江保护法》的一大亮点,接下来对于长江流域如何保护和有效治理,也有赖于协调机制的实施和完善。

但同时也应该看到,长江流域协调机制作为一个伴随着《长江保护法》出现的新治理模式,缺乏发挥制度实效的实践经验和落实细则,后续还需要出台各类具体规则,以便真正发挥流域协调的制度功能。不仅如此,我国流域众多、河湖广布,在系统分析长江治理协调机制的基础上,通过分析和总结一

---

[1] 刘秀凤.治污禁渔,让长江休养生息[N].中国环境报,2020-01-06.
[2] 习近平.在深入推动长江经济带发展座谈会上的讲话[N].人民日报,2018-06-14.

条流域协调机制构建和运行的成熟模式,对于其他流域今后的协调治理也具有重要意义。

一、长江流域协调机制的现状

2020年12月26日,第十三届全国人民代表大会常务委员会通过的《长江保护法》首次以法律的形式确立了长江流域协调机制。《长江保护法》第4条规定,国家建立长江流域协调机制,统一指导、统筹协调长江保护工作,审议长江保护重大政策、重大规划,协调跨地区跨部门重大事项,督促检查长江保护重要工作的落实情况。流域协调机制作为长江治理中的重要一环,其制度构思和形成与以往长江流域交叉管理、整体性保护不足等管理弊端息息相关。针对水资源保护确立了我国涉水领域分级、分部门管理的基本模式。随着社会对生态环境治理的重视,我国有学者提出,水资源保护处于多部门交叉地带,涉及的重点任务往往需要发展改革、水利、自然资源、生态环境等多个部门协作开展[1]。也正是基于此,《长江保护法》才规定要建立流域协调机制,从水资源保护、水污染防治到生态环境修复以及产业布局的优化,均需要多方主体共同参与。只有解决好各类管理主体如何在长江保护的大背景下做好协调工作的问题,才能突破以往交叉管理的混乱局面。

(一)域外立法中流域协调机制的隐性表达

现代流域立法源自20世纪的西方国家,美国、澳大利亚、欧盟等国家和地区作为流域立法较为成熟的典范,不断地将分散、零散的流域法律进行整合和统一,逐渐形成了全面化、综合化的流域立法体系。在现代流域法律从分散迈向统一的过程中,协调机制虽然没有作为立法成果的一部分被凸显出来,但作为流域法律中不可或缺的一部分被间接和隐性地表达出来。1992年,关于水资源和可持续发展的《都柏林宣言》中第一项指导原则就指出,水资源的高效管理需要依赖一种整体方法[2]。这种"整体方法"就包含了协调机制的治理理念,强调流域的治理仅仅依靠单个部门或者单个地区是难以取得应有成效的。在流域地区融合自然区域、人文社会区域的综合化空间的理念

---

[1] 刘扬扬,王孟,邓瑞,等.《长江保护法》施行后流域水资源保护的思考[J].人民长江,2021,52(10).

[2] The Dublin Statement on Water and Sustainable Development, accessed November 8, 2021. http://www.un-documents.net/h2o-dub.html.

逐渐成为各国政府环境治理共识的情况下,各国推动流域的区域协作逐渐显现出丰富的成果。以美国为例,在长期的实践中,形成了州际协议、州际统一标准等地方协作模式,地方协作化的普遍运用,推动美国广泛接受了流域综合治理的理念,并通过立法来实践和巩固该理念①。域外流域协调机制的立法和实践,可以为探索我国流域治理的政府协调提供有益借鉴。

(二)协调机制在我国的实践及发展

虽然流域协调机制在《长江保护法》中才得以明确,但梳理我国关于河流治理相关立法的脉络可以发现,协调治理理念的运用很早就已经产生并体现于法律规范之中。我国最早关于水资源利用和管理的法律是1988年颁布的《中华人民共和国水法》,《水法》较少涉及流域协调治理的方法,涉水管理领域治理弊端的显露,致使2002年修订的《水法》在行政区域管理涉水问题模式基础上新增了流域管理体制,其中"国家对水资源实行流域管理与行政区域管理相结合的管理体制",可以视为是我国流域管理的开端。随后2006年的《黄河水量调度条例》对流域管理机构的职责做出了具体规定,明确黄河水利委员会负责黄河水量调度计划、调度方案和调度指令的执行。2011年出台的《太湖流域管理条例》以及2015年的《水污染防治行动计划》,都围绕水资源利用管理中不同机构的协调制度做出了更进一步的规定。

随着《长江保护法》的通过,针对长江流域协调机制下规章订立、联合执法、共同协商的探索也更大范围、更深程度地开展起来。2021年5月30日,贵州省、云南省、四川省三省人大常委会经过共同研究,分别审议通过了《关于加强赤水河流域共同保护的决定》。这不仅是四川等地的一次重大探索和实践,更是全国首个地方流域共同立法——在污染治理和生态保护等方面,做到了"同一文本,同时审议,同时发布,同时实施",实现了区域立法从"联动"到"共立"的跃升②。云贵川三省的实践不仅开创了我国地方流域共同立法的先河,同时也是长江大保护区域协调机制的实践典范。

二、长江流域协调机制的缺失

长江流域协调机制作为一个伴随着《长江保护法》的出现而越来越被知

---

① 吕忠梅,陈虹,邱秋,等.长江流域立法研究[M].北京:法律出版社,2021.
② 殷鹏.云贵川加快建立健全协调机制[N].四川日报,2021-07-29.

悉的治理模式,不仅存在缺乏成熟实践经验的问题,而且协调机制仍然存在需要进一步细化的空间。一方面,宏观的制度设计需要更多具体层面的措施协助落地实施,后续急需国务院出台协调机制运作的具体细则,包括机制的启动、运行的流程、协调的权责等,以便激活这个协调机制,真正发挥协调机制的作用和效能①。另一方面,协调机制长期以来作为内含于流域管理的一种具象化思路,其本身较少成为研究的重点,因而关于协调机制运行的法治原理和逻辑也鲜有充足的论证,流域协调机制仍有较大的完善空间。

尽管我国聚焦流域治理的《长江保护法》已经颁布并施行,但长江流域协调治理的相关规范仍然有待进一步落实。正如国务院在关于长江流域生态环境保护工作情况的报告中指出:各地区各部门对长江保护法的主要内容和重要制度学习把握不够,部分企业法律意识淡薄、法治观念不强。区域联动、信息共享、联合执法等机制有待完善②。

(一)长江流域协调机制的法律定位不明

流域协调机制是《长江保护法》的一大亮点,同时也是解决长江各类生态环境问题的一次积极探索。"不谋全局者,不足谋一域。"③明确长江流域协调机制的法律定位,首先要探讨《长江保护法》的法律属性。《长江保护法》超越了一般意义上部门法的概念,也超越了我国法律体系中地方立法的概念,是一部全新的立法。《长江保护法》既不可归于我国法律体系中的七个部门法,也在一定程度上以法律形式综合了一些应由行政法规、地方性法规规范的内容④。可以说,《长江保护法》超越了部门与地方立法,综合了公共利益和个人利益,将公法和私法巧妙融合,既重视生态环境的保护,又重视绿色发展的促进。因此,在《长江保护法》基础上确立的流域协调机制也是在超越部门立法基础上所确立的一项制度。必须坚持系统观念,增强长江保护的系统性、整体性、协同性。要依法建立长江流域协调机制,统一指导、监督长江保护工作⑤。长江流域协调机制立法层级高,能够从全国的高度统一构建制度基

---

① 熊文,李志军,黄羽,等.中华人民共和国长江保护法要点解读[M].武汉:长江出版社,2021.
② 黄润秋.国务院关于长江流域生态环境保护工作情况的报告——2021年6月7日在第十三届全国人民代表大会常务委员会第二十九次会议上[J].中华人民共和国全国人民代表大会常务委员会公报,2021(5).
③ 李静云.《长江保护法》的八大亮点[N].中国环境报,2021-03-05.
④ 吕忠梅.《长江保护法》适用的基础性问题[J].环境保护,2021(z1).
⑤ 栗战书在长江保护法实施座谈会上强调 深入践行习近平生态文明思想 用法治力量守护好长江母亲河[J].中国水利,2021(2).

础，完成上至国家法律，下至地方性法规在长江治理方面所承担的任务。流域协调机制涉及多个长江治理领域，信息共享、河湖岸线保护、灾害应急等都是协调机制的内容。但同时，也恰恰是因为流域协调机制涉及范围广泛，单凭一部《长江保护法》难以做到对流域管理细致化的规定，有许多涉及具体领域的长江治理缺乏法律规定，后续仍然需要进行流域协调的配套立法工作。

（二）协调机制难以满足流域长期性管理的需求

根据《长江保护法》中关于建立长江流域协调机制的相关规定，虽然可以较为完整地构建出流域协调制度的组成、分工以及协调的主要事项。但值得注意的是，长江流域协调机制不是一个常设机构，不具有一般行政机构所拥有的固定场所、固定人员以及相对明晰的行政权力。协调机制在保障法律规范落实的实效性、确保制度贯彻的长期性、形成比较明晰的责任承担规则等方面存在先天不足。

一方面，流域协调机制不能保障相关制度的严格落实。《长江保护法》坚持生态优先、保护优先的原则，在致力于长江流域生态保护的同时创设了一系列硬约束机制，涉及水污染防治、生态补偿、政府责任和绿色发展等诸多方面。要打破以往长江流域管理面临的碎片化、冲突化问题，必须加强长江流域各个行政区划、各个不同部门之间的统筹和协调，将原来流域治理中分区管理、分块管理、政出多门的治理模式变为由更高一级的流域管理机构根据不同地区的差异化和现实需求统一治理的综合化管理模式。然而，由于法律职责的模糊性，流域协调机制在应对具体协调事项时势必出现制度落实不到位的情况。流域协调机制在中央和地方层面为不同部门、不同行政区域的政府提供了对话协商的平台，但无论是国家级还是地方级的协调机制，大都着眼于跨部门跨区域的协商。在具体协调完相应事项之后，仍然需要相应部门负责具体落实，若在制度实践过程中出现了落实不到位或错误执行的情况，是由参与流域协调的所有主体承担责任，还是由一方或几方主体承担责任，目前尚没有明确规定。在流域协调机制运行的过程中，若不能在有效协调的同时压实各方主体的法律责任，则依然无法避免各管理主体追逐自身利益狭隘化的管理方式，通过协调机制所诞生的各项制度举措仍旧无法落实。

另一方面，缺乏固定机构的协调机制不能保障制度的长期性贯彻。长江养育了全国32%的人口，创造了全国34%的经济总量，生产了全国33%的粮食,拥有超过全国1/2的内河航运里程,是我国贯穿东西的"黄金水道"[①]。要维护长江流域整体的生态安全,就必须从全局出发,为整个长江制定长期、统一、全流域的生态保护计划。《长江保护法》所确立的流域协调机制,更多是在出现问题后各主体利用协商平台进行的事后治理,缺乏统一的制度制定主体、措施落实监督主体以及事后的失职惩戒主体。这些功能性主体的缺位使得长江流域协调机制在确保流域保护相关措施落实时存在难以贯通的问题。

(三)协同立法机制存在改进空间

《长江保护法》专门规定了区域之间协同立法的内容,为长江流域有关地方之间在开展区域协同协作特别是联合立法方面提供了明确的法律依据[②]。《长江保护法》第6条规定,长江流域相关地方根据需要在地方性法规和政府规章制定、规划编制、监督执法等方面建立协作机制,协同推进长江流域生态环境保护和修复。然而,《长江保护法》中的协同立法内容,有待进一步完善。

1. 走出立法协作的实践困境

《长江保护法》是我国一部新型法律规范,在部门立法和地方立法等诸多方面实现了创新和突破。在长江大保护的实践中,为更好发挥《长江保护法》的效力,必须在适应我国整体法律体系的基础上实行立法协作创新。但长江保护立法协同的相关内容,在一定程度上与我国地方立法理论和现有法律产生了冲突,如何对地方立法协作机制进行界定以保障其有序运行,是当前面临的重要问题。

首先,长江流域地方立法协作的内容存在与我国立法规范冲突的可能性。《长江保护法》第6条规定,相关地方根据需要可以在地方性法规和政府规章制定等方面开展协作,地方性法规又分为省级人大及其常委会制定的和设区的市、自治州人大及其常委会制定的。一方面,地方立法协作机制要求各方在出现冲突和矛盾时就立法的制定达成一致性意见;另一方面,《中华人民共和国立法法》(以下简称《立法法》)对地方性法规的制定机关和备案审查主体作出了规定。若在长江流域的地方立法协作机制中规定冲突解决办法,就相当于解决立法意见分歧的特定机构实际上在行使《立法法》中规定的对地方性法规制定的备案和审查权,这在某种程度上构成了对我国立法机制的

---

① 刘武俊. 让长江保护法长出"钢牙利齿"来[N]. 证券时报,2019-07-31.
② 王瑞贺. 新时代长江大保护的法治保障[N]. 人民长江报,2021-04-24.

冲击。但同时,若长江保护立法协作机制中不规定意见分歧解决办法,而是按照《立法法》中规定的备案、审查程序进行,那么长江流域的地方立法协作机制就失去了其本身的意义和价值,达不到长江流域整体保护的目标。在这样的情况下,地方立法协作机制与我国立法体制之间存在的冲突困境,是当前亟待解决的问题。

其次,县一级行政区之间的地方立法协作存在法律障碍。长江流域在法律上所采取的界定方式是既明确其自然地理范围,同时又具体列举社会政治单元的模式。在列举政治单元时所采取的划分方式以县级行政区为单位,明确了长江干流、支流和湖泊形成集水区所涉及的 116 个县级市、447 个县、32 个自治县、1 个特区和 1 个林区[1]。由于长江流域区域的法律界定采取的是以县级行政区为基本单位的方式,因此长江流域的范围在行政区划上除了包含完整的省级行政区外,还包含大量分散的县级行政单元。而根据我国《立法法》的规定,在立法权限方面,无论是地方性法规还是地方政府规章,其制定主体最多下至设区的市、自治州一级行政区,县级行政区没有制定地方性法规和地方政府规章的权限。这意味着在县一级行政区之间开展地方立法协作不可行,县一级地方立法协作存在法律障碍。

2. 明确立法协作的范围和程序

《长江保护法》就两种不同层级的立法协作作出了规定,分别是地方性法规和地方政府规章。虽然地方立法协作的相关规定为地方开展立法协同提供了法律依据和指引,但在立法协作中缺乏对协作范围和协作程序的规定,导致地方人大及其常委会和地方政府在实际开展立法协作方面仍然存在困难。

首先,立法协作的范围包含立法协作的内容和立法协作的区域两层含义。一方面,就立法协作的内容而言,《长江保护法》及其相关法律规范并没有对哪些事项的立法可以开展协作予以明确。具体而言,涉及长江流域环境保护和绿色发展的内容有很多,倘若不同地区的人民代表大会及其常务委员会在制定法规时,就某一事项应否开展协同立法存在分歧,这一矛盾该如何解决?或者某项地方立法只有一部分内容涉及长江保护问题,那么地方立法协作的事项是该地方立法整体还是部分?这些都是仍待解决的问题。另一方面,就立法协作的区域而言,《长江保护法》第 2 条规定了法律意义上的长江流域包括由长江干流、支流和湖泊形成的集水区域所涉及的 19 个省(自治区、

---

[1] 熊文,李志军,黄羽,等. 中华人民共和国长江保护法要点解读[M]. 武汉:长江出版社,2021.

直辖市)的相关县级行政区域。以法律意义上的"长江流域"为蓝本,立法协同机制涵盖的范围非常广泛。立法协作应由哪些行政区域共同开展,所涉及立法事项涵盖不同行政区域的大小标准应当如何确定,这些都是实践中面临的问题。

其次,目前尚缺乏不同机构间开展立法协作的具体程序规则。一方面,《长江保护法》规定了地方可以在地方性法规和地方政府规章的制定方面展开立法协作,却没有对这两种不同层级立法规范的协商程序作出区分。根据《立法法》的相关规定,地方性法规的制定、修改主体是省一级的人大及其常委会和设区的市、自治州的人大及其常委会;而地方政府规章的制定、修改主体是省级人民政府和设区的市、自治州人民政府。这两种不同层级的立法规范在我国立法体制中的制定、修改主体性质不同,有效开展立法协作的前提是针对不同性质的立法主体创立适合其运行规则的协商程序,只有这样才能将长江流域各地方的立法协作更好融入我国立法体制之中,从而实现立法程序的有效协同。另一方面,现有立法协作的运行程序不能满足实践需要。尽管对流域立法协作有法律上规定的宏观指引和相应的法律依据,但不同机构间的立法协作如何开展却没有明确。当遇到需要各方统一意见才能解决的问题时,协商活动如何启动,立法协商由谁负责,出现争议时又怎样解决,均有待进一步明确。

3. 明确立法协作的职责部门

长江流域协调机制没有设立相应的机构,在开展立法协作活动时,存在着各级地方人大及其常委会、各级政府等地方权力机关或行政机关共同进行立法协商的局面。虽然地方立法协作机制为不同机构的协商搭建了平台,但若没有具体牵头协商工作的机构或部门,立法协作活动的效率和确定性将受到很大影响。立法协作制度的关键不仅仅在于一个协商平台的搭建,更重要的是通过高效的交流与沟通,解决在涉及长江流域相关立法时出现的分歧和矛盾,通过统一各方意见来共同推进长江流域法规和规章的体系性和协调性。因此,确立开展立法协作的职责部门,有助于在多方立法协商中起到牵头作用,对于促进协商的顺利进行具有积极意义。

(四)环境司法与行政执法的合作有待深入

注重司法与行政执法的协作是长江流域"共同抓好大保护、协同推进大治理"生态保护的特点和需求。流域环境司法强调协作协同理念,司法与行政执法加强衔接才能产生聚合作用和增幅效应①。以福建省为例，2020年福建省高级人民法院工作报告提到，全省实现驻河长办法官工作室、巡回审判点、联络点全覆盖，共护八闽绿水青山②。福建省以推行河长制为契机，将法官工作室与河长制有机结合，法官在开展司法审判工作的同时，利用工作室与河长办一起开展法律咨询、联动执法工作，这种尝试为不断推进河湖治理的法治化、现代化作出了良好的示范。然而，福建省所开展的司法与行政执法联动工作，仅仅是长江大保护背景下的个例，在更广泛、更深入的程度上，长江流域开展司法与行政执法的协作仍然大有作为。

1. 司法与行政共同协作的逻辑有待理清

审判机关与行政执法机关为长江保护的法治化治理建立密切配合、衔接流畅的合作机制，必须理清职能定位、实践需求、共同目标等制度逻辑。只有在审判机关和行政执法机关既保证自身独特职能，又在长江保护的法治进程中找到相互协作的空间，在互相补充、共同推进生态发展的制度落实中找准定位，才能建立符合法理又切合实际的合作模式。2019年福建省虽然在司法与行政执法合作领域做出了积极探索，将审判机关的人员派驻河长办，然而这种司法与行政的结合仅限于河长制下的行政执法，工作内容限于较为传统的普法宣传、法律咨询等。司法审判活动与行政执法活动衔接的契合点仍然没有找到，没有确立具体的合作机制和明确的共同目标，有关协同合作的理论逻辑尚待理清。

2. 司法与行政共同协作的法律体系仍待建立

行政执法依据相关行政法律规范的指引，在法律法规的范围内合法开展执法活动；同时相关法律法规对司法审判活动也具有独特意义，在司法审判中通过明确相关规则可以起到影响行政执法活动的作用，而行政执法中的相关规则通过完善和修订也可以为司法审判提供便捷。因此，行政执法和司法审判的相关规则在本质上具有内在协调性和关联性，若能在长江流域的法治化进程中推动构建一个逻辑严密、相互衔接的法律规范体系，那么对于长江流域治理体系和治理能力的提高大有裨益。

当前，行政执法与司法审判在规则对接、法律协同方面仍有待加强。2020年9月最高人民法院发布的《长江流域生态环境司法保护状况》白皮书

---

① 武建华.建立健全长江全流域环境司法协作协同机制[N].人民法院报，2021-04-15.
② 吴偕林.福建省高级人民法院工作报告[N].福建日报，2020-02-18.

提到,湖北省高级人民法院和水利部长江水利委员会、交通运输部、长江航务管理局、长江航运公安局联合出台《关于加强行政执法与司法审判协调联动共同推进长江生态环境保护的若干意见》(以下简称《意见》),协调推动长江生态环境保护。《意见》提到,要建立长江生态环境保护大案要案通报机制,构建长江生态环境保护的信息共享机制,建立长江生态环境保护协作配合机制,建立长江生态环境保护沟通联络机制[①]。尽管这份意见的出台对于促进长江流域司法和执法的对接具有一定的积极意义,但实践中涉及的行政执法证据、执法程序和执法标准等更为重要的内容,目前还没有出台相关文件。可见,未来在行政执法与司法审判的衔接工作上还有更长的路要走。

三、长江流域协调机制的规范化

《长江保护法》为解决当前长江所面临的流域性问题,对流域协调机制涉及的具体制度采用了直接列举的方法。但流域协调机制作为一项全新的制度,《长江保护法》没有为流域协调提供切实可行的落实举措。因此,有必要通过规范化的制度构建,进一步落实流域协调机制,以充分发挥该机制的积极作用。

(一)流域协调机制的体系化建构

流域协调机制作为一项独立的法律制度,在长江流域横向统筹协调方面具有制度优势,为有效发挥流域协调机制的制度优势,必须明确其法律定位,准确界定流域协调机制的构成要素,完成流域协调机制的体系化建设,厘清流域协调机制中各专项制度的目标定位与逻辑关系。

1. 流域协调机制的法律定位

长江流域协调机制是为解决长期以来长江沿岸管理体制条块分割、部门分散、多头治理的现实问题而作出的管理体制创新,流域协调机制有助于打破以往河流治理的横向管理壁垒,促进河流治理整体联动的工作机制和体系建构。长江流域协调机制是最能体现长江治理全新理念的制度创设,是具有独立制度价值的运行模式。尽管《长江保护法》关于流域协调机制的相关内容分散在总则、规划与管控、生态环境修复、保障与监督等不同章节,但不能

---

① 蔡蕾.湖北高院出台共同推进长江生态环境保护意见加强行政执法与司法审判协调联动[EB/OL].

因此将流域协调机制视为不同章节下长江流域各具体管理维度的附属品。流域协调机制应当是统一的整体,协调机制有其完整的逻辑体系,在国家级流域协调机制的统一指导下,将协调统一的制度理念融入长江治理的规划管控、资源保护、污染防治等各项具体的实践环节。

流域协调机制在流域专门法律中独立的制度地位,取决于其相应的法律效力。目前涉及流域协调机制的法律规定,并未明确其流域管理的协调事项具有高于各政府部门管理职能的效力,这在一定程度上削减了流域协调机制功能和效力的有效发挥。流域协调机制作为协调长江流域各政府部门横向关系的管理机制,相关法律规范必须明确其有优于或高于所涉流域政府部门的管理职能和管理权限,对协调机制所确立的各政府部门消极懈怠、执行不力等失职失察行为,应追究其相应的法律责任。这一制度安排是对以往行政机关组织法确立的政府职责的创新,不同于传统的政府管理模式,应当抓住长江流域水事管理体制机制的改革契机,将流域协调机制打造成全新的制度范式。

2. 流域协调机制的构成要素

长江流域协调机制的构成要素,关涉政府间的事权配置。流域协调本质上是基于权力结构的反思对政府间事权的重新布局和调整,政府间事权的重新分配是《长江保护法》着重关注的内容。立法是以各类法律规范集合成的法律制度体系为基本内容,而法律制度本质上又以对相关主体权利(力)义务的配置为核心,其中对有关政府主体职能的规定就是对政府间事权的立法配置,而政府之外其他主体的权利义务配置则需要通过配置政府间事权加以监管或保障,从这个意义上来说,如何对长江流域政府间事权进行配置是《长江保护法》中法律制度体系构建及展开的核心理论问题[1]。

流域协调机制的出现为创新长江涉水事权管理体系提供了新的契机。根据《长江保护法》的流域法定位,长江流域治理应该建立一种相对中央政府和地方政府事权而独立存在的、以涉水资源管理为内容的互动协同式国土空间管理事权体系[2]。这种全新的事权管理体系需要明晰事权分配原则,并在相应原则的指导下具体落实事权责任主体、事权行使流程以及义务约束机制等相关规则。具体而言,流域协调机制包含以下构成要素。

第一,全新的事权分配原则。流域系统的整体性要求流域管理必须遵循

---

[1] 刘佳奇.论长江流域政府间事权的立法配置[J].中国人口·资源与环境,2019(10).
[2] 吕忠梅.关于制定《长江保护法》的法理思考[J].东方法学,2020(2).

协调统一的原则。传统的水事管理事权仅仅着眼于本部门的职责和工作内容，忽视了对流域诸要素的协调统一，这种管理模式也与生态整体性的科学观不符。在流域协调机制的引领下，事权分配的原则不再是部门化、区域化的分散式多头管理，而是将以水为核心的流域诸要素统一起来综合治理，这种新的事权分配原则遵循协调统一的科学路径，能够最大程度保障流域的整体利益。

第二，精准的事权责任主体。目前流域协调机制的事权责任主体由国家级、国务院部门及省级人民政府、地方各级人民政府三大层级构成，但对各具体层级统筹协调落实的主体责任，法律规定不明确，这一状况若长期持续，势必使本应常态化的流域协调机制成为仅在遇到问题时才发挥作用的临时性机制。临时性机制虽然能解决流域发展中面临的部分矛盾和问题，但与长江流域事权重新配置的宏大制度目标相去甚远。因此，在做好流域协调机制分级分层体系化构建的同时，精确分配相关的事权主体责任意义重大。

第三，严格的事权运行流程。长江流域治理最大的障碍是行政区划分割，且受制于目前的财税和考核体制，形成了顽固的地方利益格局，协作意识不强。尽管多年来各地区建立了一系列协调方法，但是一直未能有效落实，所以，长江流域协调机制的重点不仅是如何建立，更是如何落实[1]。做好流域协调机制的落实工作，需要从事权运行流程和流域协调程序入手，通过完善且严格的程序规则强化流域协调机制的作用，将相关的程序规则内化为流域协调的制度机理，增强协调机制的可执行性。

第四，完整的义务约束机制。流域协调机制的构建不仅仅需要对管理事权进行重新分配，更需要通过义务约束的方式保障流域管理机构的事权能够有效贯彻和落实。流域协调机构对于流域性事务的管理权，应当建立在地方政府能够有效执行的基础之上，这就需要通过赋予政府部门相应职责的方式来确保决策的顺利执行。

第五，全面的法律实施体系。流域协调机制可以解决长江流域治理事权配置分散的问题，但生态文明建设不仅仅需要政府部门着力推进，更需要全社会的认同和协作。从这个意义上讲，流域协调机制不仅要在行政机关之间形成横向的统一合作，而且更要将协调统一的理念落实到长江流域的诸多利益相关方。流域协调的推进需要全社会的高效有序参与，流域协调不仅是行

---

[1] 朱艳丽.长江流域协调机制创新性落实的法律路径研究[J].中国软科学，2021(6).

政部门的职责,而且是司法部门、社会公众共同推进的生态建设目标。全面的法律实施体系要求进一步加强长江流域司法审判与行政执法的联动,通过多方合作,将生态文明的价值理念成为社会公众自觉的环境意识。

（二）流域协调机构的建立及权限

1. 流域协调机构的建立

流域协调机构是流域协调机制的关键抓手,在流域协调机制实施中的作用不容忽视,重视流域协调机构的功能和价值,是许多国家探索出的一条重要经验。湄公河流域协调机制通过常设的跨界流域机构湄公河委员会开展合作;美国和加拿大基于《哥伦比亚河条约》建立了一个常设工程委员会;在西非六国跨界流域水资源一体化管理和综合发展方面,沃尔塔流域管理局发挥了突出作用[1]。我国针对长江流域行政区划分割、自然地理差异较大的状况,运用流域协调机制确实有利于进一步增强决策的综合性,但具体到决策的部署和落实上,有必要建立一个实体的流域协调机构,赋予其法定职能,明确其法律责任,充分发挥其在流域协调中承上启下的功效。

长江流域协调机制的事权分配体系,从高至低涉及中央政府、中央政府职能部门、流域内地方政府以及流域内地方政府职能部门等不同层级的行政主体。基于统筹协调、系统治理的流域治理原则,统合长江流域内不同行政区域之间的事权分配体系,确保各地区行政机关共同为统一的生态环境整体目标开展流域治理工作。为实现流域内不同区域的横向统筹,流域协调机构应设在流域内各地方政府之上,实体化运作。为保证协调职能的贯彻落实,流域协调机构也可以根据现实需要,在部分市及区县级行政区设立派出机构,以实现流域协作在基层的覆盖。

在赋予流域协调机构一定管理权限、执法权力的同时,也规定其相应的法律责任。流域协调机构的建立及实体化运行,为跨区域流域治理找到了抓手,有效解决了流域治理中跨区域河流保护追责的难题,增强了流域协调机制的可操作性和运行实效。通过设置流域协调机构,长江流域内各个地方政府的事权分配得以优化和调整,以应对愈加严峻的生态保护形势。与此同时,流域协调机构应在流域管理和区域管理的事权配置中平衡各方权益,不能过分挤占区域管理的空间。在区域管理服从于流域整体管理的前提下,流域层级的管理要为各级行政区域的管理留下空间,不能以长江流域管理机构

---

[1] 朱艳丽.长江流域协调机制创新性落实的法律路径研究[J].中国软科学,2021(6).

包揽甚至取代区域管理[①]。

2. 流域协调机构的权限

《长江保护法》规定了流域协调机构的职责和权限,赋予了该机构规划编制、监督执法、设立专家咨询委员会等权利。大体上这些权限可以分为行政协作和立法协作两大方面。

在行政协作方面,流域协调机构履行统一指导、协调长江保护工作的职责。根据国外成熟的流域管理经验,流域管理机构在行政协作方面的权限通常较为广泛。1933年田纳西河流域管理局成立,管理局法颁布,管理局与联邦政府同级,可统一开发利用流域内所有资源(如水、土地、电力),甚至能够修正、废除地方法规和重新立法,享有极高的自治权[②]。我国流域管理中的行政协作包括建设流域信息共享机制、设置专家咨询委员会、制定长江流域河湖岸线修复规范等等。然而,我国流域协调机制的职权并未完全覆盖到《长江保护法》的全部章节,包括资源保护、水污染防治以及绿色发展在内的诸多事权,有待以后纳入流域协调的内容。

在立法协作方面,应加强长江流域相关地方在地方性法规和地方政府规章制定等方面的立法协同。制定地方性法规的地方人大及其常委会以及制定地方政府规章的地方政府,可以在地方立法中开展相邻区域或相关领域的跨区域协作。但必须指出,在此协作过程中,流域协调机构只是通过沟通、引导等方式促成不同地区之间特定立法事项的协同,并不直接参与相关法律文件的起草、制定。

(三)流域协调行政协作的运行流程

现代意义上的流域是一个综合性的经济发展区域,流域范围内,除了河床、水流等自然地理要素,还包括人类生活、生产活动等社会要素。建立流域协调机制的根本目的,就是突破以往分散化管理的局限,通过统一协调安排,合理配置区域内各方主体的利益及管理权限,达成区域内所属机构共同为流域整体目标努力的局面。当前,我国长江流域协调机制的运行实践中,协调程序和责任落实等存在部分缺位现象,影响了协调机制整体作用的发挥,从完善协调程序角度加强流域协调制度的整体建设,是当前面临的重要任务。

[①] 吕忠梅,陈虹,邱秋,等.长江流域立法研究[M].北京:法律出版社,2021.
[②] 左其亭,李倩文,赵衡岭,等.流域水资源协同管理模式及体系[J].水资源与水工程学报,2022,33(1).

首先,明确协调程序启动规则。我国此前的任何流域管理,均没有流域协调的相关制度实践,《长江保护法》中的流域协调机制,是我国法律体系中史无前例的创造性流域治理制度,由于此项工作的原创性,《长江保护法》中流域协调机制的相关条款没有对具体的运行程序作出规定,对协调程序的启动机制没有相关细则内容。但基于程序价值的法理思考,任何一项制度的运行实践,其启始程序是完善严密的制度规则的治理起点,对管理目标的有序实现具有重要意义,明确程序启动规则,能够推动协调程序的高效、快捷运行。日本环境保护领域地方公共团体之间的协作做法,值得我国借鉴。日本地方公共团体有时会因为地域固有情况向其他地方公共团体请求协助,如奄美大岛和淡路岛这样的岛屿,根据岛屿生态学的知识实行对岛屿全体的环境管理,就有必要与所有由岛屿构成的地方公共团体开展协作[①]。

长江流域协调机制的启动程序包含个体自治和统一管理两个层面的内容:一方面,先由最基层的涉长江流域管理的各机构提出协调需要,这是流域协调个体自治的制度安排。尽管流域协调机制是《长江保护法》规定的具有较高权威性的创新型治理模式,是流域协调中自上而下构建并推行的强调国家级规划的战略安排,但在长江流域协调机制的启动过程中,流域各不同门类管理机构为载体的基层治理单元的工作主动性不可忽视。这些直接参与长江流域第一线治理的管理者对流域自然、社会等实体因素了解更为深入,更能理解局部生态治理的难点,在流域协调机制的启动环节,赋予这些机构向上提出协调意见的权力,无疑会大大加深流域协调机制的实践。另一方面,长江流域协调必须坚持其制度设计初衷,以国家级和国务院部级整体规划为重点,依托效力级别高的制度优势,统一安排制度协调工作。

其次,完善协调程序运行机制。我国长江流域协调机制的运行流程并不明确,制度实施存在一定现实困难,完善协调程序运行机制是提高该项制度可操作性的重要手段。中国幅员辽阔,流域空间的内部差异极大,即使未来普遍性流域立法得以完善,也需要流域特别法解决长江流域的特殊问题[②]。完善协调程序运行机制应考虑长江流域区位空间特点的差异性和长江流域的独特性。若所有的制度决策全部由国家级和省级这些效力级别较高的协

---

① [日]交告尚史,臼杵知史,前田阳一,等.日本环境法概论[M].田林,丁倩雯,译.北京:中国法制出版社,2014.
② 邱秋.域外流域立法的发展变迁及其对长江保护立法的启示[J].中国人口·资源与环境,2019,29(10).

调机制来决定,则不但过分加重高权主体的工作负担,无法集中精力办大事,另一方面,也不利于激活低层级的地方主体自主协调的积极性。因此,协调程序运行机制的构建,应以绿色、创新、协同为价值目标,在确立多元化的而非单一性的程序运行规则的基础上,根据县级至省一级的不同行政区划功能,确定流域协调的最终负责机构以及决策的报备机构等。

再次,确保协调结果的有效落实。传统流域综合管理理论强调决策的综合性和协调的统一性,主张流域综合管理并不是一味强调要建立一种新型的管理体制,而是强调综合的决策观和协调机制,并提高相应的管理能力[1]。上述传统流域综合管理理论的核心要义固然不错,但眼下的长江流域治理区域,管理层级多元、主体构成异常复杂,在坚持民主、综合决策的同时,应当注重各方协调结果的有效落实。可以考虑在现有制度体系中增设对协商结果落实成效负责的监督机构,通过对决策落实情况的考察及有效反馈,精准评价流域协调的效果,为适时调整制度设计奠定基础。

(四) 流域协调立法协作的细化规则

域外立法经验表明,流域立法应遵循逐渐从单一性立法走向综合性立法,从单纯对水资源进行管理和调配的法律制度走向重视生态安全、可持续发展等多元因素的综合立法的发展脉络。这一立法理念及立法思路的转变,要求流域间各地区、各部门应在协同立法层面投入足够精力,在利益协调与统一管理过程中,既尊重各特殊地区的个体利益,又从流域治理整体层面统一发声,在权衡与考量多方利益的基础上,作出流域协调中立法协同的合理判断。

我国立法体系中的法律规范由法律、行政法规、地方性法规以及政府规章等构成,不同层级法律规范效力等级不同,与我国多层级的法律规范相结合,《长江保护法》明确各地方可以在地方性法规和地方政府规章制定方面开展协作。特定区域往往具有与其他地方不同的情况,需要与之相适应的法律规范,为各类主体提供行为规则,特定区域的客观状况,都需要与之相适应的法治环境[2]。在我国法治化进程中,经济发达"特定区域"的法治先行成为可能。在流域治理领域,也可以考虑在法治环境较好的局部地区和领域采取有别于一般地区的做法,适当加大法治建设的推进力度。面对地

---

[1] 廖志丹,孔祥林.流域管理与立法探析[M].武汉:湖北科学技术出版社,2014.
[2] 王春业.论我国"特定区域"法治先行[J].中国法学,2020(3).

方协同立法中存在的协作范围、程序和相关理论困境,需要从以下几方面做出努力。

1. 制定立法协作的具体规则

地方立法协作的本质是通过对法规和规章的协同制定,将实践中探索出来的长江治理经验与方法转化为长效性的立法规范。通过行政区域间的合作协调,避免各行其是,拆除在法规与标准、规划与监督等方面形成生态环境保护治理的体制壁垒[1]。地方立法协作应遵循程序性规则,从提出立法建议、撰写法规草案到彼此统一协商,应当程序清晰、职责分明。为尽快规范立法协作程序,应加快制定立法协作的程序规则,明确涉及长江流域立法的相关事项,规定立法协作范围,实现立法协作活动的有序性。同时,相关程序规则应对立法协作的具体工作环节提出要求,可以根据法律规范的不同效力等级,在每一法律规范层级都设立相应负责立法协调的机构,对需要协同的立法内容提出建议、作出回应。这样,既可以实现立法协调的制度价值,又可以最大程度上避免因立法意见不统一而产生的冲突。

2. 摆脱相关立法领域的实践困境

地方协同立法的实践困境主要存在于如何适应我国《立法法》规定的立法体制以及如何填补地方立法的相关制度空白两方面。在立法体制层面,地方立法协调工作应不与我国相关立法规范相冲突。在长江流域协调机制下,地方性法规和地方政府规章的立法协作均非常注重通过立法建议沟通来实现区域内立法活动的协同、联动。虽然这一重在共同参议的立法协作规则本身对我国立法体制没有产生负面影响,但在确保上述协调机制有效运行的前提下,可否考虑适当修改一下我国已有的立法规则,给流域性地方立法协作留出更大的制度空间?

另一方面,针对县一级行政区域无法制定地方性法规和地方规章的情形,可否考虑将县一级行政区域协调立法的职责交由其上一级设区的市来行使,这样一来,在立法体制上就避免了与现行法律规范产生冲突的可能。《长江保护法》涉及长江全流域面积1 808 550平方公里,关涉数量众多的县级行政区。在进行地方协同立法的过程中,这些县级行政区通过向上一级行政区汇报本地方立法需求的方式来展开流域治理,既不会破坏政府的统一领导权,又能兼顾地方流域治理的特点和需求。

---

[1] 邱秋.多重流域统筹协调:《长江保护法》的流域管理体制创新[J].环境保护,2021,49(z1).

（五）流域协调法律实施的联动

《长江保护法》的顺利实施,有利于促进行政法律规范与司法审判规则的互补,加强司法审判机关与行政执法机关的联动,是对流域协调机制的最好落实和切实执行。在长江流域协调机制统一指导、统筹协调下,加强最高人民法院、流域各级人民法院与长江流域管理部门、各地生态环境保护执法单位的协调联动,共同推进长江保护工作,深化长江流域生态环境整体保护和治理[①]。长江流域司法审判与行政执法的联动机制包含以下内容。

1. 明确司法与行政机关的职能定位与合作空间

找准司法机关与行政机关的职能定位,探索司法与行政合作的法理逻辑,是推进长江流域司法与行政沟通协调的前提和基础。一方面,司法机关在长江流域环境保护、生态维护中发挥着重要作用,司法审判能否坚持《长江保护法》所树立的生态优先、统筹协调、依法严惩的理念,关系到长江流域法律适用的实效,关系到人与自然和谐生态关系的建立,对引领社会价值、教育社会公众作用至关重要。司法审判活动逻辑严谨、体系分明,会带动法律法规的有效落实和切实遵守,也会为长江流域的行政执法带来诸多便捷;司法审判活动做得不好,不仅阻碍《长江保护法》生态理念的落实,而且无益于构建长江流域整体性的法治化治理。另一方面,行政执法机关发挥着监督法律落实的作用,行政执法是长江保护和绿色发展的前沿,是贯彻落实长江保护和绿色发展政策的主要支撑[②]。《长江保护法》的施行过程中,许多新的保护措施和标准都要依靠行政执法机关监管到位,能否推动长江流域大保护措施的落实,在很大程度上依靠行政执法的效率和力度。审判机关与行政执法机关合作交流的制度空间在于,无论是行使什么职能的机关,都是以法律法规为准绳开展活动的,司法裁判所确立的裁判规则,可以通过行政执法机关得以明确和强化。司法与行政的合作交流,有助于建立多元化的协调联动机制,通过跨部门的合作,帮助长江流域治理模式由静态化的被动状态转变为动态化的主动状态。例如福建省高级人民法院与省检察院、省财政厅、省自然资源厅等部门联合印发《福建省生态环境损害赔偿资金管理办法(试行)》,确保修复费用赔偿金专款专用的措施,就是一次积极探索[③]。由上述部门联

---

① 杨临萍.聚焦长江司法保护[M].北京:人民法院出版社,2021.
② 长江保护与绿色发展研究院等.长江保护与绿色发展研究系列(2019 法治卷)[M].南京:河海大学出版社,2020.
③ 武建华.建立健全长江全流域环境司法协作协同机制[N].人民法院报,2021-04-15.

合制定发布文件,体现了协调联动工作机制取得的积极成效。

2. 加快执法与司法的协作互动

制定出台《长江保护法》,标志着长江大保护进入全面依法保护的新阶段[①]。在加快推进相关配套规范制定、修改的背景下,从行政执法和司法审判角度完善法律规范和相关程序规则的衔接,对于长江流域协调机制的高效运行具有重要意义。从环境行政法与民事裁判的关系角度,通过对环境行政法律的制度定位和精准修改,可以实现适度引领民事裁判的效果,对法治一体化进程具有积极影响。我国现行法律规范已经对环境民事侵权责任接受行政法的引导做出了一定程度上的规定,为环境行政法进一步引领民事裁判奠定了法律基础。最高人民法院也认为,关于《中华人民共和国民法典》(以下简称《民法典》)与《环境保护法》及各环境保护单行法规定的适用顺位问题,属于一般法和特别法的关系[②]。环境行政执法的专业性决定了其在环境责任认定方面的权威性,司法审判的裁判规则和法律适用可以以一线环境执法的相关内容为依据,不断完善自身规则体系。从这个意义上讲,行政执法与司法审判的联动,为未来长江流域的高效治理提供了全新思路。

流域治理中的行政执法与司法裁判不应当是割裂的,其内在统一性有待于相应协作机制的出台。首先,司法裁判的标准和相关要求不是无源之水、无本之木,司法裁判要通过一线行政执法来确立相关规则,吸收生态环境领域中的第一手资料,及时更新裁判理念,及时追踪关切人民群众重大利益的环境问题。其次,司法裁判的相关规则和法律适用规范也能够指导流域治理中的行政执法工作,帮助行政执法抓好重点,把握整体工作质量。行政执法和司法有效合作,有助于流域治理主体熟悉本区域状况,从而共同研讨工作机制,提高预警应对能力。再次,行政执法与司法的协作互补,能有效整合流域内部的各类资源,将流域内涉及的土壤、水质、动植物等要素统一起来,实现流域治理目标的同一。

3. 拓展司法与行政协作的应用范围

司法与行政协作的广度和深度,影响着能否在长江流域形成法治化治理的合力。当下,我国行政机关和司法机关在长江流域的协作还仅仅停留在工作的

---

① 王瑞贺.新时代长江大保护的法治保障[N].人民长江报,2021-04-24.
② 最高人民法院民法典贯彻实施工作领导小组.中华人民共和国民法典侵权责任编:理解与适用[M].北京:人民法院出版社,2020.

相互补充和配合层面,已有的合作实践显示出一定的局限性。接下来,司法与行政协作应用范围的拓展可以从以下两方面展开:一是全方位推进长江流域各类行政执法与司法的协作。《长江保护法》不仅是一部环境保护的法律,更是一部关注绿色发展的法律。在国家长江流域协调机制下,流域内行政执法涉及污染防治、环境监管、产业准入以及生态修复等诸多领域。福建省高级人民法院已推出司法工作与河长制相衔接的工作机制,以此为典型示范,如果能进一步拓宽司法机关和行政机关的协作领域,提升司法与行政执法的融合度,实现长江流域协调机制的法治化,对于提高长江流域整体的法治化水平大有裨益。二是应当在法律层面为行政执法与司法协作扫清障碍。针对当前实践中出现的行政执法与司法裁判中证据规则认定不统一、程序衔接不足等问题,有必要由最高人民法院开展与各行政机关之间的合作,通过出台相关司法解释或者规章的方式,推动两者在法律层面的统一与协调。

　　《长江保护法》的出台为长江治理提供了全新的制度保障和法律武器,为长江流域的宏观保护提供了法治保障。然而,一项法律制度从制定、发布到生效并产生预期成果有一个漫长的过程,其间,需要不断研究流域协调机制,出台促进流域协调机制发挥实效的各项法律规范,在生态保护的实践中不断地磨合各地区、各部门之间的关系。除了在流域协调机制的体系化建构、流域协调实体机构的建立、流域协调行政协作和立法协作的程序规则等方面作出努力外,还应当用全局的眼光和方法治理长江,调整和优化以长江大保护为目标的流域治理模式,系统化构建各类流域协调机构,探索一条全新的长江大保护路径。只有这样,才能真正地将生态文明的理念与长江治理的过程融为一体,促进长江流域生态的永续发展。

第五章
我国跨区域水资源用途管制

随着经济发展和城市化进程加速,跨区域水资源利用[①]与经济社会发展之间的矛盾日益突出,水资源用途管制[②]问题成为21世纪实现可持续发展的一大阻碍因素。梳理现有资料,相关研究大多局限于水资源用途管制本身,对于跨区域水资源用途管制问题的研究较少[③]。跨区域水资源用途管制不仅涉及水资源自身的相关保护制度,还涉及流域主体之间的权利与利益,其用途管制面临较大困难。因此,有必要对跨区域水资源用途管制展开研究,以期为跨区域水资源用途管制实践提供参考。

一、跨区域水资源用途管制的现状

由于跨区域水资源存在地理位置的特殊性,时空分布不均,加之水资源的稀缺性,跨区域水资源用途管制又没有相应法律、法规的明确规定,很容易出现各管理区域有各自独立的行政逻辑,这不利于跨区域水资源的统筹规划,用水效率难以提升。如不能破除这些障碍,跨区域水资源利用势必监管乏力,其用途管制也难以落实到位。

---

① 所谓的"跨区域"指的是,跨越两个以上的政府层级所管辖的区域范围。
② 水资源用途管制是政府基于水资源归国家所有和公共利益需要,为保证水资源的合理开发、高效利用和有效保护,从而对水资源利用行为作出一定限制的管理制度。
③ 一些学者认为应该从政府效能和市场机制等方面入手,从而解决跨区域水资源的生态问题的负外部性;还有一些学者将关注点落在跨区域水资源污染问题的治理上,认为可以从流域管理机构、借鉴西方司法制度等方面解决跨区域水污染问题。但综合而言,现有文献大多基于治理问题中的某一点出发,进行论证总结,而对于跨区域水资源的用途管制的研究却鲜少涉及。

(一)宏观:府际间缺少合作意愿

长期以来,流域内各地方政府都只关注于自身辖区内的水资源管控,忽视了"跨界的水资源是一个有机联系的、不可随意分割的整体"这一基本事实,流域内水资源得不到高效利用、相邻流域水污染严重、上下游水资源恶性竞争等诸多问题层出不穷。

我国单一制国家结构形式下的中央与地方关系,遵行中央权重、地方权轻、地方服从中央的权力划分原则,基于属地管理的政治架构,部分地方官员寻求横向政府解决问题的合作意愿不强,已有的政府合作更多着力于经济发展协作方面[①]。而且部分地方政府在此项工作中投入的时间、精力有限,信息不对称,关注度、参与度不足,过于注重追求经济指标和经济利益,以完成中央政府下达的稳定经济增长的任务为一切工作的出发点。在流域治理范畴,政府注意力更多地集中在流域内水资源的开发利用而非保护,政府不会过多关注跨区域水资源用途管制问题,更不会寻求在跨区域水资源用途管制领域的协作联动。此外,跨区域水资源用途管制的职能分散在不同的部门,部门间缺少有效合作机制,尤其当水资源用途管制涉及部门利益时,囿于本位主义和地方保护主义,一些部门甚至可能因利益之争人为制造障碍,不利于跨区域水资源用途管制的整体规划。

与国内跨界水资源用途管制的制度建构相比,跨国界流域的水资源用途管制,国家间的合作更加困难重重。跨国界流域的水资源用途管制,可能存在上下游、左右岸的权利重叠,所涉国家主权领域存在国际河流权利争端等问题,因此国家间跨区域水资源的合作治理阻力很大。诚如邓铭江院士指出的,流域各国"均过于强调奉行独立的外交,对自身利益的维护十分敏感,相互之间缺乏理解和合作,尤其是在政治层面上难以取得正确的认识,那么协调和协议最终都无法起到应有的作用"[②]。除此之外,即便已经有过合作基础,也依旧会为合作带来的问题所困扰。如因咸海问题而已经有过一定合作的中亚五国,"在政治、经济、社会等方面竞争盲目,相互之间缺少理解和合作,已签协议和相关组织的作用不能得到发挥。"[③]

[①] 王书明,周寒.竞争、合作与生态文明建设合作制度的建构——结合环渤海区域水污染治理的思考[J].哈尔滨工业大学学报(社会科学版),2015,17(6).

[②] 邓铭江,龙爱华,李湘权,等.中亚五国跨界水资源开发利用与合作及其问题分析[J].地球科学进展,2010,25(12).

[③] 王玉娟,国冬梅,谢静.中亚咸海危机与区域合作机制研究[M].中国环境科学出版社,2018.

（二）中观：多元主体间缺少统筹发展规划

由于相邻流域主体间体制机制运转不畅，内部主体间缺少统筹发展规划，水资源用途管制的总体目标难以实现。面对流域管理中出现的不可调和的矛盾，跨区域水资源用途管制中多元主体的统筹发展规划，越来越得到各流域主体的重视。

首先，跨区域水资源用途管制的空间规划存在冲突。由于缺少流域规划的整体统筹，各主体有自己的规划，在规划期限、具体标准等方面无法一致，由此可能引发各主体制定的政策之间相互冲突。这一政策上的不统一甚至相互牵制，不但使水资源难以有效利用，还可能引起水资源使用效率的减损，跨区域水资源用途管制更难以持续推进。

其次，跨区域水资源用途管制缺少统筹规划，用途管制政策不能全覆盖，导致行政审批效率低下。跨区域水资源分属于不同管制主体，受行政区划的限制，加之顶层设计层面缺乏统筹管理，用途管制的协调难度大。面对这一状况，除了政府以外，流域内的其他利益相关方均没有资格和能力组织推进联合共治，跨区域水资源用途管制领域的合作，政府责无旁贷，这一时代重任只得落在各地方政府肩上。

最后，由于地理位置、水资源时空分配不均等原因，各流域主体的水量分配不可能均衡，在某个特定区域或特定时段，一些用水主体面临水资源严重短缺等情形，用水户之间对水资源的无序争夺也成为推进跨区域水资源用途管制的一大难题。再由于历史原因及发展需求，流域内各主体与时共进，对水资源的利用也会提出新的不同的诉求。可是水资源是稀缺资源，为了维护自身利益，水资源安全成了流域内各主体的水资源用途管制目标之一，在缺少有效的统筹规划机制时，有效合作便难以进行。"由于历史原因，大部分城市出于对环保以及发展经济的考虑，流域内上下游地区对水资源治理的态度不同。而各主体权利和义务没有明确，又势必会影响流域内各主体的积极性。"[1]

（三）微观：利益相关主体间的水权交易缺少动力机制

从经济学角度来看，作为水资源用途管制的一种方式，健全水权交易也可以使水资源得到高效利用。通过明晰水资源产权、完善水资源交易制度，能够合理配置水资源。在市场机制中，进行水权交易对水资源行政配置的初

---

[1] 安川.建立和完善跨区域水污染治理机制[J].中共乐山市委党校学报,2009,11(1).

始状态有改善和修复作用,通过完善的水权二级交易市场,提升水资源配置效率,走出水权一级市场水资源配置效率低下的困境。

我国在水权交易领域探索较早,顶层设计与试点工作也取得了不小的成就,但就实践进程而言,我国水权交易业务和水权市场建设仍处于起步阶段。根据中国水权交易所公布的数据,我国区域水权交易成交数额极小,且大多集中于农业灌溉领域,水权交易量占水资源使用总量比例也不高,有关主体开展水权交易的意识和能力亟待提高。此外,从"物权的种类和内容由法律规定"的物权法定原则角度来看,目前我国水权权利体系尚未完全定型,虽然一些地方对于政府有偿出让水权进行了探索,但法律依据并不充分,因此尚难以完全满足水权水市场建设的需要。

进一步说,国际河流领域的水权交易问题矛盾更加突出。水权交易形成早期,各国秉持对各自有利的理论学说,经历了从绝对化水资源主权到相对化水资源主权再到超越水资源主权的理论变迁,如今,国际河流水权提倡"沿岸国共同体论",其出发点在于"超越国家主权界线,相互合作,共同管理,从而实现整个流域最佳而全面发展的目标"。但是,由于各国经济发展、民族传统、文化传承等因素的制约,"沿岸国共同体论"弱化了各国主权,尤其是各国都在一定程度上面临水资源短缺或水环境恶化等问题,这些流域国家的核心思想还是试图将国际河流的境内水利益最大化。因此不可能联合成立或接受多职能、机构建制完整、超越各国利益之上且以整个流域水资源的合理配置和最大化利用为价值定位的开发利用主导机构和管理机构,更不会接受由该机构主导进行的水权分配[①]。

二、跨区域水资源用途管制的价值取向

在水资源国家所有权体系中,作为客体的水资源具有经济价值和生态价值。由于水资源的稀缺性,人们对于水的需求存在一定的供需矛盾,在跨区域水资源配置中这一矛盾更为突出,跨区域水资源用途管制更显重要。相关跨区域水资源问题的解决已经成为影响经济社会可持续发展的重要因素,推进水生态建设和水资源的可持续利用也已经成为可持续发展战略的重点。

---

① 陶蕾.国际河流水权概念辨析[J].水利经济,2010,28(6).

(一)宏观层面——构建"人类命运共同体"

中国正经历百年未有之大变局,世界格局也在加速调整,人类站在历史发展的关键当口,面临合作还是孤立、博弈还是共赢的抉择。跨区域水资源管制作为众多管制制度的一部分,当然面临着现实考验。跨区域水资源用途管制旨在通过公平合理利用水资源实现共同利益,完全符合习近平总书记从2013年开始提出的构建人类命运共同体的思想,从宏观层面看,以构建人类命运共同体作为跨区域水资源用途管制的终极目标,必要且可行。

"人类是一个整体,地球是一个家园。面对共同挑战,任何人任何国家都无法独善其身,人类只有和衷共济、和合共生这一条出路。"①"越来越成为你中有我、我中有你的命运共同体……各国人民应该一起来维护世界和平、促进共同发展。"②人类命运共同体思想能为世界引领正确的方向。在水资源管理领域,同样如此。例如我国与周边流域国家构建的跨界河流水量分配生态补偿制度,就有利于促进"周边命运共同体"的形成,实现流域内整体的合作共赢。世界经济论坛创始人克劳斯·施瓦布也曾表达过他关于人类命运共同体的感悟:我们是同处一个星球的人类命运共同体,我们拥有并且应当携手创造一个共同的美好未来③。因此,从宏观层面而言,流域中的各方主体都不是孤立的,而是一个整体,只有各方齐心合力,世界才能向着更好、更正确的方向发展。

认可人类命运共同体理念,也可以为各方的共同发展开阔前景。"将发展置于全球宏观政策框架的突出位置……构建更加平等均衡的全球发展伙伴关系,推动多边发展合作进程协同增效。"④跨区域水资源的开发利用中,各流域主体的利益并非绝对的冲突和对立,相反,他们在社会、经济、生态等多方面相互依赖、相互支撑。通过水资源整体的用途管制,如建立水资源交易市场、建立综合治理模式等方式,有利于实现流域整体的利益最大化,也为"人类命运共同体"的构建添砖加瓦。"坚持以开放求发展""坚持'拉手'而不是'松手',坚持'拆墙'而不是'筑墙'。"⑤跨区域水资源用途管制是基于相邻或相关区域水资源开发利用的协调和联动,通过区域间合作等方式进行水资源治理,以此实现流域内主体的利益共享、互利共赢,这也是"人类命运共同

---

① 习近平.加强政党合作 共谋人民幸福[N].人民日报,2021-07-07.
② 习近平.顺应时代前进潮流 促进世界和平发展[N].人民日报,2013-03-24.
③ 克劳斯·施瓦布,蒂埃里·马勒雷.后疫情时代:大重构[M].北京:中信出版集团,2020.
④ 习近平.坚定信心 共克时艰 共建更加美好的世界[N].人民日报,2021-09-22.
⑤ 习近平.开放合作 命运与共[N].人民日报,2019-11-06.

体"的重要特征。尤其是水资源流经的各区域,因为地缘相连、水生态系统相互联通,他们在政治经济等领域都有着共同的利益,良好的用途管制制度可以确保各流域主体共同利益最大化。

跨区域水资源用途管制以构建人类命运共同体为价值取向,能够为推行多边主义增加动力。"现行国际体系和国际秩序的核心理念是多边主义。多边主义践行得好一点,人类面临的共同问题就会解决得好一点。"[1]在水资源跨区域治理尤其在国际河流水资源开发利用中,多边主义为流域治理带来新的思路与力量。跨区域水资源治理,应体现"事情由大家商量着办""命运共同掌握"等治理理念。例如,与跨区域水资源用途管制配套的水资源生态补偿制度势在必行。由于各区域所管辖的水资源特点不同,可以通过流域内各方主体互相商量与协调,在生态服务提供者与受益者之间,通过水资源生态补偿寻求平衡。根据不同的水资源状况进行分析,保证以最小的成本发掘利益,并确保利益的公平分配,进而实现双赢。

人类文明从远古时代以来就与流域息息相关,及至现代,人们致力于"人类命运共同体""地球村"等世界、国家及人际关系新格局的创建,"天下一家"[2]的理念有助于人类文明向着更光明的未来发展。跨区域水资源的用途管制,如果有流域各相关主体的共同努力、积极参与,则管制前景势必向好,原来无人治理或"九龙治水"的景象势必得以改观,小至微观层面的水资源治理观,大至人类生态文明观,都会有一个全新的面貌。"一个和平发展的世界应该承载不同形态的文明"[3]"我们要建立平等相待、互商互谅的伙伴关系……要促进和而不同、兼收并蓄的文明交流。"[4]

(二)中观层面——实现可持续发展

跨区域水资源用途管制的重要步骤之一是区域统筹发展,多方主体出于共同利益而寻求有效的管理方式来更好地利用跨区域水资源,是可持续发展的重要体现。现阶段,我国跨区域水资源用途管制还只是国内法层面的一项制度安排,在国际河流资源管控领域,还很难落实这项制度,但有关国际河流

---

[1] 习近平.加强政党合作 共谋人民幸福[N].人民日报,2021-07-07.
[2] 习近平.携手建设更加美好的世界[N].人民日报,2017-12-02.
[3] 引领人类文明进步潮流的旗帜——写在习近平主席在瑞士发表人类命运共同体演讲五周年之际[EB/OL].[2022-01-16]. https://baijiahao.baidu.com/s? id=17221154012925465928&wfr=spider&for=pc.
[4] 习近平.携手构建合作共赢新伙伴 同心打造人类命运共同体[N].人民日报,2015-09-29.

的治理经验可以借鉴。例如,尼罗河倡议组织的目标是"通过公平利用共同拥有的尼罗河流域水资源所获得的效益来实现社会经济的可持续发展。""《尼罗河流域合作框架协定》草案提出了15条原则(包括可持续发展、公平合理利用……)"[①]具体来说,首先,通过区域的协调发展,可以使各个主体进行合理的分工与协作,优势互补,形成规模经济,提升区域统筹发展质量。其次,使流域内的经济要素自由流动,进一步优化整体范围内的水资源配置效率。再次,培养合作氛围,有效解决区域间的问题。最后,通过各区域的资源整合,实现各主体利益共赢,使整体流域得到更好的发展。

通过区域统筹,在顶层设计层面对水资源进行合理的初始配置与二次分配,相比于以往过度强调经济发展而忽略社会、环境等发展问题的政策,它更强调整体性、更符合科学思想。如作为莱茵河国际委员会成员的欧盟,为展开莱茵河流域的管理工作而出台《欧盟水框架指令》,该法规要求所有成员国以及准备加入欧盟的国家必须将此法规写入法律、并严格执行[②]。对于跨区域水资源而言,统筹协调更能考虑整体与局部之间、局部与局部之间的问题,以及当前与长远利益的关系。具体而言,是顶层设计制度与各主体的规划、流域内各主体之间的统筹联动以及未来的基于水资源用途管制而形成的区域合作发展。以我国国内跨区域水资源为例,只有进行跨界水资源的区域统筹,才能使用水主体进行更合理的水资源分配,人们对于水资源的需求才能得到更合理配置;只有当我国的水资源用途管制问题得到解决,才能以经验国家与他国进行合作、互惠互利,实现国内国际的可持续发展。

目前,跨区域水资源大多都面临着区域发展不平衡、社会经济发展不协调、发展成本趋高等问题,而区域统筹规划正是从解决以上问题的角度出发,对跨区域水资源的用途管制进行科学探索,实现资源的节约利用,降低资源使用成本,从而促进流域内主体之间的发展平衡。

(三)微观层面——改革管制方式与提高用水效率

跨区域水资源用途管制旨在实现公众平等用水的机会,增强公众参与管理水资源的能力,通过确定水权交易优先位序、公示水权交易结果等举措,协调用水人之间的利益冲突,提升水权交易的公信力,维护交易效力,保

---

① 张扬.尼罗河环境保护国际合作研究[M].北京:中国环境科学出版社,2018.
② 魏亮,国冬梅,周国梅.莱茵河流域生态环境管理经验借鉴研究[M].北京:中国环境科学出版社,2018.

护交易利益,从而实现跨区域水资源的资源配置效果及其开发利用效率的最大化。

1. 改革水资源用途管制方式

提高水资源管制效率的方式之一是使人们能够公平公正地取得水权。水资源属于公共资源,人人得以公平享有,跨区域水资源更是如此。因为各流域主体在政策制定、管制机制等方面的工作思路及决策导向不尽相同,公众所能获得水资源的方式必然存在差异,不同区域的公众能否公平公正取得水权是要打问号的。

梳理各国传统取水权理论,不难发现,多数理论并未体现公平公正的思想:河岸权规则将水权优先配置给与河流优先相毗邻的土地所有权人;"在先占用规则"将水权优先配置给最先占用水资源的人;绝对所有权也仅承认地下水资源之上的土地所有权人有利用水资源的权利。因此,若想进一步合理配置水资源、提高用水效率,用水人能够公平公正地得到水资源是必不可少的前提。例如,尼泊尔对恒河流域水资源治理持"公平的水分配确保公平的收益共享"观点,即"在平等的基础上共享收益"。"尼泊尔的互惠性话语有助于建立考虑目前的水资源利用情况的公平分配规范。"[1]同样,《亚马逊合作条约》的组织成员国环境部长会议共同宣言也指出,应该采取有效的水资源管理方式来实现流域国家公平享有获得水资源的权利[2]。诚然,在管制过程中经济效益是一项很重要的指标,但是如果单纯地从经济学角度去分析主体是否可以取得水权,以"他人不能比自己更好地利用水资源"或者"对社会作出贡献大的人更应该优先受偿"这样的理由来获取水资源,那么最终结果只会是一小部分人得到水权,而大多数人则得不到应有的权利,这显然存在不公之处,因此,适度牺牲经济利益追求公平是必要的。而且,水权作为一种用益物权,水权相关立法应符合人们心中的正义观念,如彭诚信教授所言:"法律对财产最大化的价值定位应该是,促进和保护财产最大化也是其主要目标之一,但正义原则要求财产最大化不应以最弱势群体的受损为代价。"[3]

公众公平公正获得水权的前置程序是公众参与,这是水权获取的重要流程。近年来,越来越多的国家重视公众参与机制,通过立法以及资助等,

---

[1] 张扬,国冬梅.印度与尼泊尔恒河流域合作分析[M].北京:中国环境科学出版社,2018.
[2] 张扬,魏亮.亚马逊河环境保护国际合作与管理体制研究[M].北京:中国环境科学出版社,2018.
[3] 彭诚信.从利益到权利——以正义为中介与内核[J].法制与社会发展,2004(5).

使水权的取得有了一定的保障。如多瑙河保护国际委员会曾在流域管理中将公众参与作为最基本的要求来进行实践活动,制定公众参与计划并组织实施。

首先,公众参与可以对水权取得正当与否进行评价。只有当一项利益被公众认为是公平公正时,它才有可能上升为权利从而得到保护。再次,也只有当主体可以自由地参与时,民主性才得以体现。其次,由于人的有限理性,加之信息获取渠道的限制,个体总是难以获取最充分的信息,在决策过程中可能因为信息不对称而无法做出明智的抉择。公众参与可以集众家之所长,尽可能搜索全面的信息。再次,基于水资源的稀缺性,如果缺少公共参与机制,难免出现因一己私利而忽视社会长远利益的现象。最后,水权取得规则的制定也需要公众参与,建立有效监督机制。水权取得倘若缺乏公共监督,则可能出现行政机关违法滥用权利等现象,从此种意义而言,水权取得相关规范的制定及具体实施是否有利于水资源合理保护及持续利用,在很大程度上取决于社会民主的成熟度[①]。如在美、墨两国边境流域治理中,通过签订《边境21点计划》等协定与计划,强调公众参与,将公众力量纳入管制过程,环境管理合作得到各方的积极响应。因此,通过完善与健全公众参与水权取得规则的相应机制,在取得水权行政许可时秉持公开原则,推行公共参与机制,提高公众参与意识。

2. 提高水资源用途管制效率

水资源的流动性带来水权的不稳定性,通过跨区域水资源的用途管制,水权主体之间平等转让水权,可以使水资源得到更合理的配置。具体来说,跨区域水资源的用途管制的效率表现在水权获得和主体转让两个层面。

一方面,建立水权取得的优先位序是水权取得过程的核心内容。由于水资源的稀缺性和水权的排他性,人们所拥有的水权是一种对水资源的绝对的支配权,因此,若无必要限束,用水者完全可以基于自身意愿支配水资源。而在取得水权的过程中,设置行政许可可以协调个人经济利益与社会生态效益之间的冲突。在人们对于水资源需求日益旺盛的今天,用水冲突愈发严重,相关部门必须对水权取得进行必要的干预和控制,即通过水权取得位序来协

---

① 单平基.水权取得及转让制度研究——以民法上水资源国家所有权之证成为基础[D].长春:吉林大学,2011.

调用水人之间的利益冲突。所以,合理的水权优先位序应当依次是:生活用水、生态环境用水、农业用水、工业用水、娱乐用水及其他类型用水。在上述合理用水位序基础上,再对用水人进行用水目的可知与不可知的位序划分。如果水权申请者的用水目的可知,则水权应优先分配给对水权具有最高价值者。

另一方面,公众取得初始水权后,通过相关主体间的水权转让,实现水资源二次分配的公平性。公平的水权二次分配的前提是水权公示以及公示所具有的公信力,这是水权公平交易顺利进行的有力保障。第一,公示是水权取得的对外宣示。经过公示的水权才是被外界知晓并认可的水权,基于水权具有对抗第三人干涉的排他性,可能对不特定的第三人产生影响,因此只有通过一定方式予以公示的水权,方能产生物权的排他效力。第二,水权公示是水权转让的前提。通过公示,外界可以知晓水权的归属,进而在交易时因公示具有公信力,使得交易主体更可以凭公示的外部表象放心进行交易。第三,水权公示是确定水权优先位序的重要依据。当用水人用水目的无从知晓时,公示结果可以作为确定水权优先位序的重要依据。在我国,不动产物权的公示方式是登记,水权作为不动产用益物权,其公示方式也应是登记。水权取得登记的效力是立法赋予的公信力,如果转让水权的受让人基于善意而信赖登记所公示的水权,那么法律就应该对其所取得的水权予以保护。为赋予水权取得登记以公信力,我国水权登记亦应采取实质主义审查模式,水权登记机关只有在对水权取得的真实性进行实质性审查之后,才能进行水权登记,这一情形下的水权登记才具有公信力。

三、跨区域水资源用途管制的改革路径

为便于管理复杂的跨区域水资源,应建立宏观、中观、微观等不同层次的用途管制制度,让流域内不同层次的用途管制手段并存、互补,且不同层次的管制方式各有侧重,殊途同归,从而实现跨区域水资源用途管制目标。

（一）建立联合管控机制

提升水资源尤其是跨区域水资源的用途管制效果,不能仅仅考虑其中一方主体的利益,而应综合考量用途管制涉及的各方主体的权益,建立政府间积极有效的合作机制,使流域内双方乃至多方能够互利共赢,将"人类命运共同体"理念落实到具体解决方式上。习近平总书记曾指出,"要建立平等相

待、互商互谅的伙伴关系"①,"把深海、极地、外空、互联网等领域打造成各方合作的新疆域,而不是相互博弈的竞技场"②。在跨界河流领域,需要的是合作共赢。莱茵河、多瑙河、北美五大湖等多数治理成功案例表明,推动利益相关方的对话、谈判与合作,建立共同协商机构,明确治理模式,是实现流域跨区域管理目标的最佳方法。只有这样,接受用途管制的公众或者相关的用途管制主体才能积极主动地配合用途管制的要求,用途管制的意图才能在管制者与管制对象之间实现有效传导,从而实现用途管制的目标。

以澜湄水资源合作治理为例,在澜沧江—湄公河次区域合作的历史进程中,我国"一带一路"和建设亚洲命运共同体的倡议,尤其受到次区域各界普遍欢迎。"一带一路"倡议提出和实施以来,流域治理问题得到更多关注,给沿线各国带来理念、技术、资金等多方面的支持,也为各流域主体的治理带来新的机遇。"'一带一路'建设从理念到行动,发展成为实实在在的国际合作,取得了令人瞩目的成就。"③这充分说明,以"人类命运共同体"理念为指导,构建有效的制度平台,给各区域主体带来明显成就。而且,在2018—2022年的五年间,澜湄六国的水利部门落实领导人共识,共同编纂《澜湄水资源合作五年行动计划(2018—2022)》,在计划落实的五年内,澜湄水资源管理取得实质性进展。

因此,立足"人类命运共同体"理念,参考澜湄水资源合作治理模式,建立联合治理机构,推进政府落实治理策略、协调利益机制,为流域的统一行动提供支撑,以实现跨界水资源合作共治。全球层面的人类命运共同体构建并非一蹴而就,这需要在合适条件下探索建立双边、多边等的命运共同体,以此构建命运共同体网络,逐步建立人类命运共同体。④ 跨区域水资源合作机制将成为未来趋势,政府及其部门高度重视,加大资金投入力度,确保水资源的稳定及高效利用,是流域治理的关键。因此,建立联合管控机制需要各流域主体共同支持与重视、积极响应与配合,通过前期部长级会议的谋划,进行水资源可持续发展的交流与技术合作,联合各流域主体,成立联合工作组与水资

---

① 习近平.携手构建合作共赢新伙伴 同心打造人类命运共同体[N].人民日报,2015-09-29.
② 习近平.共同构建人类命运共同体[EB/OL].2021-01-01.http://www.xinhuanet.com/2021-01/01/c_1126936802.htm.
③ 习近平主持召开中央外事工作委员会第一次会议[EB/OL].2018-05-15.http://www.xinhuanet.com/politics/leaders/2018-05/15/c_1122836914.htm.
④ 朱玲玲,蒋正翔.人类命运共同体的理论阐释与国际传播[J].党政研究,2019(1).

源合作中心,共同研讨落实水资源合作行动计划,从而确定总体发展目标,并细化具体实施目标。在确立平等协商、统筹考虑以及政府引导的合作原则下,对水资源进行可持续利用、管理和保护,以促进各成员国或各区域主体经济的可持续发展,造福人民。此外,还应聚焦水资源信息化建设、洪旱灾害防御等水资源利用领域的惠民项目,建立水资源信息数据中心、洪旱灾害防御数据库等平台,确立信息共享、综合治理示范等机制,实现跨区域水资源的高效利用,为流域内百姓谋福祉。

(二)推进区域水资源、水环境、水生态综合治理

区域水资源、水环境、水生态的综合治理,为跨区域水资源用途管制奠定了基础,对协调流域内各主体的水资源利用、促进流域可持续发展具有重要意义。在跨区域水资源用途管制的过程中,加强水环境治理是提高区域竞争力和可持续发展力的重要举措,流域间各主体通过"多水共治"方式,将流域视作一个整体概念。流域治理内涵不仅包括水量还包括水质,通过开展有关水环境、水生态、水资源与水灾害的协同治理,实现区域间水资源的环境治理以及生态环境的改善。国外有非常丰富、值得借鉴的"多水共治"经验,它山之石可以攻玉,我国政府和公众都应该认识到,跨区域水资源系统是资源、环境、生态等要素休戚相关以及资源、环境、生态禀赋及功能联系紧密的综合体,体现流域各主体的共同利益,需要统一管理、综合治理。

首先,在政府层面,相关权利主体合作联动,充分发挥行政管理效能,提高治理效率。其次,在社会层面,通过广泛宣传,吸引企业、民众等社会力量积极参与水资源治理项目建设,营造社会公众共同参与管水治水的氛围。再次,浙江省曾实行的"五水共治"[①]成功示例,政府打破了原有的资金束缚,通过多渠道筹集、吸收民间资本,提高了流域治理的资金使用效率,在区域水资源、水环境、水生态综合治理领域,探索并迈出了成功的一步。同时,政府治水项目还可以为市场吸引优质企业的优质投资,带动地区经济发展。最后,治理应以改变跨区域水环境、水生态质量为核心,在发展方式、发展技术等方面也需要转变思路,开拓进取。

"五水共治"的综合治理方案曾在一些地区取得了显著成效,良好的水环境不仅可以提高当地居民的生活质量,还可以创设更好的投资环境,吸引更多优质企业落户。而且水生态系统的改善带动了旅游产业的发展,水环境的

---

① "五水共治"即"治污水、防洪水、排涝水、保供水、抓节水"。

改善还可以成为经济发展的"助推剂",为水资源所在区域旅游业的发展提供新的契机[①]。

需要看到的是,"多水共治"不能一蹴而就,各省成功的案例也都是经过了详细且周密的发展规划,初始运行的"多水共治"与各区域主体未必能很好匹配,这就需要各区域主体基于本地区治水现状研究适合本区域的方案。随着现代社会的高速发展,未来流域内各主体的经济发展将进一步加速,对水资源量和质的需求进一步加大,治理问题日益增多。站在可持续发展的立场,对水资源,尤其是跨区域水资源进行长远规划,需要建立更加长效的保障机制。"授权流域综合管理机构负责协调推动'多水共治',实现水量、水质、水生态的一体化立体监测"[②],统筹运用各种力量,强化各主体间的协同与监督,加快形成跨区域水资源治理的新格局。

(三)实行水资源用途管制区域统筹

跨区域水资源用途管制不是单纯促进流域内各主体的个体发展,而是寻求如何让多方主体形成更多的共同利益和合作的预期收益。但就目前状况来看,各主体以行政区划为界,相互封闭、各自为政、自我发展,不利于全流域的整体治理和发展。因此,流域内各主体之间的多元配合、统筹发展至关重要,唯有如此,才能实现流域整体的全方位、一体化发展。

参考大多数跨界流域治理方式,不难发现,除了与政府间进行积极合作、建立联合治理机构外,其他社会主体的参与也不可忽视。例如,一些流域国家通过共同建立流域委员会,在资金支持、管控政策、治理机制等方面进行整合,立足于可持续发展理念,实现水资源用途管制的整体布局和统筹规划,取得了一定的成果。"关于国际水资源管理机构的目标和宗旨(属事管辖),这些可能包括技术、经济、财政、法律和体制方面。为了促进所述目标的实现,应通过一项协议赋予国际行政机构足够的权力。""应界定国际水资源管理机构的职能和权力。这些可能因情况而异,取决于各种因素,包括所设想的合作类型、参与国际行政管理的理想程度以及拟议建立行政管理的具体领

---

① 刘鸿志,单保庆,张文强,等.创新思路 推进区域水环境综合治理——以浙江省"五水共治"为例[J].环境保护,2016(5).
② 涂莹燕,国冬梅.多瑙河流域生态环境管理经验借鉴研究[M].北京:中国环境科学出版社,2018.

域。"[1]因此,从中观层面来看,跨区域水资源用途管制的实施路径如下:首先,由政府主导,建立跨区域流域委员会(如上下游河流委员会等),共同协商流域内水污染治理等问题,该委员会作为流域治理的决策主体,共同商讨合作方针。其次,由流域内各主体共同制定治理规划,根据治理规划建立环境局、水环境监测中心等部门,这些组织部门作为流域治理的协作主体,通过多部门的合作,建立公共论坛,对水资源用途进行全方位管制,实现水资源用途管制的实时信息共享。再次,由作为非政府组织的第三方机构,如跨区域水电站等,实现相邻区域主体间水电开发的双边合作,为双方带来共同利益。水电开发的双边合作可以在国内流域的相邻区域间,也可以在不同国家间,后者情形下的"水电合作一般由两个邻国间达成协议,共同规划、设计,工程投资及发电效益由两国均分。"[2]最后,跨区域水资源用途管制少不了公众参与,这也是"公平公正""公众参与"的价值导向所使然,通过流域地区公民的参与,进一步提升水资源的利用效率,进而更好实现跨区域水资源用途的管制目的。

实现区域统筹发展,需要在更广阔的空间范围和更长的发展周期来统筹安排,以形成良好的协作关系,从区域利益平衡角度来协调水资源开发利用问题,达到公平竞争,资源共享。因此,针对跨区域水资源,应该公平公正地处理好当前用水与未来用水的关系,在增进共同利益的基础上开展有效的流域治理合作,科学、合理地开发与利用跨区域水资源。

(四)完善水权交易制度

水权转让有助于提升水资源配置和利用效率,达到水资源用途管制的目的。由于水是一种至关重要的自然资源,有必要对其进行整体考虑,但在许多国家,水权管理机构并不存在,或是零星运作,或是通过不同的政府部门进行,缺乏有效的协调。水权管理使人们有可能了解用水或排水的数量、由谁使用、在哪里使用以及水质情况[3]。因此,跨区域水资源的用途管制不能依靠传统行政措施推动,而要通过制度机制推进,使其成为用水者的自觉

---

[1] Dante A. Caponera and Marcella Nanni[M]. Principles of Water Law and Administration, Routledge Press,2019:353.

[2] 涂莹燕,国冬梅.多瑙河流域生态环境管理经验借鉴研究[M].北京:中国环境科学出版社, 2018.

[3] Dante A. Caponera, Marcella Nanni[M]. Principles of Water Law and Administration, Routledge Press,2019:231.

行动。若要水权转让达到一定管制的效果,则需要水资源能在水权市场进行交易。

一方面,健全水权交易市场体系。水权交易难以进行的首要原因在于水权市场发育不良。在水权初始分配过程中,市场的作用一直被排除在外,水资源分配主要还是靠政府部门进行调节,无法体现水资源的经济价值,也因此导致了一定程度的水资源浪费和利用效率低下。而健全水权交易市场体系,可以很好地避免以上问题,水资源在二级市场流转,实现二次分配,有利于水资源的高效利用。此外,通过明确水权范围、配发取水许可证等方式明确水资源产权,推动水权市场的健康运行,以此实现水权交易主体追求长期利益和重复博弈的目标。

另一方面,稳定有序的水权交易市场离不开完备的交易价格机制。在市场体系中,价格是交易与市场的桥梁,水权市场也是如此。实现水资源的资产化管理是实现水资源价值的必然趋势。[①] 由于水资源存在一定的稀缺性,尤其在跨区域地带,水资源还有着明显的地域性,这时水权交易市场的价格则最能体现用水者对水资源的需求程度。而且,水资源以合理的价格进行交易,还有利于交易主体提高节水意识以及培养良好的水权交易积极性。因此,要形成科学合理的水权交易价格,需强化以水资源供求关系为基础的供水价格形成机制。具体而言,通过对不同类型水资源的价格评估,在充分尊重市场主体平等的前提下由政府提供价格信息服务、对水权交易价格进行严格督查,保证水资源交易市场价格机制的平稳运行。

此外,除了构建市场交易体系、水权交易价格机制外,还应保证水权市场的运行的支撑体系。如加强区域间水资源交易平台的建设,以消除各主体间的信息不对称;健全水资源交易的法规体系,进一步明确各主体间的权利义务;规范水权交易流程,强化水权交易的事前、事中与事后监管等,为健康的水权交易提供良好的外部环境。同时,随着国际格局的开放,我国国家综合实力日益强盛,跨区域水资源日益成为国际与国内、政府与民间的共同关注点。与此同时,随着生态文明体制改革的不断推进,水资源用途管制也成为专家学者们热议的话题。

综上所述,我国跨区域水资源用途管制存在府际间合作意愿不强、多元主体间统筹规划不足、水权交易市场发育不良甚至天生畸形等问题。通过梳

[①] 孟庆瑜,张思茵.论水资源用途管制与市场配置的法律调适[J].中州学刊,2021(9).

理跨区域水资源用途管制的价值取向,可以发现我国跨区域水资源用途管制的改革路径:建立联合管控机制;推进区域水资源、水环境、水生态综合治理;实行水资源用途管制区域统筹;完善水权交易制度。循此而行,方能提升跨区域水资源用途管制效率,实现用途管制目标,并最终实现水资源的高效与可持续利用。

第六章
我国生态环境损害赔偿诉讼的法律定位与制度衔接

一、问题的提出

自1985年起,生态环境损害赔偿诉讼在海洋自然资源领域已有明确的法律规定,并实践多年。2017年12月,中共中央办公厅、国务院办公厅出台了《生态环境损害赔偿制度改革方案》(以下简称《方案》),从政策层面确立了生态环境损害赔偿诉讼制度。作为严格追究生态环境损害责任的制度工具,生态环境损害赔偿诉讼被寄予厚望。但值得注意的是,该类新型诉讼与既有公益诉讼体系下的环境民事公益诉讼在制度类型上存在高度相关性,如有最高人民法院的法官将海洋领域的诉讼性质界定为民事公益诉讼。海洋生态环境损害赔偿诉讼针对的海洋生态环境要素与生态环境损害赔偿诉讼所针对的环境要素、生物要素具有同质性[①]。本章拟从生态环境损害赔偿诉讼的本体出发,结合两种诉讼在理论层面的逻辑体系与司法实践中的现状,探究如何定位生态环境损害赔偿诉讼制度,以及如何处理生态环境损害赔偿诉讼与环境民事公益诉讼之间的关系与未来的发展方向。

---

① 林莉红,邓嘉咏.论生态环境损害赔偿诉讼与环境民事公益诉讼之关系定位[J].南京工业大学学报(社会科学版),2020,19(1).

二、理论争议:生态环境损害赔偿诉讼的性质检视

(一)生态环境损害赔偿诉讼的性质论争

诉讼制度的法律性质不仅关切重大理论基础,更与司法实务中制度适用范围、诉讼请求、审理程序、法律责任等核心内容的建构息息相关[①]。目前,环境法学界对生态环境损害赔偿诉讼法律性质的争议颇大,大致形成了三种观点。

1. 私益诉讼说

政府是基于国家自然资源所有权提起生态环境损害赔偿诉讼,因此该诉讼在性质上属于私益诉讼[②]。私益诉讼是当事人为维护特定的私人利益而提起的诉讼,由于自然资源"所有权"具有私权外观,在这一权益减损后,行政机关便可以作为国家公共利益的代表,通过所有权人身份启动相应的磋商程序及诉讼程序,这与意思自治原则下的私益救济模式相类似。也就是说,国家依托于其拥有的自然资源所有权,赋予省级、市地级政府诉权以提起生态环境损害赔偿诉讼,因此,生态环境损害赔偿诉讼应该是私益诉讼。值得关注的问题是,自然资源所有权的减损不仅包括对自然资源经济价值的破坏,同时也包括对生态价值的破坏。对于能否将自然资源生态价值的减损与失衡涵括至所有权范围内这一问题,学界尚无统一定论。部分"私益诉讼说"论者认为,生态环境损害赔偿诉讼中涉及的公益利益如环境利益、生态利益、生态系统功能等并非专门的救济对象,因其恰好附随于私益救济对象之上,赔偿权利人行政机关向赔偿义务人提起诉讼程序救济"国家私益"时,对其一并救济。因此,仍然应当将生态环境损害赔偿诉讼的性质界定为私益诉讼。

2. 国益诉讼说

生态环境损害赔偿诉讼这一制度保护的对象是由国家代表的多数人的重要环境利益[③]。基于公共信托理论,国家利益可以理解为由国家代表多数人持有的重要的社会利益,来源于公共利益中部分重要利益,为了实现更好

---

① 李浩.生态损害赔偿诉讼的本质及相关问题研究——以环境民事公益诉讼为视角的分析[J].行政法学研究,2019(4).
② 汪劲.论生态环境损害赔偿诉讼与关联诉讼衔接规则的建立——以德司达公司案和生态环境损害赔偿相关判例为鉴[J].环境保护,2018,46(5).
③ 吕忠梅."生态环境损害赔偿"的法律辨析[J].法学论坛,2017,32(3).

的利用和发展由国家保管并享有。生态环境损害赔偿诉讼所救济的"自然资源环境利益"属于全民所有,但"全民"不能成为特定个体权利上的法律概念,故非私益诉讼;"全民所有"所蕴含的国家利益有明确的代表者和监督者,区别于缺乏代表者的公共利益,故该类诉讼也非公益诉讼;基于公共利益信托理论,由国家代表不特定多数人对环境利益有着正当持有权,生态环境损害赔偿诉讼这一制度保护的对象正是此类国家利益。因此,该诉讼在性质上属于国益诉讼[①]。

3. 公益诉讼说

生态环境损害赔偿诉讼所救济的对象是环境公共利益,而环境公益这一宏阔、宽泛的概念本身很难被所有权范围所涵盖,因此,生态环境损害诉讼属于对环境公共利益的救济,属于公益诉讼。从生态环境损害赔偿诉讼的救济范围以及针对的客体出发,生态环境损害赔偿诉讼所救济的对象为"环境公共利益","环境公共利益"具有排他性、公共性,一般环境公益受损后常与生态系统失衡、环境利益受损相联系,会间接影响多数人享有环境利益的权利。与传统的诉讼救济对象不同,生态环境受损后造成的损失是间接的,不属于直接人身、财产利益,而是针对环境公益的救济。因此,从生态环境损害赔偿的救济客体以及救济客体本身的内涵出发,应当将其纳入公益诉讼的类别。"公益诉讼说"的部分学者还认为,生态环境损害赔偿诉讼本质上是环境民事公益诉讼,但与环境民事公益诉讼又有所不同,由于两者在适用范围及磋商程序等方面有所有区别,所以应将其界属于特殊的环境民事公益诉讼[②]。

(二)生态环境损害赔偿诉讼的性质评说

首先,我们不认同"私益诉讼说"的理论观点。从物的所有权角度出发,如果行政机关的索赔权以所有权理论作为基础,那么行政机关在行使权力时应当对自然资源的经济价值与环境本身的生态价值一视同仁。一般而言,环境公共利益包括生态型环境公益与经济型环境公益,其中生态系统服务功能的失衡和以自然资源为载体的环境功能的下降,也应当构成环境公共利益的减损。如果说自然资源的经济价值所有权由国家享有,那么自然资源的生态价值具有明显的公共属性,从目前的立法情况来看,并无明文规定"生态环

---

① 肖建国.利益交错中的环境公益诉讼原理[J].中国人民大学学报,2016,30(2).
② 林莉红,邓嘉咏.论生态环境损害赔偿诉讼与环境民事公益诉讼之关系定位[J].南京工业大学学报(社会科学版)2020,19(1).

境"的权利归属,从规范层面界定应当属于"无主物",将具备公共属性的物质以私主体所有的形式界定下来,并不能完全涵盖自然资源的所有权利内容。那么既然自然环境、生态功能等属于公共物品,通过所有权的形式确定为行政机关私有这一逻辑则无法实现自洽。由国家以私主体的身份对环境公共利益予以救济,这种做法显然与生态环境的公共属性不相符。事实上,由行政机关作为生态损害赔偿的索赔主体,主要是基于行政机关管理公共事务的职责,基于基本的保护环境的义务,其目的是保障公民充分行使相关环境权利,并不能以此为法理基础将生态环境损害赔偿诉讼的性质界定为"私益"。

其次,"国益诉讼说"的理论不足在于,随着社会领域的扩张与独立,相应的国家利益与社会利益被严格地区分开来,两者之间具有明显区分的核心内涵。学界认为,国家利益在性质上具有一定的政治性,因为国家利益更多指向于主权、独立、国安、领土等方面。在概念的内涵上,国家利益与环境利益的客体基本上没有可重叠的范围。随着国家与社会的分离,国家利益的内容被严格限制,内容被严格限缩于政治功能的实现,而因生态环境损害而受损的社会公共利益明显与政治的核心内涵无关,远未达到国家利益保障的高度。因国益诉讼这一概念的政治性较为突出,在核心内涵上便与生态环境损害赔偿诉讼所救济的利益形态不符,以"国益"来定位生态环境损害赔偿诉讼的性质易引发歧义[①]。

最后,尽管自然资源国家所有权属于私法权利,但诉讼之本质属性应由诉讼目的加以判断;既然生态环境损害赔偿诉讼所保护的是环境公共利益,那么将其定位为公益诉讼便无不妥。相关法规在表达环境民事公益诉讼所救济的范围时,采用了"环境公共利益"这一抽象的概念,这一表达变相拓宽了民事公益诉讼在实践中的适用范围。而《方案》则将生态环境损害赔偿诉讼所救济的利益限定在"环境要素,生物要素以及生态系统功能"中。生态环境损害赔偿诉讼在受案范围上小于一般的环境民事公益诉讼,这恰恰说明提起后者可以解决前者所欲解决之问题。此外,"特殊的环境民事公益诉讼说"建立在"公益诉讼说"的基础上,从诉讼目的、起诉原因、诉讼请求等方面看,两诉讼基本相同,只是生态环境损害赔偿诉讼的原告、适用范围及诉前程序异于环境民事公益诉讼,故宜将前者定性为特殊的环境民事公益诉讼。

---

① 颜卉,刘海燕.生态环境公益诉讼与损害赔偿诉讼衔接机制的优化路径[J].中国检察官,2022(17).

三、回归本质：环境民事公益诉讼的子类型

（一）适用范围上高度重合

生态环境损害赔偿诉讼之所以能够被环境民事公益诉讼涵括在内的基本前提，是两项制度所救济的实体利益之范围高度重合。相关法规在表达环境民事公益诉讼所救济的范围时采用了"环境公共利益"这一抽象的概念，这一表达变相拓宽了民事公益诉讼在实践中的适用范围。而《方案》则将生态环境损害赔偿诉讼所救济的利益限定为"环境要素，生物要素以及生态系统功能"。那么"环境公共利益""环境要素""生态系统功能"以及"生态系统功能"这些概念，能否通过区分从而明确各自的边界是需要讨论的问题[1]。

从功能角度出发，可以将环境公共利益理解为整个生态系统服务功能对人类社会利益需求的满足。污染大气、破坏土层等一系列环境侵权行为引发的生态系统失衡，最终会导致环境公共利益不可避免的受损。环境公益具备以下传统公益不具备的特点：首先，环境公益在定义上是一种整体利益、公共利益。这项公益不具有排他性与竞争性，可以为全体社会成员中的每个个体切实享有，但又具有不可分割性[2]；其次，环境公益是基于人类社会切实的需求产生的，其本身的性质不能被人身利益、财产利益等私益所包含；最后，若研究者们将生态环境作为环境公益的客体，将环境公共利益进行类型化，环境公益可以被划分为经济性环境公益与非经济性环境公益[3]。

环境公益的经济属性来源于自然资源的经济价值，具备可交换性与可评估性。从利益属性的角度出发，可分为自然资源开发类利益以及环境容量使用类利益。生态型环境公益意指非经济性环境公益，即狭义层面的环境公益。这类环境公益主要面向人类在健康舒适环境中生存的利益。同时，这类环境公益也包括环境审美利益、环境文化教育利益等；相比于经济性环境公益，生态型环境公益具有较强的开放性、兼容性特征。以利益属性的角度划分，研究者们可以将环境公益分为人类的居住类公益与调节类公益。居住类环境公益主要指人类在自然环境中生存享受与依赖的生态物品，包括阳光、

---

[1] 潘牧天.生态环境损害赔偿诉讼与环境民事公益诉讼的诉权冲突与有效衔接[J].法学论坛，2020,35(6).
[2] 程玉.我国生态环境损害赔偿制度的理论基础和制度完善[J].中国政法大学学报，2022(1).
[3] 肖峰.论我国行政机关环境公益诉权配置的困境与优化[J].中国行政管理，2021(3).

水、空气等。调节类环境公益则是指自然环境在保护生态系统平衡方面的功能，包括水土涵养、防风固沙等。经济性环境公益更趋向于鼓励人类利用现有环境、消耗环境，最终实现环境利益经济化。生态型环境公益偏向鼓励人类保护环境，改善环境质量，提升生态系统服务功能的完整性。

经济性环境公益与生态型环境公益之间保持着动态的平衡关系，相互补足并相互支撑。外界环境资源利用与破坏自然资源的行为会对打破整个生态系统的平衡结构，进而减损现有的经济性环境利益，使其不能满足人类生存发展的需求，并最终侵害生态环境公益。同时，大量的污染、破坏行为也会毁坏环境经济要素，造成生态系统的紊乱。各类环境要素、生物要素与其他环境组成部分遭受损害同时，也会对生态系统功能的平衡状态构成干扰，生态系统并非具象之物，生物要素、环境要素互相制约，相互影响，并在一定时期内处于相对平衡的一种状态。生态系统作为一种开放的系统，任何要素的不稳定都有可能打破其自身的循环结构。总体而言，"环境公共利益""环境要素""生态系统功能"一类概念关联度高，互相之间的边界区分或者区分成本巨大。

根据现有立法对环境民事公益诉讼适用范围的规范表述，环境民事公益诉讼的救济范围被限定在了"社会公共利益"这一范畴内[①]。"社会公共利益"的内涵边界较为广泛，相对其他概念而言更依赖于司法实践的解释。因此，基于这一现状，《最高人民法院关于审理环境民事公益诉讼案件适用法律若干问题的解释》(以下简称《解释》)第1条扩展了环境公益诉讼的适用范围以避免实践中的不当限缩。可以将司法实践与司法解释中适用"社会公共利益"的情境总结为两种典型情形：其一，在污染环境、破坏生态导致环境公益出现实际损害的前提下，对已造成的实际损害进行修复，此类赔偿属于补偿性救济类型。其二，因污染环境、破坏生态导致环境公益存在重大风险，针对尚未造成实际损害，对可能的"重大风险"予以救济，属预防性救济类型。《方案》将"生态环境损害"这一核心术语界定为对环境要素、生物要素带来的不利改变以及生态系统功能的失衡。具体而言，该诉讼面向三项核心利益，分

[①] 《中华人民共和国民事诉讼法》(以下简称《民事诉讼法》)第五十五条对环境民事公益诉讼的救济范围的界定："对环境污染、侵害众多消费者合法权益等损害社会公共利益的行为。"《解释》第一条对环境民事公益诉讼的救济范围的界定："已经损害社会公共利益或者具有损害社会公共利益重大风险的污染环境、破坏生态的行为。"

别是生态系统功能退化,环境要素的不利改变以及生物要素的不利改变[①]。从《方案》界定适用范围所使用的词语出发,"功能退化"抑或是"不利改变"均表明,生态环境损害赔偿诉讼救济类型属于典型的补偿性救济,旨在弥补社会的总体环境损失。

通过对两种诉讼适用范围的规范分析,可以发现,生态环境损害赔偿诉讼的适用范围可以被环境民事公益诉讼制度大体囊括。因此,二者的适用范围是包含与被包含的关系。从救济方式来看,生态环境损害赔偿诉讼只针对实际环境公共利益受损进行救济,即典型的事后救济、补偿性救济。而环境民事公益诉讼则将整个救济范围扩大到预防性救济,这是典型的事前救济。此外,从救济类型上来看,生态环境损害赔偿诉讼将救济范围限定为严重的、重大的环境案件。综上,生态环境损害赔偿诉讼与环境民事公益诉讼在适用范围上虽不完全一致,但十分契合,趋向一致。

（二）制度功能趋向一致

从救济方式出发探寻生态环境损害赔偿诉讼制度与环境民事公益诉讼制度,可以发现,两大诉讼制度在救济受损环境公共利益、恢复生态系统功能方面存在极强的规范相似性与功能面向的一致性。

从功能面向上来看,生态环境损害赔偿诉讼与环境民事公益诉讼均是通过纠正民事主体违法侵害环境公益,以保护人类赖以生存的自然环境。生态环境损害赔偿诉讼制度的主要功能是对生态系统功能与环境要素达成司法救济,最终达成保护环境公益的效果。《方案》中明确规定生态环境损害的赔偿范围,包括清除污染、生态环境修复等方面的费用[②]。这些规定说明了生态环境损害赔偿制度在功能上所具有的对环境公益的恢复性和赔偿性理念。此外,相比于其他诉讼制度,生态环境损害赔偿诉讼制度下构建的赔偿责任是一项严格的赔偿责任。从严格责任的角度出发,生态环境损害赔偿诉讼在实现机制与最终结果上,能更完善地实现对受损生态环境的最终救济与修复。

[①] 《方案》将"生态环境损害"这一核心术语界定为"因污染环境、破坏生态造成大气、地表水、地下水、土壤等环境要素和植物、动物、微生物等生物要素的不利改变,及上述要素构成的生态系统功能的退化。"

[②] 《方案》中明确规定了生态环境损害的赔偿范围包括:清除污染费用,生态环境修复费用,生态环境修复期间服务功能的损失,生态环境功能永久性损害造成的损失以及生态环境损害赔偿调查、鉴定评估等费用。

环境民事公益诉讼制度作为对环境公共利益损害的一种民事司法救济制度,该制度以维护生态环境和自然资源免受污染和破坏为核心内容[①]。《解释》第18条规定了被告的责任具体承担方式,包括:停止侵害、排除妨碍等。环境民事公益诉讼对环境利益损害的救济结构一般可以被解构为两个部分。一,当环境利益遭受侵害,被告可以通过停止侵害、排除妨害、实施救济、支付救济费用等方式对受损环境公益进行救济,以实现赔偿。二,若一部分环境损害无法完全通过被告的救济行为修复时,被告应当通过金钱等给付方式对被侵害对象做出合适的补偿。在赔偿视角下,两种不同类型的救济方分别映射出了环境民事公益诉讼在制度建设上的双重目的属性。在尚可修复的前提下,环境公益诉讼在功能上更为注重追求消除侵权行为造成的环境公共利益损害;在修复本身存在困难的前提下,环境公益诉讼在功能上更为注重分配修复环境公共利益损害时所产生的成本负担。其双重目的各有针对与侧重,并最终达成对环境公益的保护。

四、制度关联:生态环境损害赔偿诉讼与环境民事公益诉讼的衔接

通过前述分析,生态环境损害赔偿诉讼本质上属于环境民事公益诉讼,故二者具有可融合性。目前,生态环境损害赔偿诉讼与民事公益诉讼的衔接,反映出在制度设计上二者是并行不悖的诉讼制度,共同构成了生态环境损害司法救济制度系统这一有机的制度整体。《最高人民法院关于审理生态环境损害赔偿案件的若干规定(试行)》作为一种实践理性反馈下的阶段性成果,虽然初步厘清了生态环境损害赔偿诉讼与民事公益诉讼在理论与实践层面的混乱局面,但是由于未能精细化和体系化地作出规范设计,仍然不乏笼统和粗糙之处[②]。在制度系统论下,由于生态环境损害赔偿诉讼与民事公益诉讼在诉讼主体、诉讼程序与诉讼标的等方面截然不同,二者在具体运行过程中仍然会出现制度衔接漏洞与冲突,所以仍然需要针对二者的融合与衔接作出具象化的制度安排。生态环境损害赔偿诉讼分为两个阶段:一是磋商阶段,二是诉讼阶段。诉讼阶段与民事公益诉讼的冲突问题虽然基本上予以规

---

① 罗丽.我国环境公益诉讼制度的建构问题与解决对策[J].中国法学,2017(3).
② 向往,秦鹏.生态环境损害赔偿诉讼与民事公益诉讼衔接规则的检讨与完善[J].重庆大学学报(社会科学版),2021,27(1).

范处理,但磋商阶段与民事公益诉讼如何衔接并未过多着墨。因此,这里更需要讨论生态环境损害赔偿诉讼与民事公益诉讼在磋商阶段的衔接问题。

(一)诉前规范的立法现状

对诉前磋商程序与和解、调解制度衔接问题,应当首先考虑立法现状,在此基础上探讨具体衔接问题,更能够实现对制度的准确定位,具有一定现实意义。赔偿磋商制度作为一项本土的新兴法律制度,与实践已久的调解、和解制度在制度功能方面类似,因此在整个环境法律体系中不应将两种制度割裂开来,寻求二者间的联系并实现制度间的衔接,是实现制度间最大合力的最优路径。总体而言,赔偿磋商制度与调解、和解制度在规范层面存在以下特点。

从立法层面来讲,环境民事公益诉讼调解、和解制度早于磋商制度出台,目前关于调解、和解制度的规定集中在司法解释中,并无专门的规范性文件对该制度加以规定。由于环境民事公益诉讼救济对象的特殊性,在2015年颁布的《最高人民法院关于适用〈中华人民共和国民事诉讼法〉的解释》中,规定了不同于一般民事诉讼的调解、和解制度。与环境民事公益诉讼不同,磋商制度在规范层面并没有确立,但《方案》从政策层面出发,确立了生态环境损害赔偿诉讼诉前磋商制度,相关地方性政策文件也在试点经验的基础上对磋商制度做了进一步细化。从立法的具体内容出发,由于调解、和解制度在司法实践中运行已久,该制度也已经在规范层面得已确立[①]。

虽然有关规范性文件的数量并不多,但该制度的具体内容规定较为完善,包括调解、和解制度的适用阶段,达成合意后的处理方式以及具体的制度流程等方面,在规范层面均已明确。赔偿磋商制度作为一项创新制度,《方案》将其规定为诉前程序,并且对当事人的身份以及磋商制度的流程做出了初步建构。但对于磋商协议的效力、磋商制度的性质、磋商制度与相关制度的衔接等方面的内容,尚未作出明确规定。当然,部分地区的地方性法律规范在试点经验的基础之上,针对磋商制度出台了专门的磋商办法,但由于磋商制度是我国独创的新兴法律制度,外无可借鉴之经验,内无长久的实践基础,因此从立法的具体内容层面出发,磋商制度的相关规定目前并不完善。

---

① 黄大芬,张辉.论生态环境损害赔偿磋商与环境民事公益诉讼调解、和解的衔接[J].环境保护,2018,46(21).

从二者的法律效力出发,赔偿磋商制度目前没有在法律规范层面确立,只是从政策层面建构了该制度。严格来说,政策文件中的相关规定并不能完全得到法律上的认可。但与磋商制度不同,环境民事公益诉讼调解、和解制度散见于《民事诉讼法》以及相关的司法解释中,具有更高的法律效力。

(二)协商性规范的法律分析

作为一种新兴的代替性纠纷解决机制,赔偿磋商制度打破了传统行政管制模式,在交往理性与商谈理性的框架之下,构建了体现自由意志的平权型协商治理范式,通过公私合作的方式在磋商当事人之间形成契约,进而公平合理的分配国家与私人之间的权利义务归属。目前,学界对磋商性质的探讨热度不减,磋商制度所彰显的民主协作式平权法律关系使其区别于传统的环境行政执法过程。磋商期间,行政机关作为赔偿权利人主导着的公权力运行,具有明显的行政权色彩。同时,磋商当事人在意思自治原则下,秉承着契约精神达成的协议又兼具私法色彩。"行政机关的公权行使特征及磋商的私法自治内涵相互交织,使得生态环境损害赔偿磋商制度的法律属性如同对正义的探讨一样呈现出一张'普罗透斯似的脸'"[1]。如何定位磋商制度的法律属性是面对这一新型制度首先所要解决的问题,而这一问题的回答也将成为生态环境损害赔偿磋商制度进一步建构的基础性指引。

目前来看,主流观点在这一关键的本体性问题上并未达成共识,围绕该制度所展开磋商制度的性质界定,也在私法解释路径与公法解释路径之间不断徘徊。

私法解释论者认为磋商制度在性质上属于"民事磋商"。私法解释论者在阐述磋商制度的性质时,往往以赔偿权利人的权利基础是物权请求权为出发点,并进一步以赔偿权利人与赔偿义务人的平权协商过程为落脚点,对磋商制度的性质进行判断。他们认为,磋商制度的标志是赔偿权利人与赔偿义务人之间借助私法手段,在意思自治原则的指导下进行协商的过程,因此,磋商制度在性质界定上归属于"民事磋商"[2]。

公法解释论者认为磋商制度在性质上属于"行政磋商",公法解释论者在论述磋商制度的性质时,主要从赔偿权利人的身份角度出发,同时也更加注

---

[1] 刘莉,胡攀.生态环境损害赔偿磋商制度的双阶构造解释论[J].甘肃政法学院学报,2019(1).
[2] 别涛,刘倩,季林云.生态环境损害赔偿磋商与司法衔接关键问题探析[J].法律适用,2020(7).

重磋商协议达成后对行政机关管理公共事务的辅助性作用。公法解释论者认为，磋商制度是行政机关发挥管理公共事务的优势，代表国家履行管理环境、保护环境的义务，可以将磋商制度视为解决环境公共问题多元救济方式的一种。因此，赔偿磋商制度应当被纳入行政磋商体系为宜。但有学者提出了不同意见：由于磋商制度在法律上的复杂性，"非公即私"的解释过于单薄以至于无法周延阐释磋商机制的限制。应当将赔偿磋商制度中私法的平权协商手段与主体的公法属性相结合进行统筹考虑，才能更好地识别生态环境损害赔偿磋商制度的性质[1]。

第三种解释路径在阐述磋商制度的性质时认为，磋商制度并非单一的过程，磋商制度的第一阶段表现为行政机关发挥行政职权调查生态环境损害的程度，对赔偿费用进行鉴定与评估等方面。第二阶段是磋商双方主体在意思自治原则下的协商过程。磋商程序的启动到结束是动态的过程，并非一成不变，仅通过探究磋商制度的手段或者目的来探究磋商制度的性质是不全面的，对于此类"非公即私"的解释路径可以通过德国的双阶理论奠定基础[2]。

我们认为，应当在公权属性的前提下对磋商制度作出建构。对磋商制度法律属性的探讨不应仅着眼于该制度本身，更应当考虑磋商制度提出时期的背景。在行政民主化大背景下，环境行政权运作逐渐向柔性行政模式转化。行政机关对环境公共事务的治理也由单一的管制模式转向协同合作治理模式。赔偿磋商制度在不同的阶段运用不同的手段对环境问题进行综合管制，此种"公私手段"兼顾的模式是新型行政权力运作的新范式。因此，从本质上来讲，磋商制度的行政公权属性更为突出。

（三）协商性规范的整合

在明确了诉前磋商的性质后，从行政权优先于司法权的角度出发，应当将磋商制度前置于生态环境损害赔偿诉讼制度。既然磋商制度优先于诉讼制度，那么对于协商性规范的整合需要考虑在磋商未达成合意的情况下，在生态环境损害赔偿诉讼进程中是否能够适用调解、和解制度。赔偿磋商制度与调解、和解制度在价值功能层面类似，均是在诉讼制度外寻求解决纠纷的代替性机制。将两种功能类似的制度放置于同一公益诉讼案件中可能引发

---

[1] 张林鸿，葛曹宏阳. 生态环境损害赔偿磋商的法律困境与制度跟进——以全国首例生态环境损害赔偿磋商案展开[J]. 华侨大学学报（哲学社会科学版），2018(1).

[2] 于文轩，孙昭宇. 生态环境损害赔偿磋商的属性界定与制度展开——以双阶理论为视角[J]. 中国地质大学学报（社会科学版），2021，21(2).

以下三方面的问题。

首先,从司法资源的有限性角度出发,若磋商失败后,转继在诉讼程序中适用和解、调解制度,会导致类似制度重复适用的问题,这无疑会导致司法资源的浪费。其次,如将磋商程序中未达成合意的问题再次纳入调解、和解的范畴,可能会引发磋商制度徒有虚名而无实际作用的问题。最后,从诉讼效率的角度出发,诉讼制度中类似制度的重复适用,可能会影响对环境公益的救济效率。

对于磋商制度与和解、调解制度而言,虽然二者的制度功能类似,但两种制度的适用阶段、启动程序、协商规则均不同,为实现对受损生态环境救济效益的最大化,多元的救济手段能够弥补单一的诉讼途径的不足。磋商制度为诉讼前置程序,而诉讼调解、和解制度适用于诉中阶段,且两种制度的启动程序、协商规则均不同,但最终均是为了实现环境公共利益的救济。当然,为了节约司法资源,提高诉讼效率,诉前磋商程序中探讨的协商内容应当避免与调解、和解的内容相冲突。除此之外,部分省市在试点实践经验的基础上甚至规定了两次磋商制度的原则,可以看出,在诉讼中引入和解、调解制度,不仅能够丰富对生态环境损害的救济手段,也能够弥补诉讼中缺乏调解制度的不足。

第七章
国际河流法与我国相关政策

一、国际河流法简介

(一) 国际河流法是国际法的一个分支

在国际法律关系里,主权国家以及政府间国际组织是法律主体,外交、缔约、战争等是法律行为,陆地、空间、海洋等自然物是国际法重要的法律客体。国际河流是指自然形成的组成部分位于不同国家的淡水水道,河流单元包括相互关联的地面水和地下水系统。有关国际河流的国际法是国家间关于国际河流利用及其保护的原则、规则和制度的总体。按客体物进行分类,国际河流法与海洋法、空间法等并列,属于国际法的一个分支。

(二) 国际河流法包括特殊国际河流法和一般国际河流法

奥本海认为,根据受约束国的数量,国际法大体可以分三种,"对于一切国家有拘束力的那一部分国际法,以及很大部分的习惯法,可以被称为普遍国际法,以别于只对于两个或少数国家有拘束力的特殊国际法。一般国际法是对于很多国家有拘束力的国际法"[1]。国际法可以分为三类:普遍国际法(Universal international law);特殊国际法(Particular international law);一般国际法(General international law)[2]。因此,当今世界,存在着大量特殊国际法,部分一般国际法,少量普遍国际法,因为只有少量全球公认的国际习

---

[1] [英]詹宁斯·瓦茨.奥本海国际法[M].王铁崖,等,译.北京:中国大百科全书出版社,1995.
[2] 我国学者王铁崖认为国际法只有"普遍国际法一种",参见王铁崖编:《国际法》,北京:法律出版社,1995年。

惯,才能对于一切国家都有约束力,如禁止杀戮。

1. 特殊国际河流法

在国际河流法领域,双边或几个国家关于某条国际河流的条约是特殊国际河流法,用以规范具体国家利用和保护某条特定国际河流的行为;世界范围内对很多国家具有约束力、抽象的关于国际河流的利用与保护规则,是一般国际河流法。因为全球仅有140多个国家有国际河流,而且国际河流并非指对所有国家都自由航行的河流,而是指超越一国领土边界的河流,所以没有普遍国际河流法。

只对两个或少数国家有拘束力的国际规则和制度也是国际法,但不是通常人们所说的普遍国际法或一般国际法,而是特殊国际法。特殊国际法的表现形式是国家间条约。作为现代国际法最主要渊源的国际条约可以有各种各样的名称,如公约、盟约、规约、条约、协定、议定书、换文、文件、宣言、声明、谅解备忘录以及联合公报等。只要其内容对当事国构成具有法律约束力的权利义务关系就构成国际条约。关于国际河流的条约数量众多。根据世界粮农组织的报告,公元805—1984年间,就有3 600多个水条约诞生,大部分条约是关于航运的。但随着社会发展,关于水资源管理的条约,如洪水控制、水力发电或国际河流水资源分配等条约在持续增加。从1820年起,就陆续出现了400多个水条约,其中一半以上是近50年间签署的。典型的国际河流双边条约有:《美加边界水域条约》(1909年)、《印巴印度河用水条约》(1960年)、《埃苏尼罗河水域协定》(1959年)、《欧洲六国关于莱茵河的总协定》(1963年)。这些特殊国际河流法只对当事国有拘束力,但是不排除条约中某些规则经过国际社会实践成为国际习惯法,演变为一般国际法规则。

2. 一般国际河流法

一般国际法是对很多国家都有约束力的关于国际河流利用与保护的原则、规则的总体。由于国际河流的多样性,这样的规则非常少而且笼统。构成一般国际河流法的普遍性国际公约极少,1921年的《国际性可航水道制度公约及规约》,有41个缔约国,数目在当时来看,应该可以说是"很多",可以看成是成文的一般国际河流法。除了该公约,在国际河流法领域,再也没有对"很多"国家都有拘束力的国际公约。1997年由联合国大会通过的《国际水道非航行使用法公约》还不是具有法律约束力的普遍性公约,因为《国际水道非航行使用法公约》在第35份批准书、接受书、核准书、或加入书交存于联合国秘书长之日后第90天起才生效,而截至2008年1月,交存批件或接受的国家仅有 16 个。[①]

目前国际河流非航行利用的一般河流法主要是习惯法。19 世纪末以来，伴随着有关国家对国际河流的非航行利用（如灌溉、发电），在某些地区出现了对国际河流利用与开发的不同做法或原则。这些原则可概括为四种：一是绝对领土主权原则。根据这个原则，一个国家对其领土内的河流可以采取符合其国家利益的任何方法，而不用顾及其他沿岸国的利益。二是绝对领土完整原则。该原则直接反对绝对领土主权理论，宣称下游国家有权得到上游国家持续的没有被打断的自然水流。三是有限主权原则。"有限主权"其实是对"绝对领土主权"和"绝对领土完整"两个极端学说的平衡和折中，该原则要求国家在利用他们的国际河流时，既享有权利又承担相应的义务。四是流域一体化原则。该原则主张将水系统作为一个整体管理，即忽略国家边界，将一个流域视为一个经济和自然单元。流域内每一个国家处理水的时候，必须和其他国家协商、合作。综上，前两个原则是非常极端的，实际上在某种程度上否认了这些河流的跨界特征。流域一体化原则过于理想主义，有限主权原则是当今有关国际河流流域国家采用的主要规则。冷战后，随着全球化的深入和科技的发展，有限主权论在国际环境法领域已经成为大多数国家公认的国际行为准则。国际河流利用"有限主权论"，已经取得国际习惯法的地位。

二、我国国际河流政策

（一）政治上：构建和谐周边关系是我国国际河流政策的指导思想

我国倡导互信、互利、平等、协作的新安全观。互信是指超越意识形态和社会制度异同，摒弃冷战思维和强权政治心态，互不猜疑，互不敌视，各国应经常就各自安全防务政策以及重大行动展开对话与相互通报；互利是指顺应全球化时代社会发展的客观要求，互相尊重对方的安全利益，在实现自身安全利益的同时，为对方安全创造条件，实现共同安全[②]。我国作为地区国际河流的主要流域国（也是关键国家），"安邻、睦邻、富邻"是我国对周边国家的外交方针，在处理国际河流利用与保护问题上，我国也遵循这样的方针。2008

---

① http://www.internationalwaterlaw.org/intldocs/watercourse_status.html.
② 门洪华."安全困境"与国家安全观念的创新[J].科学决策,2007(2).

年 3 月 31 日,温家宝在大湄公河次区域经济合作第三次领导人会议上的讲话指出,中国将坚持奉行"与邻为善、以邻为伴"的周边外交方针,巩固与次区域各国的传统友谊,加强同次区域各国的睦邻友好和务实合作,积极推动次区域经济社会发展。包括建议加快区域基础设施建设、运输贸易便利化、促进农村发展、加强卫生合作、保护生态环境、加强次区域人力资源开发、鼓励非政府力量参与合作、拓宽融资渠道。关于下游国家关切的中国在上游修建水利工程的问题,中国外交部也多次重申:"不做任何损害下游国家利益的事情。"①

在和平与发展为主流的时代,国际河流的超越一国边界的属性,客观上为周边相关国家相互依存和共同繁荣提供了条件,国际河流共享国互信度的增加和进行必要的妥协可以促成良性互动,并实现共赢。从建构主义的视角来看,中国在国际河流地区提倡睦邻和谐的国际关系,实际上是推动国际河流安全的现状出以洛克式结构为主导向以康德式结构为主导的体系转变。中国在周边国际河流地区构建和谐的国际关系氛围方面存在着优势:拥有体系转变的关键性的主观变量——中国是个自我克制的国家。然而,由洛克式结构转向康德式结构国际体系的推动力——集体认同的形成,不是能仅由中国一个大国来完成的,其他国家没有自我约束性或者自我约束并没有形成积极的认同动机使得中国的善意遭到了忧虑和置疑。建构主义虽然重视观念的作用,但是并没有忽视客观因素在观念塑造中的作用。在缺乏主观认同动机的时候,中国应当通过在经济上促进与周边国家的相互依存和共同命运,并在文化领域增进相互吸引和彼此认同,这正是现阶段中国努力的方向。

(二)法律上:严格执行特殊国际法并奉行国际河流有限主权原则

自 1949 年以来,我国先后和朝鲜、苏联、俄罗斯、哈萨克斯坦、蒙古、越南、印度签订了一些关于国际河流的合作条约,涉及航运、渔业、报讯、防洪、水电、环境保护等领域。其中一些协定和备忘录由于工程完成、期限结束等原因已经失效。现在有效的关于国际河流领域的国家级别的条

---

① 参见 2005 年 7 月 5 日外交部发言人刘建超在例行记者会上答记者问,http://jp.china-embassy.org/chn/fyrth/t202390.htm;2006 年 4 月 6 日外交部发言人刘建超在例行记者会上答记者问,http://eg.china-embassy.org/chn/fyrth/t244637.htm。

约主要有：

《中华人民共和国政府和朝鲜民主主义人民共和国政府关于国境河流航运合作的协定》(1960年5月23日签订,1960年8月19日起生效)[1];

《中华人民共和国政府和俄罗斯联邦政府关于船只从乌苏里江(乌苏里河)经哈巴罗夫斯克城下至黑龙江(阿穆尔河)往返航行的议定书》(1994年09月03签订并生效);

《中华人民共和国政府和俄罗斯联邦政府关于合理利用和保护跨界水的协定》(2008年1月29日签署);

《中华人民共和国政府和蒙古国政府关于保护和利用边界水协定》(1994年4月29签署,1995年1月16生效);

《中华人民共和国政府和哈萨克斯坦共和国政府关于利用和保护跨界河流的合作协定》(2001年9月12签署,2002年9月23生效);

《中华人民共和国政府、老挝人民民主共和国政府、缅甸联邦政府和泰王国政府澜沧江—湄公河商船通航协定》(2000年4月20日签订并生效)。

从这些条约名称来看,我国对于周边国际河流的开发利用,倾向于签订国际条约,明确合作意愿,表明我国是奉行国际河流有限主权原则的。同时,在水利部1996年1月3日发布的《关于国际跨界河流、国际边界河流和跨省(自治区)内陆河流取水许可管理权限的通知》(水政资〔1996〕5号)等涉及国际河流的十几个各级政府规章的条文表述中,我国把边界河流、跨境河流都称为国际河流,也即认同这些河流是流域沿岸国之间的共享物质,是"国际的",符合国际通行的一般国际法概念[2],也从国内法规角度将涉及中外边界河流的利用与保护置于国际公认的国际法约束之下。

三、我国国际河流政策建议

（一）不急于加入联合国《国际水道非航行使用法公约》

伴随着我国对国际河流水力资源的调查和开发,一些非政府组织以及某

---

[1] 一般而言,河流在作为界河时,如果是可行河流,则边界线位于河流主航道中间线上；如果是不可行河流,则以河流水域的中间线为界。中、朝两国政府1962年签订的《中朝边界条约》规定："鸭绿江和图们江上边界的宽度,任何时候都以水面的宽度为准。两国间的界河为两国共有,由两国共同管理、共同使用,包括航行、渔猎和使用河水等。"这是国际河流作为国家边界的特例。

[2] 土耳其一直认为跨界河流不是国际河流,只有国际界河才是国际河流。

些国内外学者从不同的角度提出了一些质疑，这些压力主要来自环保、生态以及是否遵守国际水法等方面。1997年第51届联合国大会通过的《国际水道非航行使用法公约》(以下简称《公约》)被许多人认为是目前最权威的国际水法规则。而我国当时作为仅有的三个投反对票的国家，也受到某些非议。这些非议对我国一些水利方面的学者、专家有一定影响，甚至成为有些环保专家和生态专家要求我国停建、缓建水利工程的重要论据。

其实，《公约》只是国际河流法领域非航行利用部分的一个法律性文件而已。即使算上其他签署但并没有批准的国家，也只有22个国家，其中有两个国家根本没有国际河流(见表7.1)，《公约》的权利义务和它们没有任何关系。地球上国际河流流域面积共23 103万平方千米，而这22个国家的国际河流流域面积加起来只有404万平方千米，只占国际河流流域总面积的1.75%，可见《公约》本身存在巨大的缺陷。土耳其是投反对票的三国之一，在解释土耳其为什么投公约的反对票时，土耳其大使说，作为一个公约框架，公约只能提出一般原则，而不能建立"实施计划措施的机制"，这种实践"没有国际法基础"，通过实际上给予下游国家对在上游国家水利计划上的"否决权"，是不公平的，公约不应该制定对争议解决的强制条款，而应该将此留给相关国家考虑。土耳其还指责该条约没有涉及任何关于"水道国家对国际水道位于他们领土内的相关部分的无可争议的主权原则"。而且，土耳其相信，公约应该将"公平和合理使用原则"置于"不引起重大损害之前"。因而，土耳其不会签署公约，也不认为该公约会"依据一般和习惯国际法对土耳其产生任何法律效力"[1]。中国和其他一些成员国的代表也提出了相似的异议。

《国际水道非航行使用法公约》批准情况[2]

国家	签字	批准	接受	加入	赞同	国际流域面积(km²)
科特迪瓦	1998-9-25					178 522
芬兰	1997-10-31		1998-1-23			168 680
德国	1998-8-13	2007-1-15				253 600
匈牙利	1999-7-20				2000-1-26	92 800

---

[1] GRUEN G E. Turkish Waters: Source of Regional Conflict or Catalyst for Peace? [J] Water, Air and Soil Pollution, 2000, 13: 565-579.

[2] 资料来源：国际水法网，http://www.internationalwaterlaw.org/.

续表

国家	签字	批准	接受	加入	赞同	国际流域面积（km²）
伊拉克				2001-7-9		318 900
约旦	199-4-17	1999-6-22				22 800
黎巴嫩				1999-5-25		2 920
利比亚				2005-6-14		4 600
卢森堡	1997-10-14					2 580
纳米比亚	2000-5-19	2001-8-29				563 600
荷兰	2000-3-9		2001-1-9			11 980
挪威	1998-9-30	1998-9-30				20 540
巴拉圭	1998-8-25					400 100
葡萄牙	1997-11-11	2005-6-22				44 890
卡塔尔				2002-2-28		无
南非	1997-8-13	1998-10-26				797 570
瑞典				2000-6-15		68 700
叙利亚	1997-8-11	1998-4-2				136 830
突尼斯	2000-5-19					15 600
乌兹别克斯坦				2007-9-4		236 700
委内瑞拉	1997-9-22					698 500
也门	2000-5-17					无

现在看来，《公约》何时生效还是个未知数。即使《公约》生效，也不能成为一般国际法，因为《公约》的生效只需要 35 个国家的批准，而一般国际法需要"很多"国家同意，"35"与国际社会 190 多个主权国家的数目相比，远不能说是"很多"。由于公约的非普遍性以及我国自然地理的特殊性，我国不应急于加入《公约》，但也应注意《公约》对国际社会的影响。如 1972 年联合国人类环境会议宣言、1977 年联合国水事会议的宣言和决议、1992 年都柏林关于水和环境国际会议的声明以及 2000 年第二届世界水资源论坛的部长声明，都暗含有支持《公约》某些原则的内容[①]。所以，我们也不能明确反对其中某些符合

---

① 俄勒冈州立大学、联合国环境规划署、联合国粮农组织合编《国际淡水条约图集》（2002 年）。

《联合国宪章》的一般原则,如一般合作的义务。

同时,我们在有关国际河流的对外声明中应注意谨慎用词,既体现我国在国际河流问题上的合作善意,又不能让有些国家断章取义,无端增加我国的国际义务。

(二)不急于确立国际河流一体化规划模式

莱茵河流域数国从 1950 年便成立了莱茵河国际保护委员会。经过半个多世纪达成了一系列流域水环境管理协议,对莱茵河的环境改善起到了巨大作用。加拿大(当时为加拿大自治领)与美国在 1909 年就签订了《边界水域条约》,此后在长达 100 多年的时间里,双方各方面合作一直在稳步发展,没有出现过重大的中断。因此我国有些学者也从美、加两国关于哥伦比亚河、莱茵河等国际河流的流域制度一体化管理经验中得出,要想实现国际河流和谐秩序,必须建立一套详细的流域一体化管理制度。但是,西欧、北美地区国际河流一体化管理法律机制,不是能被世界其他地区随便可以借鉴的。西欧、北美地区发达的安全共同体的不断发展,为国际河流合作奠定了牢固的合作基础。国家性质、意识形态的同质性,北约军事联盟、西欧超国家化的国际关系发展,发达的经济贸易一体化及发达的法治状态等,使该地区远非其他地区所能比拟。所以流域一体化管理法律制度,并不一定适合其他国际地区。

从技术角度讲,目前处理某条特定国际河流水资源分配模式可分为三种:项目分配模式、全局分配模式与流域整体规划开发模式[①]。项目分配模式指为满足各国家的水需求,按某一个专门项目所开发和涉及的水资源进行分配并签订分水协议,为局部的合作分配;全局分配模式是指流域国间根据其都能够接受的准则将流域内所有可确定的水资源量分配给各流域国;整体分配模式是指流域国通过签订协议,认可并实施流域整体开发规划方案,为满足各沿岸国的水需求而进行流域水分配。有学者主张我国在国际河流澜沧江—湄公河开发利用问题上,宜采取全局分配模式,这实际上是奉行国际河流一体化原则。

我国不能和周边河流共享国采取单一水量分配模式,因为我国国际河流众多,每条国际河流的自然情况都不一样,每条河流所涉及的沿岸国经济社会发展、河流需求情况、人口分布、民族、宗教都各有不同,且我国和这些国家的关系各异。任何水量分配比例的确定都会产生示范效应,这不但限制了我

---

① 冯彦,何大明.澜沧江—湄公河水资源公平合理分配模式分析[J].自然资源学报,2000(3).

国公平合理的河流规划,而且会极大束缚我国的河流外交空间。我们应该超越从技术、管理层面处理我国国际河流问题的模式,将这一问题提升到政治高度。由于我国在国际河流自然地理上的优势,加上我国睦邻外交政策的影响,我国完全有可能制定有针对性的政策,以国际河流为纽带,和周边国家建立广泛的经济、政治、文化联系,开展政治、经贸、国防、环保、文化、科技、教育、能源、交通、金融信贷及其他领域的有效区域国际合作,发展多领域交往,维护和加强地区和平、安全与稳定。

第八章
"一带一路"中哈国际河流保护合作协调机制

一、问题的提出

2013年9月7日、10月3日,习近平主席分别在哈萨克斯坦纳扎尔巴耶夫大学、印度尼西亚国会发表演讲,先后提出共同建设"丝绸之路经济带"和21世纪"海上丝绸之路"。中国领导人率先提出"一带一路"倡议,要改革旧的国际合作模式,与沿线周边各国建立新型合作关系,倡导合作共赢和"命运共同体"的理念,实现利益共享、责任共担、共同发展。

"一带一路"倡议贯穿亚欧非大陆,陆海并举,打造了新的国际经济合作的重要平台,也是我国参与全球治理体系变革的探索。在建设之初就明确了加强跨界河流沿岸国间政策沟通合作的努力方向,旨在协商制定推进区域合作的规划和措施,在政策和法律上为区域经济融合"开绿灯",强调和重视双边、多边合作。国家间互信合作的政策制度框架为国际水合作创造了基础和空间,在开展全面经济贸易合作的同时加深跨国水资源合作治理,对国际河流的保护有重要意义。

在"一带一路"涉外法治研究和实践中,合作是最基本的。理论层面,与源于西方的共同体理论不同,"人类命运共同体"理念是构建新型国际关系的巨大创新,将共同体理念拓展到全人类命运的高度,是对以往概念内涵的超越。利益共生、合作共赢是命运共同体意识的蕴涵,将人类的利益和发展放在首要位置,以发展为本位,重视合作的公平性与包容性,是对当前国际合作模式弊端的改革,也是推动全球化深入发展、解决全球性问题和危机的重点。

法律层面,合作原则是国际法和国际水法的一项基本原则,当代国际法以人类进步和繁荣为终极目标,合作与共进正是其发展导向的充分体现。"一带一路"倡议的实施以现行的国际法为基础保障,以联合国及《联合国宪章》为依托,国务院发布的顶层设计构想《推动共建丝绸之路经济带和21世纪海上丝绸之路的愿景与行动》是一项国家要约,"一带一路"倡议是与沿线各国开展合作共建的意思表示,政府依据其内容承担着相应的国际法义务。

组织和制度层面,中国与沿线国家是邦交友好关系,建立各类战略协作伙伴关系,与众多国家签署了双边联合合作宣言、协议等,多年来坚持协商和合作,并与诸如中亚、东盟、欧洲等建立了适宜各自区域的双边多边合作机制。"一带一路"沿线已形成上海合作组织、亚太经合组织、亚洲合作对话、中亚区域经济合作、中阿合作论坛、欧亚经济论坛、中国—东盟、大湄公河次区域合作、中非合作论坛等众多的合作组织和形式。命运共同体意识的明确、国际法的法律保障、更加密切的合作关系以及区域合作机制的建立,都为"一带一路"背景下的水资源和国际河流保护奠定了合作治理的基础。

水安全保障、水环境保护、水资源开发利用等紧密关系着国家的安全与发展,尤其是在水冲突事件时有发生的局势下,国际水合作和跨国流域治理已经成为一个国际社会和学术界关注的热点问题。跨国流域上、中、下游国家权力、信息的不对等以及差异化的利益诉求产生利益博弈,甚至激发冲突,如何在复杂的水互动中形成利益共同体,从冲突走向合作,达成一体化发展,是国际河流保护的关键。欧洲多国从流域整体利益出发,联合参与国际河流莱茵河合作治理,通过缔结一系列国际公约,设立协调机构进行积极有效的合作治理,由开展防治污染合作逐步推向全流域更高层次的共享与合作,已成为国际水合作和国际河流治理的成功典范。能够取得如此成效,得益于莱茵河生态系统全面治理的协调机制,这是此次治理中最为突出的重点,也对"一带一路"沿线国际河流保护有示范和指导意义。在水资源一体化管理的IWRM框架中[1],存在一个一体化水治理的循环过程,即首先以共同利益切入确立整体性目标,还要保证利益相关方的流域各国做出行动承诺并提升水治理能力,最后强调综合治理框架的执行、监督和评估过程。在此基础上提出的"水合作管理"理念,包含三个层面:一是协调,主要是信息的交流与共享;二是协作,涉及条约、机制、行为规则的建立;三是联合行动,主要是协商设立

---

[1] 水资源一体化管理 Integrated Water Resources Management,简称 IWRM。

共同的常设性协调机构或组织[①]。在新发展阶段,法治与"一带一路"倡议的深度融合,在法律框架中推进更高质量、更高层次的国际水合作是必然趋势,而寻求共同利益、制定沿线各国合作规则、建立合作关系联合治理国际河流,有效的协调机制是框架中必不可少的部分。

二、国际河流保护合作的协调框架

国际河流保护的合作离不开法律机制支撑,设立流域协调机构作为专门合作交流平台,在协调组织框架下展开对话、共享信息、明确规则和权责,以落实共同行动为起点形成综合协调机制。协调治理的整个过程,包含协调主体、协调事项、协调规则、协调制度等核心要素,这些要素构成协调机制的基本框架。

(一)协调主体

国际河流保护合作协调主体是承担和履行国际河流保护合作协调职能的管理组织机构。为了流域一体化管理,国际河流各沿岸国家通常会让渡一部分权利,联合起来成立一个专门综合治理全流域的多边组织,主要负责制定流域管理规则和计划方案、管理流域内水资源和环境、协调成员国共同行动。这类管理机构具有法律约束力,依据分工常设防污、开发、监督等职能部门,定期召开全体成员国会议,并不定期以代表会议协商治理规划、合作条约,能以整体性治理方式和系统化结构推动国际河流保护的合作治理。1998年沿岸14个国家和欧盟共同成立了多瑙河保护国际委员会,莱茵河和湄公河也有专门的国际委员会,在委员会这一协调主体框架下开展长期稳定的对话和合作,以保护和治理为起点,形成流域全面协调机制。自首个国际河流管理组织莱茵河国际委员会成立后,至今全球有数十个这样的国际河流委员会,由于每条国际河流的位置、特点不同,国际河流委员会的治理重点、合作程度和权限范围等也存在相异之处。

沿岸国政府在国际河流保护方面也发挥着协调作用,是协调机制得以正常运行的基础,协调国内河流管理相关的政策法规与合作机制的关系,同时还协调着政府与国际组织之间的权力义务关系。国际河流公约和区域性条

[①] 朴键一,李志斐.水合作管理:澜沧江—湄公河区域关系构建新议题[J].东南亚研究,2013(5).

约的成员国以签署的条约为指导,制定、修订本国的河流管理政策规范,并与其他成员国协调合作整个国际河流流域的开发利用与保护治理。

(二)协调事项

协调事项是涉及国际河流保护的权利和义务,即国际河流的水权,如国际河流的开发利用权、排污权、渔业权、航运权和保护权等。因社会进步和发展的需要,对上述权利(权力)的享有(行使),关系着国际河流的开发与保护。由于国际河流是沿岸国家共同所属,故各个国家对国际河流都有管理权,国家之间的利益关系和权责范围等都直接影响国际河流的安全和环境治理,协调机制同时也调整着国际河流沿岸国家与国家之间的关系,如水资源和水权分配、国家间的利益平衡等。

(三)协调规则

国际河流保护合作协调规则是调整、协调主体权利与义务的普适性原则和依据。国际水法在广义上的范围很大,既包括直接规制跨境水资源问题的国际公约、区域公约和双边条约、协定或安排,也包括政府间和非政府间组织缔结的条约、倡议等相关软法文件,还包括与跨境水资源利用、保护和管理相关的其他法律文件,还包括国际涉水司法裁判[1],是一个由正式与非正式制度、硬法与软法共同组成的规则体系。基本原则包括国家主权原则、公平合理利用原则、合作原则等,为成立协调机构、国家间谈判协商、缔结条约、建立合作提供了法律依据。

早期全球层面的国际公约,重点集中于国际水道的航运利用领域。《赫尔基辛规则》是最早的权威性国际水法,以非航行准则而闻名,其对流域内公平合理利用和分享水资源与效益作出规定,系统地总结了国际河流的利用规则。1997年联合国大会通过的《国际水道公约》,明确规定了一系列国际流域治理中的问题和基本法律原则,是最为全面的全球性框架公约。合作原则贯穿于公约始终,设置了多项规则,要求国际河流主体间共担开发、利用、管理和保护的责任,共享国际河流水资源利益,通过国家间的善意协调与合作填补国际水法规则的漏洞[2]。全球性的公约和规则,为国际河流保护合作的协调提供了普适性原则,对区域性公约的制定具有重要的指导意义,但并不能完全适用于所有区域的国际河流治理。

---

[1] 孔令杰,田向荣.国际涉水法条研究[M].北京:中国水利水电出版社,2011.
[2] 白明华.国际合作原则在国际水法中的发展[J].甘肃政法学院学报,2013(6).

区域层面的国际水法介于全球性国际公约与国际流域治理协调机制之间,一般是在区域性的国际组织框架下制定和发布的区域性涉水公约、规则,其规则更细化和具体,针对区域实际,协调国际河流水资源的开发利用与保护治理。《跨界水道和国际湖泊的保护和利用公约》(以下简称《公约》)和《欧盟水框架指令》(以下简称《指令》),都是由欧洲地区的合作联盟制定的区域性涉水事务公约,该《公约》和《指令》强调各成员国协调国际河流合作治理、参与规划方案协商,确立了欧盟地区国际河流治理和跨国水合作的统一行动框架,以法律效力保障国际河流流域保护合作和治理模式的发展,也指引着其他区域水法和多边双边合作条约的制定。

(四)协调制度

国际河流保护合作协调制度,是协调主体为了形成互信合作关系而建立的对话、协商、签署条约的一种制度性安排,是协调过程中长期运行的制度化措施。

对话通常是在达成协议、条约之前的早期协调阶段,是一种最基础的协调制度,也是一种非正式机制。全球化和治理体系变革,推动了各国对国际河流合作治理和对话的重视,对话逐渐形成了组织正式会议、临时会议、多边论坛、多边峰会、工作小组等多样化机制,对话中涉及的内容也包罗万象,包含治理理念、风险承担、技术、合作体系、信息共享等跨国水资源治理的各类问题。如中国、缅甸与湄公河委员会的对话以及定期举办的湄公河委员会峰会,就是对话制度的体现。国际河流沿岸各国以对话形式进行利益诉求和信息沟通,也通过对话针对国际河流合作治理中的问题进行商讨,因此,对话是提出治理规划、解决方案的基础,也是达成宣言、倡议、协议以及更深层次合作的前提。

协商、谈判机制是更高形式的对话,这个阶段存在国家之间的利益博弈,同时也是将流域治理从达成思想共识层面转向实施合作行动的重要阶段。国家间有效的对话能推动条约的进程,也能减少因水资源产生的摩擦、冲突,增强互信,确保国际河流沿岸环境稳定和可持续发展。

制定和缔结条约是国际河流保护合作中具有一定约束力的重要协调制度。国际河流保护合作治理以条约作为法律保障,是沿岸国家之间有关水资源开发共享、水环境管理的国际书面协定。根据沃尔夫对全球范围内600多份国际河流条约的统计,条约的议题包括且不限于:水的权利、水的分配、水污染、公平解决水需求的原则、水电、水库、防洪发展、环境问题和河流生态系统的权利[①]。作为协调规则和法律依据的国际水法本身也在不断地演进与完善,从最初的航运领域转向水资源的开发利用、保护管理,拓宽了适用范围。而国际河流保护合作的条约制定,也吸收和应用了国际水法的一些原则,逐步从独立行动转向多边合作治理。条约制定和缔结历时漫长,过程复杂,常常耗费大量人财物资源,通过资料实证和数据测量以及一轮轮对话、协商和谈判,最终达成各国普遍认同。流域条约呈现明显的区域合作特征,条约能否顺利缔结受到河流自身特性、国际关系和环境、沿岸国文化价值、区域一体化程度等多种因素的制约,条约规则制定过程的公平性和合法性,也影响着国家对规则的接受和执行程度,而各国能否遵守和履行条约,事关条约规则的有效性、国际社会秩序以及相互合作发展。达成全流域协议,实现水资源一体化管理,被认为是增进跨界水合作,解决国际河流水问题的最终出路[②],也是未来发展的方向。

在国际河流保护合作协调的基本框架中,协调主体是协调机制的领导和管理机构,决定着协调的组织基础;协调事项关涉法律关系中的权利义务,决定协调机制的对象和内容;协调规则提供法律依据和指导,决定着协调的范围和方向;协调制度是制度性安排和工具,决定着协调机制功能和效力的发挥。协调框架在各要素的共同作用下维护国际河流保护与发展,将跨国流域作为一个整体合作治理,是国际水合作法律治理的基础性机制。

三、中哈国际河流保护合作协调机制现状

(一)中哈合作协调机制现状

1. 签署一系列合作条约

在中国提出"一带一路"倡议后,哈萨克斯坦是最早响应参与并与我国达成共识的国家之一。流经中哈两国的跨境河流共有24条,其中最大的是伊犁河和额尔齐斯河,两条河流的干流均是自中国流入哈萨克斯坦,两国构成明显的上下游关系[③]。

---

① Aaron T. Wolf. International Water Conflict Resolution:Lessons from Comparative Analysis[J]. International Journal of Water Resources Development,13(3):339.
② 何艳梅.国际河流水资源公平和合理利用的模式与新发展:实证分析、比较与借鉴[J].资源科学,2012(2).
③ 吴凤平,白雨卉."一带一路"跨境水资源合作——以中哈为例[J].经济与管理评论,2020(5).

中哈跨界水合作可追溯至1992年中国与独立后的哈萨克斯坦正式建交，在20世纪60年代中苏关于霍尔果斯河水资源分配和利用协定的基础上，两国签署了《关于霍尔果斯河共同建设中哈友谊联合引水枢纽的协定书》，第一份协定局限于霍尔果斯这一特定跨界河流的水资源联合利用问题。1999年中哈领导人通过信件强调两国在广泛合作框架内的生态问题，2001年双方签订了《中哈关于利用和保护跨界河流的合作协定》（以下简称《合作协定》），这是中哈两国签署的正式协议，标志着中哈两国跨界河流水资源全面合作的开始，意义重大。2011年，中哈两国签订《中华人民共和国政府和哈萨克斯坦共和国政府跨界河流水质保护协定》和《中华人民共和国政府和哈萨克斯坦共和国政府环境保护合作协定》，发表《中华人民共和国和哈萨克斯坦共和国联合宣言》（以下简称《联合宣言》），进一步发展全面战略伙伴关系。2013年中哈分别提出"丝绸之路经济带"倡议和"光明之路"计划，为跨国水资源合作提供了政策方面的支持，2016年签署《中华人民共和国政府和哈萨克斯坦共和国政府关于"新丝绸之路经济带"建设与"光明之路"新经济政策对接合作规划》，两国合作深度不断加强。2018年中哈两国发表《中华人民共和国和哈萨克斯坦共和国联合声明》（以下简称《联合声明》），深化跨界河流流域开发与保护合作。

2. 成立双边协调机构

在合作协定的框架下，双方成立中哈利用和保护跨界河流联合委员会，作为协调主体的协调管理机构，成为中国与哈萨克斯坦水资源合作的平台，主要负责协调中哈跨界河流合作事务和战略、项目的规划和执行。依据水事务常设水质监测与分析评估、突发事件应急与污染防治等工作组，各职能部门明确职责和合作领域，构建了以政府主导的跨界河流保护合作法律机制。《联合宣言》和《联合声明》对中哈利用和保护跨界河流联合委员会的作用和工作成效给予高度评价，通过这一协调机构，在共同利用中哈跨界河流以及保护水质方面开展互利合作，对双边关系进一步发展具有重要意义。联合委员会形成了会议、对话协调制度，每年定期举行一次会议，在互信友好的关系下就国际河流保护和合作相关事宜进行对话，商讨制定河流保护计划和实施方案，至今已成功召开会议18次。另外，中哈同为政府间国际组织上海合作组织的成员国，在此框架下开展了多领域合作，2020年两国发表的《联合宣言》，双方表明在上海合作组织框架内积极发展环保领域的合作与交流，拓宽了跨界河流的开发与保护的合作空间，中国—上海合作组织环境保护合作中心也发挥着积极协调作用。

（二）现有合作协调机制的成效

中哈跨界河流保护合作的协调机构、协调制度、合作条约已渐成体系，在经济合作的框架下，中哈水资源合作协调机制已基本建立。中哈两国跨界河流开发和保护的合作历程，自1992年签署第一份协定到最新联合声明发表，两国一直在积极合作并签署双边协定，协定确立的原则充分体现了与国际水法《国际水道公约》中公平合理利用原则、合作原则等基本原则的一致性，合作协议内容涉及水质保护、水量分配、水文信息等，协议数量逐渐增多，协议内容范围拓宽，关注重点从最初的水质、水量向流域整体生态环境保护转变，呈现精细化、整体化趋势，不断完善以双边条约为主要形式的法律规范体系，为中哈跨界河流合作战略奠定了法律基础[①]。

中哈成立了专门的协调机构，并将联合委员会纳入副总理级别，负责具体合作事务的管理，同时积极探索会议制度、高层领导人对话机制等发挥协调作用的制度化安排，建立了协商交流、信息共享的平台，为国际河流保护的合作协调提供了组织和制度保障。在联合委员会框架下，跨界水资源合作中的具体问题通过双边条约进行协调得以解决。自中哈正式建交以来，两国始终保持着友好睦邻的合作关系，尤其是在"一带一路"倡议下，两国表现出强烈的合作意愿，在政府机制协调下开展经济、政策、能源全面对接合作，将跨界河流合作纳入国家整体合作布局，增进政治互信，将水合作问题视为重中之重，提升了水资源的合作层次。

（三）现有合作协调机制的局限

中哈现有合作协调机制还处于初级阶段，目前两国合作重点在经济、能源领域，而涉及水资源的合作偏少，河流保护尚未占据主要地位。虽然签署了一系列跨界河流开发与保护的合作协定和双边条约，但大多都是水文水质资料及信息交流、共享或水资源利用方面，对航运、疫情联防联控、流域治理领域缺乏关注。

现有框架协议内容较为泛化，限于原则层面，不够具体细化，位阶较低，欠缺法律效力。很多具体问题尚未涉及，对于合作模式、执行程序、权责分配都没有进行详细的规定，缺乏综合的合作机制，在流域共治方面协调难度大。在水量分配领域，《联合宣言》中明确"2015年起着手研究和协商中哈跨界河

[①] 郑晨骏."一带一路"倡议下中哈跨界水资源合作问题[J].太平洋学报，2018(5).

流水量分配协议草案",目前仍处于草案协商阶段,要最终达成水量分配的正式协议还需继续深入。《合作协定》的制定依照国际水法的基本原则,但受到不同区域、流域环境、利益诉求诸多因素影响,以公平合理利用原则为基础,提供一个具有抽象性的指导框架,在适用中并无明确的规则,对于实际执行缺乏约束力。

从协调机构来看,两国共同建立了中哈利用和保护跨界河流联合委员会作为专门协调机构,但现阶段联合委员会规模小、组织结构单一、层次低,仅有双方委派的几位代表,流域水资源相关信息的获取不够及时全面。协调机构的职能范围有限,主要负责制定联合委员会工作条例和协商《合作协定》的执行情况,尚未参与跨界河流合作保护和治理的战略规划、行动方案、签订条约等事宜,缺乏跨界流域整体性治理意识。现行协调制度以高层领导人会谈、定期会议为主,缺少多元对话协商形式,对协调机构决策达成共识有所限制,影响了两国跨界水资源合作向纵深推进。与多瑙河、莱茵河流域协调机制等国际上跨界河流合作的先进实践相比,中哈跨界河流合作协调机制起步晚,还相当不成熟,继续深入合作发展任重而道远。

四、中哈国际河流保护合作协调机制的完善

(一)中哈利用和保护跨界河流联合委员会

联合委员会作为中哈跨界河流利用和保护合作的协调主体,构建了基本的对话协商与缔结条约的合作框架和机制,一定程度上决定着两国的合作深度和合作进程。但目前联合委员会职能范围有限,合作层次低,亟须在现有联合委员会的基础上加深合作,授权对跨界河流综合管理,扩大职能范围,以具有法律约束力的形式明确职责,联合制定跨界河流利用和保护规范,将相关职责、标准纳入规范,协调开展跨界河流开发与保护项目。借鉴莱茵河保护委员会的组织结构,下设秘书处、公众咨询、监督等职能部门,各部门相互协作,结合中哈两国具体情况健全委员会结构。另外,扩充联合委员会的管理机构人员,设立委员会专职领导,国家领导、专家学者、社会团体以及利益相关方(公众)多元代表共同参与,以"丝绸之路经济带"和"光明之路"对接框架形成集协调、监督、管理为一体的流域协调组织。

(二)缔结综合、全面的水资源合作条约

"一带一路"倡议涵盖了经济贸易、技术以及环境保护等多个方面的合

作,跨界河流开发利用与保护合作是环境保护的重要部分,应在倡议背景下遵循区域总体建设规划开展。目前,中哈两国关于跨界河流保护合作领域具有法律约束力的合作条约,基本上以《合作协定》为主,多是联合声明和联合宣言这样的软法形式,还停留在以原则指导的框架层面。因此,应在参照国际成功经验和《合作协定》的基础上,推动签署一项内容全面且具体的合作条约,内容应包含水量分配、水污染防治、生态环境保护以及防洪、科研等全方位合作,对中哈两国合作保护和管理跨界水资源作出详细明确的规定,包括协商制定行动计划、职责分配、信息交流等,并在联合委员会框架下构建完善的水资源合作法律机制,为合作提供法律依据。签订合作协议要充分考虑法律体制、文化背景、上下游利益等因素,坚持经济建设与水资源保护相协调,协议条款必须具有执行性,尤其要注重争议解决的具体方法和程序,以条约促使区域长期合作发展。

(三)构建中哈跨界水资源协商谈判机制

1. 创新多元协调制度

沟通与协商机制是在跨界水资源合作保护过程中,以探讨问题、建立信赖关系、实现合作为目标,基于开放包容心态展开直接对话与沟通,并就合作互动过程中存在的意见和分歧进行商讨以达成一致,最终形成的常规与非常规机制[①]。通过直接对话进行的"密集常态化沟通",在国际层面利于减少交流障碍,凝聚能源创新共识,加强政治互信;在国内层面利于提升合作互动效率,促进国内水资源协调机制创新,是其他协调合作行为的前提。根据《国际水道非航行使用法公约》第17条规定:如果被通知国的结论认为通知国执行计划采取的措施不符合规定,则通知国与告知结论的国家应进行协商,并在必要时进行谈判,以期达成公平解决这种情况的办法[②]。协商和谈判的前提是双方就某一事件或某一问题都同意进行协商和谈判;协商和谈判的基础是双方的诚意,即双方诚心诚意地就某一问题进行谈判,并且适当顾及另一国家的利益。因此,该内容给中哈双方均规定了依照条约规定,通过协商和谈判,公平合理地解决分歧和争议的义务。

---

① 余晓钟,罗霞."一带一路"国际能源合作模式创新的多元主体互动机制研究[J].青海社会科学,2019(5).

② 参见《国际水道非航行使用法公约》第17条。

2. 建立数据信息交流与共享机制

由于在跨界河流开发与合作保护的过程中,可能会产生问题、矛盾,致使在多方面目标上存在不协调现象,所以需要在协调一致、共同认识的基础上开展合作。特别是在当今大数据背景下,对信息的掌握和交流显得尤为重要,要在河流自然资源、流域生态环境、流域社会城镇发展等基础资料信息的采集和利用方面,加强沟通和共享。国际河流流域之间存在普遍的信息交流与共享障碍,影响流域开发总体规划的顺利进行,拖慢了开发和合作进度。因此,跨界河流水资源的合作协调,首先要建立数据信息交流共享平台,打通各沿岸国之间的数据信息与政策规划的交流屏障。通过建立共享数据信息平台,在大量的水资源保护需求及潜在的目标冲突、合作可能中,确定所需解决的基本问题,集中注意力,聚焦于合作共治,寻找双方利益最大化的平衡点,在对各方有利的范围内,尽可能做到复杂问题简单化。

(四)形成一体化管理、多层次治理体系

中哈跨界河流流域范围广,涉及人口众多,流域内双方社会经济发展水平不尽相同,上下游生态环境也存在较大差异,双方利用跨界河流的需求与日俱增,存在一定的潜在冲突。在"一带一路"倡议的大背景下,在跨界水资源合作协调的策略上,双方应在主权平等、互利和睦邻的基础上,本着平等利用和同等保护相一致的原则,以生态平衡的可持续发展为目标,构建全面完善的水资源合作机制[①]。

两国应本着对跨界水资源可持续发展的共同意愿,基于流域整体利益,构建水命运共同体,在合作中,以国际河流流域整体可持续发展为目标,兼顾双方的利益诉求。立足于两国相同的需求和目标,寻求可实施的项目,扩大两国利益交汇点,通过对跨界水资源的联合开发与高效管理,实现共建共享、合作共赢。"一带一路"倡议可以将沿岸各国的比较优势,迅速转化为互利的经济增长驱动力。中哈两国可以借鉴先进的跨界水资源合作理念,在"一带一路"框架下制定中哈跨界水资源长期合作战略规划,对两国水资源合作的领域、模式等进行全方位的综合设计,推进双方深度合作[②]。

水资源一体化管理要求综合各种因素,考虑水、气候、自然环境、农业、工业和生态等问题,采用法律、政策、经济、技术信息等方式来协调各方利益,最

---

① 郑晨骏."一带一路"倡议下中哈跨界水资源合作问题[J].太平洋学报,2018(5).
② 吴凤平,白雨卉."一带一路"跨境水资源合作——以中哈为例[J].经济与管理评论,2020(5).

大程度实现各利益相关主体的利益最大化[①]。通过联合委员会的形式对国际河流进行一体化管理,由联合委员会设立不同的工作小组或机构,对河流进行管理和保护。中哈两国都采取中央—地方的分级分层次的模式管理水资源,在中哈跨界河流的治理上,可以分成两个方向:一是国内方向,中哈两国按照各自国家的法律及其他政策规定,实施从中央到地方分级分层的管理方式,中央政府对本国的水资源统一管理,地方政府及其他权力机构负责本区域的水资源管理;二是国际方向,由中哈两国设立的委员会负责跨界河流的水资源管理,同时国内的管理机构在不违反法律规定的前提下配合委员会的工作。在此背景下,中哈两国之间逐步形成跨界河流水资源的一体化管理、多层次治理体系,该治理体系符合国际社会水资源管理模式的发展趋势,也是中哈两国跨界国际河流合作保护的重要机制。

---

① 杨立信.水资源一体化管理的主要指标体系[J].水利水电快报,2010(1).

第九章
"一带一路"沿线国家坎儿井合作

一、问题的提出

随着"一带一路"国际合作的不断深入,中国与世界各国在经济贸易、技术互助、治理协作上取得了合作共赢的显著成就,其中"一带一路"建设水利合作涵盖了水利建设、水资源规划、水资源管理、水利专业人才培养等领域。2020年,中国企业在102个国家(地区)新签水利建设类项目合同291份,新签合同额85亿美元,同比增长17.9%[①]。同时,中国与中亚、西亚、中东、非洲的"一带一路"水利合作也在不断加强。

地处北纬30度和45度之间且属于温带大陆性气候或者热带沙漠气候的"一带一路"沿线国家,都有传统水利工程坎儿井。坎儿井在中国、哈萨克斯坦、巴基斯坦、阿富汗、阿塞拜疆、伊朗、阿曼苏丹国、伊拉克、以色列、埃及、利比亚、突尼斯、阿尔及利亚、摩洛哥等国家的农业中发挥了重要的作用。坎儿井最大的价值体现是从地下引水并防止蒸发,能够节省水资源,不借助设备就能引水灌溉并满足生活用水以及对生态系统的贡献[②]。就结构而言,"一带一路"沿线各国的坎儿井与我国的坎儿井从引水到用水的过程基本相似。"一带一路"水利合作为沿线国家带来了水利建设高质量发展,然而,"一带一路"沿线国家坎儿井合作,目前还没有形成正式模式。中国在与"一带一路"

---

① 中华人民共和国商务部.2020年度中国对外承包工程统计公报[M].北京:中国商务出版社,2020.

② 崔峰,王思明,赵英.新疆坎儿井的农业文化遗产价值及其保护利用[J].干旱区资源与环境,2012(2).

沿线国家高质量、全方位水利合作基础上,要想实现坎儿井的国际合作,需思考一个问题,即"一带一路"沿线国家坎儿井合作模式应涵盖哪些领域,涉及哪些内容?

目前国内外学者对坎儿井的研究主要集中于起源与传播、历史文化、水利价值、结构特色、地质特点、管理保护、生态环境作用等领域。对不同国家学者的研究成果进行梳理,以此为"一带一路"沿线国家坎儿井合作模式的建立提供研究基础。国内学者主要从坎儿井的水利水电工程价值[①]、土力学[②]、地下水库建设[③]、保护对策[④]、保护措施[⑤]、生态贡献[⑥]等视角进行讨论、研究。对"一带一路"沿线国家的坎儿井,国内学者有比较研究[⑦]和环球分布研究[⑧],但研究不涉及国际合作的形式或者方法等内容。国外学者的坎儿井研究,按国别展开。对巴基斯坦的坎儿井,从社会经济价值[⑨]、修复对策[⑩]等视角进行了研究;对伊朗的坎儿井,主要从可持续发展中的工程价值[⑪]、干涸成因及影响[⑫]等视角进行了深入讨论;对阿富汗的坎儿井,从灌溉技术与现状[⑬]、社会价

---

① 邓铭江.干旱区坎儿井与山前凹陷地下水库[J].水科学进展,2010(6).
② 邢义川,王俊臣,黄庆文.新疆吐鲁番地区坎儿井的破坏特性研究[J].水利学报,2011(5).
③ 裴建生.干旱区山前冲洪积扇凹陷带坎儿井式地下水库建设的原理及实践[J].水利水电技术,2016(3).
④ 王中雨.新疆坎儿井农业遗产资源保护与旅游开发利用[J].中国农业资源与区划,2018(6).
⑤ 阿不都沙拉木·加拉力丁,师芸宏,再米热·阿不都沙拉木.吐鲁番绿洲坎儿井系统工程的衰减与保护[J].系统工程,2016(3).
⑥ 吾甫尔·努尔丁·托仑布克.吐鲁番绿洲农业:坎儿井浇灌出来的文化生态辉煌[J].原生态民族文化学刊,2017(1).
⑦ 阿依格林·乌兰,阿不都沙拉木·加拉力丁,马桂,等.坎儿井测量方法特征差异研究——以中国、伊朗为例[J].系统科学学报,2018(3).
⑧ 刘志佳.环球分布的地下水灌溉系统:坎儿井的起源与扩散[J].农业考古,2018(1).
⑨ Muhammad Ashraf, Ali Majeed, Mazhar Saeed. Impact Evaluation of a Karez Irrigation Scheme in Balochistan-Pakistan: Issues and Options[J]. Pakistan Journal of Agricultural Sciences, 2016,53:661-662.
⑩ Junaid A. Memon, et al. Rehabilitating Traditional Irrigation Systems: Assessing Popular Support for Karez Rehabilitation in Balochistan, Pakistan[J]. Journal of Human Ecology, 2017,45:265.
⑪ Mark Manuel, Dale Lightfoot, Morteze Fattahi. The Sustainability of Ancient Water Control Techniques in Iran: An Overview[J]. Water History, 2018,10:14.
⑫ Hojat M Moghadam. Death Time Estimation of Water Heritages in Gonabad Plain, Iran[J]. Environmental Earth Science, 2021,80:1-3.
⑬ Bart J M Goes. Karez (Qanat) Irrigation in the Helmand River Basin, Afghanistan: A Vanishing Indigenous legacy[J]. Hydrogeology Journal, 2017,25:269-270.

值[①]、水利价值[②]等领域有相应研究;对阿尔及利亚的坎儿井,主要从坎儿井逐渐消失的成因进行了综合分析,并指出了坎儿井在环境中的重要作用[③];对突尼斯坎儿井,在干旱气候下发挥的积极作用以及保护的必要性[④]方面做了相关研究。可见,无论是国内还是国外学者,其坎儿井研究关注最多的是坎儿井的社会贡献以及综合价值。当下,坎儿井研究逐渐成为各国专家学者的探讨热点,"一带一路"沿线国家坎儿井合作模式研究,有一定的学术基础和学术价值。

坎儿井的存续及功能发挥正在受到严峻的考验,国内外学者围绕坎儿井的文物价值和水利价值,正在寻找有效的保护方案。可见,虽然国内外学者对坎儿井的水利价值、灌溉技术、保护对策、遗产价值有深入的研究,然而,相关研究缺少对实现坎儿井国际合作的水利技术发展、坎儿井保护、学术研究互动的分析与探讨。探究"一带一路"沿线国家坎儿井合作模式应涵盖的内容,一方面有利于推进"一带一路"水利合作,实现中国水利技术"走出去"的目标;另一方面顺应"一带一路"互利共赢理念,最大程度实现相邻国家和地区的共同利益。"一带一路"沿线国家坎儿井合作模式,对于"一带一路"国家合作机制的不断深化,对加速各国农业发展,加快水利设施建设,保障水安全以及促进可持续发展有深远意义。通过阐述中国与"一带一路"沿线国家发展坎儿井合作模式的动机,梳理与坎儿井直接关联的国际研讨会内容,比较"一带一路"沿线国家坎儿井的相似形态及功能定位,在此基础上,总结坎儿井现实情形下面临的发展瓶颈及制度缺失,为"一带一路"沿线国家坎儿井合作模式把脉问诊,寻找"一带一路"沿线国家坎儿井合作的新路径。

---

① Patrick T. Stinson. The Remote-Sensing Assessment of a Threatened Ancient Water Technology in Afghanistan[J]. Journal of Archaeological Science:Reports,2016,10:441-442.

② Glmac L. Macpherson, William C. Johnson, Liu Huan. Viability of Karezes (Ancient Water Supply Systems in Afghanistan) in a Changing World[J]. Applied Water Science,2017,7:1707.

③ Boualem Remini, Bachir Achour, Jean Albergel. Timimoun's Foggara (Algeria): A Heritage in Danger[J]. Arabian Journal of Geosciences,2011,4:502-505.

④ Naziha Mokadem. Impact of Climate Change on Groundwater and the Extinction of Ancient "Foggara" and Springs Systems in Arid Lands in North Africa: A Case Study in Gafsa Basin (Central of Tunisia)[J]. Euro-Mediterranean Journal for Environmental Integration,2018,3(28):2-3.

二、"一带一路"沿线国家坎儿井合作动机

（一）促进农业繁荣与互利共赢

"一带一路"沿线国家坎儿井合作，有利于提升各国农业灌溉效率，促进农业技术的交流与共享。中国现有坎儿井主要集中于吐鲁番市，虽然水资源严重缺乏，但据统计吐鲁番市2020年播种面积有84.01万亩，农业总产值达77.42亿元①，相比2003年的6.9亿元②，农业总产值同比增长了1022%。可见吐鲁番农业正以惊人的速度增长，坎儿井在农业和经济发展当中发挥了极为重要的作用。在"一带一路"沿线国家的经济体系中，农业比重较高，中国与"一带一路"沿线国家建立了高效农业合作机制，和有坎儿井的国家加强坎儿井合作，可以共享更多提高农业生产效率的方法。"一带一路"有坎儿井的沿线国家水资源普遍贫乏，提升农业灌溉效率为其共同目标，坎儿井合作模式有助于促进农业技术更多方面的交流与共享，带动沿线国家农业水平的提升。

（二）增进地下水保护与可持续发展

中国与"一带一路"沿线国家坎儿井合作模式，将推动地下水的科学保护，保障地区可持续发展。坎儿井在温带大陆性气候及热带沙漠气候的广泛分布，表明了沿线国家对地下水的高需求量，增进地下水保护措施的交流，有助于促进生态平衡。2018年的《上海合作组织成员国环保合作构想》和《关于中国—中东欧国家环境保护合作的框架文件》中，绿色发展和环境治理成了重要主题，为地下水保护提供了合作框架。经过多年的不懈努力，中国与"一带一路"沿线国家在环境保护、可持续发展等方面取得了显著成效。此基础之上，沿线国家发展坎儿井合作模式，有利于进一步保护地下水并促进可持续发展。

（三）强化坎儿井保护与结构升级

"一带一路"沿线国家坎儿井合作，有助于推动对传统灌溉系统坎儿井的保护，探索工程结构的优化方式。联合国教科文组织（UNESCO）与国际水协

---

① 吐鲁番市2020年国民经济和社会发展统计公报[EB/OL]. 2023-01-03. http://www.tlf.gov.cn/tlfs/c106443/202107/0ebf8a728bbb401bb7c789feedb3b15b.shtml.

② 吐鲁番市2003年国民经济和社会发展统计公报[EB/OL]. 2023-01-03. http://www.tjcn.org/tjgb/31xj/10268.html.

会（IWA）已多次赞助关于坎儿井的国际研讨会，研讨会将如何更好地保护坎儿井列为重要研究议题。"一带一路"沿线各国的坎儿井数量面临普遍快速减少的危机，各相关国家对坎儿井保护的期待也不断增加。我国在坎儿井传统结构的加固维修方面已有相关技术成果，增强交流符合水利技术"走出去"的目标。开展中国与"一带一路"沿线国家的坎儿井合作，增强各相关国家坎儿井保护措施的互动交流，让更多坎儿井结构加固和效用提升的方法为各国共享，是一项既利国利民又惠及全人类的国家行动，具有深刻的国际主义意蕴。

三、"一带一路"沿线国家坎儿井合作基础

（一）坎儿井国际研讨会为"一带一路"沿线国家坎儿井合作做理论准备

坎儿井作为古代水利工程，其文物价值与水利价值受到了世界各国的广泛关注。2005年，由伊朗政府申请的坎儿井与古代水利工程国际中心（ICQHS）在联合国教科文组织（UNESCO）赞助下成立，之后又迎来了国际水协会（IWA）的加入，2008年至今，多次举办了以坎儿井为主题的国际研讨会。2008年，ICQHS以"结合传统知识与现代发展的多学科方法"为主题，首次举办了围绕坎儿井的国际研讨会。2009年，ICQHS组织的国际论坛主题是"干旱与半干旱地区水、环境及可持续发展"，中国学者首次受邀代表中国参加了研讨会。2010年，ICQHS以坎儿井为主题举办了国际研讨会，邀请了包括中国在内的多个国家的专家学者参加会议。2012年初，ICQHS举办了坎儿井国际研讨会，与坎儿井、地下水、水资源保护有关的各类主题活动一直持续到年底。2013年，IWA加入成为会议赞助方，这一年，ICQHS在UNESCO和IWA的同时赞助下举办了传统坎儿井技术国际研讨会。2015年，ICQHS同样在UNESCO和IWA的赞助下举办了主题为"坎儿井的演变与相关水利技术"的国际研讨会。2016年，ICQHS组织了"古代文明中的水与废水技术"为主题的国际研讨会。2009年到2016年，中国学者代表中国参加了ICQHS组织的历次国际研讨会。然而，2016年之后，有关坎儿井的国际研讨会次数和规模明显减少，直到2020年，ICQHS才举办了一次线上研讨，但未邀请其他国家的专家学者参加。

随着以坎儿井为主题的国际研讨会的多次举办，世界各国学者在历届研

讨会上，从不同角度聚焦坎儿井的多种功能与贡献，为国际学术互动积累了经验。首先，对坎儿井的起源，各国专家学者虽然持不同观点，但研究比较深入。在 ICQHS 国际研讨会上，伊朗学者 Yazdi 依据 Iwao Kobori 和 H. Gablot[①] 的观点，主张坎儿井是 2500 年前由伊朗发明并以伊朗为中心逐渐传播至世界各国[②]。中国学者杨圣敏认为，我国坎儿井是由中亚传到新疆的，另一个观点是吐鲁番的坎儿井可能始建于唐代[③]。围绕坎儿井的起源，目前没有达成国际普遍认同的共识。其次，在国际研讨会上，来自不同国家的专家学者聚焦研究了坎儿井传统技术。ICQHS 的国际研讨会，通过加强国际合作和学术交流，增强了对坎儿井维修与保护技术的研究，探讨如何挖掘、实现并发展坎儿井传统水利灌溉效能的方法和途径及其在可持续发展框架中的作用。专家学者的研讨主要聚焦于坎儿井技术在水治理中的贡献和坎儿井作为历史文化遗产的价值。最后，参加国际研讨会的世界各国专家学者，还从恢复原貌、传统方法角度高度关注坎儿井的保护。参加国际研讨会的专家学者认为，坎儿井保护离不开技术支撑，运用科技手段保护坎儿井固然重要，但传递、推广坎儿井保护的知识和经验，增强大众保护坎儿井的意识，让大家都自觉自愿顺应水资源可持续发展需要，投身于坎儿井保护事业，意义更大。

各国坎儿井专家通过历届研讨会，信息共享，既分享了保护坎儿井的经验做法，又开展了保护技术、保护理念等的前期研究，为坎儿井保护的国际合作做了一定的理论准备。但是，有关坎儿井保护的相关研究刚刚起步，研究范围、研究内容等还存在局限，研究方法、研究方向过于单一，与农业经济发展的联系度不强，契合度不高。当然，坎儿井国际研讨会多年积累的经验，对"一带一路"沿线国家坎儿井合作模式的推广应用，具有指导和引领价值，充分表明与坎儿井有关的理论研究和实际应用在国际上有广阔市场。

（二）"一带一路"沿线国家坎儿井的相似性是建立合作模式的实践基础

坎儿井所依赖的自然条件以及结构上的相似性是"一带一路"沿线国家

---

① Gablot, Les Qanats. Une Technique d'acquisiton de l'eau[J]. École des Hautes études en Sciences Sociales, Paris, 1979:236.

② Ali A. S. Yazdi, Majid L. Khaneiki. Veins of Desert: A Review on the Technique of Qanat/Falaj/Karez[J]. Iran Water Resources Management Organization, 2010:56-57.

③ 杨圣敏. 坎儿井的起源、传播与吐鲁番的坎儿井文化（民族研究文集 国际学术交流卷）[M]. 北京：中国社会科学出版社，2002.

之间建立坎儿井合作模式的实践基础,正是因为坎儿井存在相似性,各国才有了共同话题,进而形成共同的利益和目标。"一带一路"沿线国家普遍存在少雨、靠近雪山、地形坡度大、依赖地下水等自然因素,坎儿井作为从古到今一直在发挥作用的水利工程,具有适合这些国家自然条件的水资源高效利用功能,在结构上基本上都有暗渠、竖井、明渠和涝坝等,可见,各国坎儿井的功能和结构基本相同。坎儿井在极度缺水的干旱条件下,为居民生活、农业生产及生态保护输送水资源,一方面满足了民众的生活用水需求,创造了基本生活条件,另一方面解决了农业灌溉等生产用水矛盾,优化了生存环境,保护并繁荣了人类生态。

通过下表可以看出中国以及"一带一路"沿线各国的坎儿井在农业灌溉中发挥的作用,同时也能看出各国坎儿井在地形以及气候条件上的相似性。所以,"一带一路"沿线各国坎儿井合作的基础是研究并解决水资源匮乏前提下的人类繁衍与发展。由于"一带一路"沿线各国坎儿井的相似性,各国在经济、农业、环境、生态等方面形成共同关切,"一带一路"沿线各国坎儿井的合作共治,符合中国与"一带一路"沿线各国共同的长远利益与发展目标。

"一带一路"沿线各国坎儿井比较[①]

国家	条数	地形条件	降水量	农业灌溉水量
中国	242(2009)	中国坎儿井主要分布在吐鲁番盆地,天山以南至吐鲁番盆地有明显的坡度地形	常年降水量≈50毫米	1.4亿立方米/年(2009)
哈萨克斯坦	261(2004)	图尔克斯坦州肯套市的卡拉套山有明显坡度以及平原绿洲	常年降水量≈150毫米	—
巴基斯坦	841(2008)	分布于俾路支省北部与南部	常年降水量≈250毫米	7亿立方米/年(2008)
阿富汗	5,984(2003)	东北至西南的兴都库什山脉,分布19个省	常年降水量≈240毫米	17.4亿立方米/年(2003)
阿塞拜疆	855(2009)	塔雷什山脉两侧与库拉河中间的倾斜冲积扇地带	常年降水量≈500毫米	4.2亿立方米/年(2009)
伊朗	33,691(2003)	各省都有坎儿井,中部与南部分布较多	常年降水量≈30~250毫米	80亿立方米/年(2003)

---

① 吾甫尔·努尔丁·托仑布克.坎儿井[M].乌鲁木齐:新疆人民出版社,2015.

续表

国家	条数	地形条件	降水量	农业灌溉水量
阿曼苏丹国	≈1,000(2001)	主要分布于北部	常年降水量≈130毫米	1,166(千)立方米/年(2001)
伊拉克	116(2009)	主要分布于北部五个省	常年降水量≈500毫米	大约有1,000户受益于坎儿井
埃及	—(已干涸)	曾分布于哈里杰绿洲,现已干涸	常年降水量≈50~200毫米	—
利比亚	≈550(2008)	分布于西南费赞地区各省	常年降水量≈30毫米	3.3亿立方米/年(2008)
突尼斯	—(已干涸)	曾分布于中部加夫萨省	常年降水量≈20毫米	—
阿尔及利亚	855(2009)	分布于南部、西南部地区	常年降水量≈100毫米	0.09亿立方米/年(2009)
摩洛哥	≈150(2010)	分布于阿特拉斯山脉以北塔哈瑙特地区的马拉喀什	常年降水量≈300毫米	不断干涸,数据难以收集

四、"一带一路"沿线国家坎儿井合作缺失

坎儿井国际研讨会的交流重点主要集中于坎儿井的起源、技术、管理与保护等方面。尽管这些对"一带一路"沿线国家坎儿井国际合作是很好的参考,但是坎儿井国际合作欠缺农业技术、保护措施、高层互动交流等关键因素。

(一)农业技术交流不足

坎儿井在缺水、干旱地区的绿洲农业中有极其重要的作用[①]。但历届坎儿井国际研讨会对坎儿井灌溉技术及坎儿井农业生产效率提升方面的交流成果不明显。随着人口的增长以及灌溉面积的不断增多,如何提升坎儿井在农业中的灌溉效率成为各国广泛关注的焦点。坎儿井国际研讨会上,各国主要侧重于介绍坎儿井农业灌溉中的不同功能以及结构上的细微差别,并没有关注与坎儿井相关的农业生产效率的提升方法,没有从农业生产技术革新及技术进步层面探讨传统技术的缺陷和新兴技术的优势,并致力于寻找坎儿井尽快适应现代农业技术进步、进一步提高灌溉效率的有效路径。更为重要

---

① 关东海,张胜江,吾甫尔·努尔丁·托仑布克.新疆坎儿井水资源保护与可持续利用研究[J].水资源保护,2008(5).

是,研讨会缺乏对"一带一路"沿线国家坎儿井功能及效用的比较研究,对各国坎儿井在提升农业生产效率方面的作用缺少关注,交流沟通不够,这是"一带一路"沿线国家坎儿井合作的缺憾。

（二）坎儿井保护措施单一

历届坎儿井国际研讨会侧重于保护坎儿井的文化遗产性质,对水利方面的保护措施关注不够。"一带一路"沿线国家坎儿井的保护,没有形成能够普遍适用的方案,在保护措施方面,主要关注传统技术、文化价值、传统管理模式、传统结构的维持等内容,缺少技术交流与信息共享。与此同时,鉴于坎儿井是劳动人民留下的珍贵人文遗产,具有极高的历史、文化价值[①],参加坎儿井国际研讨会的各国专家学者,主要关注的是坎儿井传统意义上的文物保护价值,尤其注重按照原貌进行保护与维修。从文化遗产角度严格按照规范对坎儿井进行保护是不容置疑的,但坎儿井是正在使用的"活文物",使用坎儿井的居民已经在生产、生活中高度依赖于这种独特的用水方式,所以必须重视对维护坎儿井水利功能方面的相关保护措施。坎儿井国际研讨会过多关注于坎儿井的文化遗产性质,提出了诸多保护措施,但文化遗产的保护方法,难以顾及坎儿井发挥水利功能方面的优势,使得坎儿井水利功能方面的保护出现空缺。

（三）现代技术应用不够

参与历届坎儿井国际研讨会的各国专家学者,主要聚焦于坎儿井起源和传统技术的研究,缺少对坎儿井工程结构等传统技术的现代应用探索。虽然各国围绕坎儿井的研究已经取得了阶段性成果,但对坎儿井这一古代工程为何能持续发力,依然适应于当今社会、经济、农业快速发展的需要,功效不减当年等问题,研究很不深入,甚至严重滞后。学者们主要研究坎儿井传统结构与文化遗产,还停留在是哪个国家首先发明坎儿井的阶段[②],并没有重视结合现代水利工程技术为坎儿井创造生存空间。例如,坎儿井国际研讨会主要关注哪个国家坎儿井最多,以及哪个国家最早传播坎儿井,以此制定的议题很容易忽略坎儿井研究在国际上不同国家的不同现实,更会忽略坎儿井在适应现代技术发展过程中工程结构优化的可能性。由于缺少了对坎儿井工程结构优化以及适应社会变迁的研究,有关坎儿井的学术交流便难以实现创新。

---

① 王毅萍,周金龙,郭晓静.新疆坎儿井现状及其发展[J].地下水,2008(6).
② 王春峰.国内外坎儿井综述[J].地下水,2014(6).

五、"一带一路"沿线国家坎儿井合作内涵

(一) 创建互利共赢的长效机制

"一带一路"倡议是具有长远意义的重大战略,顺应"一带一路"水利合作需求的沿线国家坎儿井合作模式,是符合沿线国家共同需求的互利共赢长效机制。坎儿井作为干旱地区绿洲农业的重要灌溉工程,已经与使用坎儿井居民的生产、生活紧密相连,"一带一路"沿线各国期盼通过保护坎儿井实现提升经济、农业和民生的目的,这正是"一带一路"沿线国家的共同目标。"一带一路"沿线国家的坎儿井合作,应当在实现各国共同利益基础上进行长期规划,在"一带一路"水利合作取得巨大成就的基础上,进一步实现与坎儿井有关的政策联动、技术互动与民心互通。中国与"一带一路"沿线国家的坎儿井合作模式,应以构建互利合作计划的长效机制为前提,以实现"一带一路"沿线国家的长远预期为目的。中国与"一带一路"沿线国家的坎儿井合作模式,不仅要注重农业发展与水利发展的结合,更要以互利共赢为合作的基本理念。"一带一路"倡议将为今后"一带一路"沿线国家的坎儿井合作提供强有力的政策与法律保障。

(二) 推动农业合作与技术互动

"一带一路"沿线国家的坎儿井合作,应增强与坎儿井关联的农业技术信息的合作与互动。"一带一路"沿线各国农业占经济比重大,坎儿井在各国农业生产中地位突出,农业合作是沿线各国坎儿井水利合作的基础。事实上,沿线各国在与坎儿井有关的农业技术领域,已实现多方位的合作与互动。虽然现代水利工程的不断发展对坎儿井的生存构成冲击,各国坎儿井对农业的贡献在不断减少,但是人们仍倾向于使用坎儿井。因为相比运用现代技术的水利工程,坎儿井维持了人类与自然的平衡状态[1],是符合可持续发展的水利灌溉工程。所以,应考虑在"一带一路"沿线国家已开展的农业技术合作基础上,结合坎儿井的灌溉特性,发展产量高、抗旱性能强的经济作物的种植技术,并从长远意义上提高各国坎儿井的农业灌溉效率。此外,在"一带一路"背景下,增进有关坎儿井的绿色农产品贸易,可以一定程度上提升"一带一路"沿线国家的农业发展形式,实现与坎儿井相关联的高效农业合作与技术

---

[1] 俞来雷.可持续视野的吐鲁番水文化遗产坎儿井[J].中国园林,2013(3).

互动,进一步提升各国坎儿井农业生产效率。

(三)建立水利信息交流、共享平台

"一带一路"沿线国家坎儿井合作,应致力于建立与坎儿井关联的水利信息交流平台,促进以坎儿井为中心的水利数据共享与信息交换。坎儿井作为传统水利工程,经过久远的使用,形成了与之相关的丰富水利信息。例如,出水量、灌溉期水量、非灌溉期水量、灌溉面积、生态植被供给面积等。目前,坎儿井相关的水利信息,各国都是分开统计,甚至有些有坎儿井的国家对相关水利信息并没有进行统计。缺少检测数据导致的最直观的结果是,在坎儿井干涸前难以采取有效措施对其进行保护。但若建立了"一带一路"沿线国家坎儿井水利信息交流平台,情况就大不一样了。一方面,在这一信息共享平台上,可以对比不同坎儿井的监测数据,在坎儿井可能干涸的危机发生前,及时采取针对性的保护和维修措施;另一方面,该信息共享平台也能够为研究坎儿井的各国专家学者提供丰富的数据来源,有助于他们为保护坎儿井及时提出更多更有效的建议。与此同时,在高效的坎儿井水利信息交流平台支撑下,国际农业技术合作能为各国农业生产指标和农业产量提供有价值的参考。因此,建立坎儿井水利信息交流平台,有助于全面掌握坎儿井各项自然数据,为各国坎儿井的有效保护、稳定使用、科学研究注入更强大的动力。

(四)利用现代技术促进保护与发展

"一带一路"沿线国家坎儿井合作,需促进坎儿井的全方位、多角度保护,同时也为地下水的科学保护提供更多的支持。各国对坎儿井保护的普遍做法,有对暗渠结构竖井的加固封闭、明渠中增加防渗水材料等,但是因各国地质条件和管理方式的不同,采取的方案也有所区别。"一带一路"沿线有坎儿井的国家,坎儿井保护措施各有特点,互有优势,不妨采取兼顾文化遗产保护与工程结构加固的措施,运用现代科学手段和工程技术对坎儿井进行保护与维修。运用现代工程技术保护坎儿井,一方面强调现代技术在挖掘、加固过程中的运用,另一方面要高度重视环保材料在工程实施中的使用。在干旱以及缺水条件下,坎儿井具有一年四季有稳定的水量、无需能源、蒸发少、为生态植被持续供水的优点[1],坎儿井保护离不开现代技术的可靠支撑。"一带一路"沿线国家应共同努力制定行之有效的坎儿井保护方案,实现有效保护地

---

[1] 邢义川,张爱军,王力,等.坎儿井地下水资源涵养与保护措施研究[J].中国水利水电科学研究院学报,2016(2).

下水资源的良好效果,这也是"一带一路"沿线有坎儿井国家的共同利益之所在。运用现代技术保护坎儿井作为"一带一路"沿线国家坎儿井合作的一项重要内容,不但可以促进各国保护坎儿井工程水平的提升和发展,也可以为地下水资源的可持续利用提供必要的技术支持。

（五）增进制度实践与学术研究的互动

对坎儿井进行不同学科、不同角度的交叉研究,应成为"一带一路"沿线国家坎儿井合作模式的题中应有之义。当下,国内外专家学者针对坎儿井的研究主要集中于其社会价值、经济价值、水利工程价值、保护对策、灌溉技术、干涸之后的综合影响等方面。每年都会有来自不同国家和地区的专家学者从不同角度研究坎儿井,比如,通过线下或者线上方式召开有关坎儿井的研究会、讨论会,相互展示研究成果,开展学术交流,不断丰富坎儿井的研究成果。为加强坎儿井研究学者之间的学术联通和互动,实现坎儿井研究成果的共享和互通,应结合"一带一路"水利合作取得的成就和坎儿井适应现代发展的工程结构优化等内容,促使"一带一路"沿线坎儿井各国专家学者开展攻关研究,破解坎儿井技术应用的难点,用以指导坎儿井保护等水利合作的实践。

坎儿井作为自古有之、存续至今、并依然发挥水利功效的传统灌溉工程系统,也是承载人类文明进步和发展的历史遗产,其蕴含的人类智慧值得珍视并发掘,但迄今还没有创立任何与坎儿井紧密关联并具有影响力的学术期刊。为了填补这一空缺,可创设以"一带一路"沿线国家坎儿井合作为背景的国际期刊,为深化坎儿井国际学术研究搭建固定的学术平台,并通过这一平台形成学术研究与制度实践的良性互动,建立理论与实务的创新机制。

第十章
澜湄流域跨境水资源合作机制

澜沧江—湄公河（中国境内称澜沧江，境外称湄公河）是东南亚最大的跨境河流，由于河流跨度较大，受季风气候影响，各个国家的降雨情况程度不同，加上上下游国家实力不一，中国与老挝、缅甸、泰国、柬埔寨和越南在水资源开发利用上存在矛盾[①]。例如泰国、缅甸和越南主要是利用水资源发展农业，中国和老挝更注重水力发电，而柬埔寨主要是发展渔业，目标差异可能导致国家之间对水资源利用产生分歧，这种分歧阻碍了澜湄流域国家的政治互信和经济发展。只有通过国际合作才能有效解决水资源开发利用过程中的问题，但在抽象层面讨论国际合作是没有意义的，国家之间的合作并不能单纯依赖国际规则，国家间的国际河流协作也必须由各个大国在相互和平妥协的基础上开展，因此各国都积极提出了自己的国际制度主张[②]。

建立各种软法制度规划显得愈加重要，其不仅能有效化解硬法框架下水资源合作过程中的阻碍，还能发挥本身的软推动作用，激励各国参与其中。通过流域各国的不懈努力，澜湄流域的国际合作取得了重大进展，在经贸、交通等领域，建立了许多相对完善的国际协作制度。但由于当前跨境水资源的合理开发利用在澜湄流域的合作机制中占比较小，基于当前跨境水资源合作机制的缺失以及合作问题亟待解决的情形，中国开始积极倡导建立澜湄合作机制。澜湄合作机制优先倡导水资源合作，并明确提出了建设澜湄国家命运共同体的目标。

---

① 张锡镇.中国参与大湄公河次区域合作的进展、障碍与出路[J].南洋问题研究,2007(3).
② 朱杰进,诺馥思.国际制度设计视角下的澜湄合作[J].外交评论(外交学院学报),2020(3).

一、澜湄流域水资源合作现状

澜湄流域国家为了推动流域发展,其先后创建多个合作机制,见下表。在此基础上开展的经济、农业、文化交流等活动,也都取得了显著的成果。

澜湄流域合作现状

机制名称	大湄公河次区域经济合作(GMS)	湄公河委员会(MRC)	澜湄合作机制(LMC)	美国—湄公河伙伴关系
成立时间	1992年	1995年	2016年	2020年
成员国	中、老、越、泰、柬、缅	老、越、泰、柬,(对话国包括中、缅)	中、越、柬、老、缅、泰	美、越、柬、老、缅、泰
合作内容	电信、能源、交通、旅游、环境、人力资源开发、贸易、投资和农业	湄公河流域综合开发利用、水资源保护、防灾减灾、航运安全等	三大合作支柱:政治安全、经济和可持续发展、社会人文;优先合作发展方向:互联互通、产能	环境、卫生、教育,增添了疫情防控、跨境犯罪等新议题
主要出资者	亚洲开发银行	欧盟、德国、法国、美国、日本等	中国	美国
议事原则和方式	领导人会议为最高决策机构	理事会、联合委员会和秘书处为常设机构	合作架构包括领导人会议、外长会、高官会和各领域工作组会四级设置	以2009年《湄公河下游倡议》为基础,开展合作
合作目标	经济一体化	可持续发展和水资源综合管理	构建澜湄国家命运共同体	促进澜湄流域的和平、稳定和繁荣,实现2030年可持续发展目标,实现2025年东盟共同体愿景

水资源是澜湄流域内资源的重要组成,与诸如交通、经济、旅游等方面的合作息息相关,构成其他合作内容的基础。澜湄流域现存合作机制的发展,在推进跨境水资源合作方面,既有积极影响又有消极影响,都应该得到重视。

澜湄流域合作机制对澜湄流域的整体发展产生了积极影响。具体表现为:第一,澜湄流域合作机制的发展对水资源合作产生了积极作用。例如湄公河委员会(以下简称湄委会)将水资源管理一体化作为发展目标,充分展现出对水资源合作的重视程度,《湄公河流域可持续发展合作协定》作为湄委会的合作基础,规定了水资源合作过程中相关磋商、通知以及解决分歧和争端的程序;制定了《数据和信息交换和共享程序》和《水质程序》,为湄公河国家之间交换数据和监测湄公河的水质提供了依据;批准了《湄公河流域发展战略 2021—2030》和《湄公河委员会战略计划 2021—2025》,强调湄委会要加强与其他区域机制的合作,实现共同利益,推动了澜湄流域跨境水资源合作进程。湄委会为澜湄流域内其他水资源合作机制的形成奠定了良好的基础。第二,水资源合作作为基础内容,推动了流域的经济发展。澜湄水资源合作给流域国家提供了合作平台,流域国家均可通过合作机制进行贸易合作,增加进出口的比例,提升了流域国家的经济水平。通过国家之间的合作,拉近了彼此之间的距离,使各国之间有了更深的了解,为流域经济合作奠定了良好的基础。第三,促进了合作机制之间的不断竞合,推动了合作机制的发展。由于合作机制的不断出现以及合作经验的不断累积,合作机制在内容、运行方式等方面越来越科学,能更容易满足流域国家的需求,适应各国家的发展方向。

    尽管澜湄流域合作机制对澜湄流域的发展产生了积极影响,但由于现有合作机制在成员国、合作领域等方面大都有重合,有可能造成"机制拥堵"的现象[1]。其消极影响分别表现在以下几个方面:第一,忽略了上下游国家命运的联结性,忽视了上游国家的利益诉求。由于一衣带水的天然条件,澜湄流域上下游国家的命运必然紧密联系在一起,而湄委会作为专业的水资源合作机制,其成员国只包括下游国家,上游国家(中国和缅甸)仅作为对话伙伴的关系参与其中,未被纳入成员国,这使得事务的决策有一定的局限性[2]。上游国家的缺席导致决策说服力和执行力大大降低,不利于保护全流域国家的利益。第二,关注重心与水资源合作不够紧密,忽略了水资源合作的重要性。目前,大湄公河次区域经济合作和湄委会在澜湄流域的影响较大[3]。虽然大湄公河次区域经济合作在次区域形成的经济走廊,对我国与南亚和东南亚的

---

[1] 毕世鸿.机制拥堵还是大国协调——区域外大国与湄公河地区开发合作[J].国际安全,2013(2).
[2] 屠酥,胡德坤.澜湄水资源合作:矛盾与解决路径[J].国际问题研究,2016(3).
[3] 卢光盛,金珍.超越拥堵:澜湄合作机制的发展路径探析[J].世界经济与政治,2020(7).

经济发展都产生了积极作用①,但其只注重经济领域,无法解决合作过程中的跨境水资源合作问题。其他合作机制如印度、日本引导的湄公河—恒河合作倡议和湄公河—日本合作伙伴计划等,合作重点也是聚焦于科技文化等领域,对水资源重视程度不够。虽然湄委会是专业的水资源合作机制,但仅仅局限于保护水资源的角度,不能平衡好各利益主体之间的关系,容易造成利益失衡。第三,流域外因素的干扰,使得跨境水资源问题变得愈加复杂。丰富的水资源吸引了许多国家的注意,国际组织和流域外大国等都试图分一杯羹,都在澜湄流域提出了自己的设想。一方面,流域外因素的介入将水问题上升成了政治问题②。尤其是在"机制拥堵"的现象下,合作机制之间发生冲突,从而开始竞合,有可能制造更多的矛盾。例如在美国—湄公河关系中,美国大肆宣扬要制约中国③,通过非政府组织在澜湄流域影响流域国家事务的决策,并试图挑拨中国和下游国家之间的矛盾。另一方面,主导权掌握在流域外国家手中,可能无法真正保护流域内国家的利益。现阶段,由于此类机制的运作资金主要来源于流域外国家或组织,流域内国家并无实际话语权,国家的实际利益需求有可能被忽视。

因此,为了促进澜湄流域水资源合作的整体发展,一方面,要注意到合作机制对跨境水资源合作带来的积极影响。另一方面,也要注意到数量繁多的合作机制给跨境水资源合作带来的消极影响。实现建设澜湄国家命运共同体的目标,需要创建涵盖全流域国家的合作机制,使流域各国以平等主体的地位参与进来,并通过扩大合作议题的范围,推动澜湄流域跨境水资源合作的发展。

二、澜湄流域水资源合作治理模式

跨境水资源的合作不能忽略国际法治的重要性,只有以国际法作为协调国家间利益的基本准则,才能实现澜湄国家命运共同体的最终目标。国际法的利益协调模式主要分为硬法治理和软法治理。由于以往主流的硬法治理模式难以适应跨境水资源合作的发展,软法治理模式具有的优点日渐显现,

---

① 张泉.大国战略:中国经济宏观发展战略分析[M].北京:中国经济出版社,2017.
② 邢鸿飞,王志坚.湄公河水安全问题初探[J].世界经济与政治论坛,2019(6).
③ 李志斐.中美博弈背景下的澜湄水资源安全问题研究[J].世界经济与政治,2021(10).

因此,软法治理成为跨境水资源合作的重要趋势,澜湄水资源合作机制就是顺应这一趋势形成的。

(一)澜湄水资源合作需要国际法治

国际法治是国际社会发展的目标所向,也是世界各国表达自身利益和意愿的立论基础[1],解决跨境水资源合作这类外溢性较强的问题,需要发挥国际法治的作用。只有运用国际法规则作为跨境水资源合作过程中的基本原则,才能实现构建澜湄国家命运共同体的最终目标。然而,在当前全球化的形势下,主张单边主义的"逆全球化"趋势开始抬头,西方发达国家基于自身的政治诉求更加注重本国的利益,而忽视人类利益的整体性[2],以多边主义之名行单边主义之实,阻碍了国际法治的进程。与这种逆全球化的趋势形成鲜明对比的是中国在不断发展和壮大的全球化趋势[3]。澜湄合作正是中国提出的新尝试:从参与国家的地位来看,国家地位平等。澜湄合作的成员国包含所有域内国家,全流域构成一个整体,能自由表达合作意愿。澜湄合作机制倡导宽容的合作理念,尊重每个国家的发展模式选择,求同存异,其目标是维护全流域的利益。中国是一个"引导者"的角色,不强调自身利益,而强调共同发展,并通过提供资金、建立信息共享机制、促进科技文化交流等努力,为澜湄流域国家提供跨境水资源合作的平台,从而积极推进澜湄国家命运共同体的形成。作为对"逆全球化"现象的有力回应,跨境水资源合作过程中各类问题的解决,离不开国际法治的保障。

(二)硬法治理的弊端与软法治理的优势

虽然当前关于国际硬法和国际软法的概念还没有明确的定义,但国际社会普遍认为,区分两者的关键是有无法律拘束力。开展跨境水资源合作过程中的硬法治理是指参与国需要在有约束力的国际法律准则框架下,具体执行某些事务,并承担某些"硬性"的责任。而软法治理是指参与国需要在无约束力的文件引导下,实施具体决策,虽不产生法律拘束力,但仍能产生实际效果。跨境水资源合作选择硬法治理还是软法治理,不能通过简单地评价好坏来做出判断,应该站在辩证的角度,分析两者之间的关系[4]。

---

[1] 何志鹏.国际法治:一个概念的界定[J].政法论坛,2009(4).
[2] 康晓.逆全球化下的全球治理:中国与全球气候治理转型[M].北京:社会科学文献出版社,2020.
[3] 何志鹏."一带一路":中国国际法治观的区域经济映射[J].环球法律评论,2018(1).
[4] 刘晓红.论"一带一路"建设中的软法治理[J].东方法学,2022(5).

国际硬法和国际软法不是孤立存在的,两种治理模式既有相同之处也有不同之处。相同之处包括:第一,两者都是行为规范。都规定了允许或禁止行为主体遵循的普遍行为模式[①]。第二,具有规则的内生性。行为主体能否遵守硬法和软法规定的行为,主要取决于行为主体的内心信念。第三,都可以产生实际效果。不管违反硬法还是软法,都会承受不同程度的社会压力。不同之处主要表现在:第一,制定主体范围大小不一。硬法的制定主体只能是国家和成员之间授权的政府国际组织,而软法的制定主体较广泛,既包括制定硬法的主体也包括非政府组织、跨国公司等活跃于国际社会的非国家行为体。第二,表现形式不同。国际硬法以国际条约、国际习惯的表现形式约束国家的某些行为,而软法在形式上,并不局限于国际硬法的分类标准,包括规则、标准、决策程序和计划等任意性法律文件。第三,法律实施效果不同。硬法存在的前提是有一致的受约束的意思表示,具有法律约束力[②]。与硬法不同,软法中经常采用"希望""呼吁"等字眼来引导行为主体做出某种行为,不产生法律约束力。

在国际合作中,国际硬法一直以来都占据着主导地位,一般是通过签订国际条约来促进国际合作,但由于跨境水资源合作过程复杂多变,有时可能无法协调国家内部和国际经济秩序的关系,因此,稳定性会面临巨大挑战[③]。硬法治理难以推进跨境水资源合作的原因主要包括:第一,适用上缺乏灵活性。国际硬法忽略了各个国家在跨境水资源合作过程中具体选择的行为模式差异,往往不能达到预想的合作目标。签订的法律文件统一规定了"应该怎么做"的行为模式,制定了参与国要遵守的规则,明确了不履行的法律后果,行为模式缺少灵活适用性,但由于跨境河流的治理有很多不确定因素,不能保证国际硬法能顺利实施并取得预想的效果,不利于跨境水资源合作的有效管控。第二,国际硬法的创制成本极高。国际条约的制定和缔结国家的签署是个漫长的过程,随着国际参与主体的多样化,缔结的时间和精力耗费巨大,难以迅速解决跨境水资源合作治理的现实问题。随着跨境水资源合作的冲突问题纷至沓来,对国际社会提出了更高的法律要求,这时候并非仅依靠制定条约来解决,更多是通过不具有法律约束力的制度来实现各个政府的共

---

① 吴永辉.全球治理中国际软法的勃兴[J].国际经济法学刊,2008(1).
② 李浩培.条约法概论[M].北京:法律出版社,2003.
③ 宋丽,翁国民.数字服务贸易规则的发展趋势及中国的因应之策——以海南自贸港为视角[J].上海政法学院学报(法治论丛),2021(2).

同目标[①]。国际社会中的国家是平等地位,不存在统一的政府,彼此之间也无权干涉,这种状态也给国际软法预留了发展的空间[②]。

软法治理与硬法治理相比,具有一定的优势。第一,国际软法发挥的劝告和引导作用比国际硬法更明显,具有灵活适用性。国际软法具有的这种引导作用、凝聚共识的功能正符合周边跨界河流合作治理的现实需求[③]。国际软法通过构建合作的框架,来减轻有关规定不足带来的影响。国际软法不会像国际硬法一样规定不遵守的义务以及后果,而是通过规定一些目标来引导合作的方向,比如"加强水资源的管理和利用",各个国家可以采取相应的措施来实现这个目标,即使有的国家不实行这些标准也不必承担法律上的责任。软法的无约束力,正好可以使流域国家在可持续发展的前提下,寻求更恰当的合作方式,促进各领域的发展与合作。第二,国际软法的出现可以高效和快速地解决水资源合作过程中出现的问题。软法治理主要是依靠后期会议议程的设置,来准确地捕捉合作中的难题并采取相应措施。软法治理下开展跨境水资源合作可以减少管理的时间成本,能够快速解决合作过程中出现的问题,更容易增进流域国家之间的信任。

综上,硬法在实际的实施效果和解决合作过程中出现的问题方面尚存在不足,而软法具有的优势恰好能够弥补其存在的缺点,从而推进跨境水资源合作的顺利开展。国外有学者认为,上游国认为软法对自身的威胁更小,就澜湄流域而言,软法的实际适用效果优于硬法[④],由此可知,软法治理是跨境水资源合作的必然趋势,这一治理模式在上下游国家之间更易形成共识。软法治理强调国家之间的信任程度以及国家的自觉性,具有灵活的合作基础,有助于及时调整合作内容及方式,更容易让流域国家接受。

(三)澜湄水资源合作软法治理的尝试

澜湄合作机制发布的《三亚宣言》《金边宣言》和《万象宣言》,构成澜湄六国开展跨境水资源合作的基础,这也是澜湄流域软法治理的尝试。这些宣言性文件,规定了各国开展合作的框架,有效引导了合作的大方向。2016年3月发表的《三亚宣言》确定了"3+5"的合作框架,以政治安全、经济和可持续

---

① 何志鹏.逆全球化潮流与国际软法的趋势[J].武汉大学学报(哲学社会科学版),2017(4).
② 何志鹏,孙璐.国际软法何以可能:一个以环境为视角的展开[J].当代法学,2012(1).
③ 刘华.以软法深化周边跨界河流合作治理[J].北京理工大学学报(社会科学版),2017(4).
④ 黄炎.澜沧江—湄公河流域水资源国际合作的动因、基础与路径选择[J].国际法研究,2019(2).

发展、社会人文为三大重点领域,以互联互通、产能、跨境经济、水资源、农业和减贫为五个优先合作领域,并明确将水资源列为优先合作领域,体现出对水资源的重视程度。第二次领导人会议发布《金边宣言》,扩宽了合作领域,升级为"3+5+X"的合作框架,进一步扩大议题范围[1],使合作范围涵盖更加全面,更容易得到其他国家的支持。第三次领导人会议发布了《万象宣言》,宣言提出:"进一步加强水资源可持续管理和利用,定期举办澜湄水资源合作部长级会议,充分发挥澜湄水资源合作联合工作组作为本领域决策协调机制和澜湄水资源合作中心作为支持平台的作用。"明确提出了水资源可持续管理与使用的宗旨,并指导澜湄各国采取相应的措施。在上述宣言的指导下,澜湄流域跨境水资源合作顺利开展并产出一系列成果。

三、澜湄水资源合作机制取得的创新成果

2014年11月时任国务院总理李克强在第17次中国—东盟领导人会议上发起成立澜沧江—湄公河合作机制[2],并在第一次领导人会议上确定水资源合作为优先合作领域。在澜湄合作框架下开展水资源合作,逐步形成了部长级会议政策对话、水资源合作论坛技术交流、联合工作组组织落实、澜湄水资源合作中心为支撑的水资源合作机制[3]。为确保水资源合作机制的推进,确立了澜湄水资源合作的目标任务,并通过建立信息共享机制、促进科技文化交流等来保障跨境水资源合作的顺利推进。

(一)确立澜湄水资源合作目标任务

澜湄六国水利部门利用五年的时间,对澜湄流域水资源合作进行探索,形成了澜湄水资源合作机制。水资源合作机制的开展主要是以联合工作小组的形式,联合工作组的组成,标志着澜湄流域跨境水资源合作机制的开始。澜湄六国制定了联合工作组章程,澜湄水资源合作中心编制了《澜湄水资源合作五年行动计划(2018—2022)》,确立了以后开展活动的方向。澜湄水资源合作中心为六国之间的水资源合作搭建桥梁,增加了平等沟通水资源合作问题的机会。第一届澜湄水资源合作论坛成功举办,意味着澜湄水资源合作

---

[1] 卢光盛,段涛,金珍.澜湄合作的方向、路径与云南的参与[M].北京:社会科学文献出版社,2018.
[2] 孔玥.中国对湄公河国家经济外交研究(1992—2016)[D].昆明:云南大学,2018.
[3] 陈思.携手将澜湄水资源合作推向新高度[N].中国水利报,2021-12-02.

又一尝试的巨大成功,澜湄水资源合作机制更加完善。水资源合作部长级会议的召开,标志着会议的级别上升为部长级别,这也是首个会议级别上升到部长级别的优先合作领域。澜湄水资源合作联合工作组在会议上作工作报告并发布了《澜湄水资源合作部长级会议联合声明》和《澜湄水资源合作项目建议清单》。李克强在第三次领导人会议上提出,要定期召开澜湄水资源合作部长级会议和水资源合作论坛,落实行动计划,实施好大坝安全和洪水预警等项目,将水资源合作推向新高度[①]。通过开展具体的合作项目,加强澜湄六国之间的联系,意味着澜湄水资源合作机制取得阶段性进步,流域国水资源合作机制逐步形成。

(二)建立跨境水资源信息共享机制

水资源信息对于合作至关重要,澜湄合作机制成立以前,中国向湄委会提供澜沧江汛期水文信息,与湄委会加深了联系。2019 年 6 月,澜湄水资源合作联合工作组在中国云南省昆明市召开第一次特别会议。会议签署了《关于在澜湄水资源合作机制下中方向柬方、老方、缅方、泰方和越方提供澜沧江汛期水文资料的谅解备忘录》,扩大了信息的共享范围和对象,不再仅仅是汛期的水文信息,而是扩展为全年的水文信息;不再仅仅向湄委会提供汛期信息,而是转变为向湄公河国家提供,加强了国家之间的直接联系。2020 年 11 月,中国水利部向湄公河五国及湄公河委员会提供澜沧江允景洪和曼安两个国际水文站的全年水文信息[②],增进水文信息的精确度。为了使各国之间更全面地共享水资源信息,中国和缅甸等湄公河五国在京联合启动澜湄水资源合作信息共享平台网站,进一步促进了澜湄六国的沟通合作[③]。通过水资源信息共享制度的逐步完善,有效加深了国家之间的信任程度,打破域外大国试图强加给中国的"水霸权"形象,有效减轻了其他五国对中国的怀疑,他国捏造的谎言不攻自破。

(三)促进跨境水资源科技文化交流

科技文化交流在水资源合作过程中的重要性不容小觑,因此,澜湄水资源合作中心积极支持六国在技术交流、洪旱灾害管理、联合研究、信息共享和能力建设方面的合作。首届澜湄水资源合作论坛的顺利召开和《昆明倡议》

---

① 李克强.在澜沧江—湄公河合作第三次领导人会议上的讲话[N].人民日报,2020-08-25.
② 李海川.携手应对水旱灾害的大国担当[N].中国水利报,2020-11-07.
③ 梁岱桐,黄德凯.澜沧江—湄公河合作框架下跨境水资源合作的作用及意义[J].东南亚纵横,2021(2).

的出台[1],都标志着水资源政策对话、技术交流和经验分享平台的形成[2]。六国水利部门通过加强战略交流合作和科技互动,积极推进流域内信息资源共享发展,增强防汛抗旱响应能力,充分发挥民生保障的作用,促进澜湄水资源交流步入"快车道"[3]。前后两届澜湄水资源论坛的顺利召开,将有助于进一步促进水资源的全球学术交流,参加者不仅包括各国政府部门工作人员,也包括世界各国科研人员,通过多元化、多视域的科技文化交流,激发各行各业的研究兴趣,助推科技进步,不断提升世界科学技术水平。

（四）提供跨境水资源合作平台

澜湄合作成员国由澜湄流域内的国家组成,有助于澜湄国家命运共同体的形成。中国虽是主要资金来源国,但其定位一直是"引导者"而不是"领导者"[4],不会借助机制称霸。中国倡导的澜湄合作,每一个成员国的地位都是平等的,不仅共用一个合作平台,而且还可以公平分配利益。澜湄合作启动以来,中国多次给湄公河国家应急补水,帮助下游国家度过危机,得到了湄公河国家以及国际社会的高度赞赏。水资源关联着整个澜湄流域的发展,水资源的合理配置增强了湄公河五国对中国的信心,为建设澜湄国家命运共同体奠定了坚实的基础。

四、完善澜湄水资源合作机制

澜湄水资源合作机制主要以工作小组的形式开展,虽然这样的合作方式使成员国更易接受,但若要长期发挥制度本身的优势,还需建设联合管理机构来提升其制度化水平,并通过联合管理机构确定具体的工作任务。在推进跨境水资源合作的进程中,域外国家的介入仍然是一个重大的影响因素,尤其是美国加大对澜湄流域水利基础设施的投入以及非政府组织对水资源合作的介入,直接影响了澜湄水资源合作机制的开展。在此背景下,中国不仅要通过增加具体的措施来促进水资源合作的发展,还要通过扩大自身的影响

---

[1] 澜沧江-湄公河合作中国秘书处.2018年澜湄合作大事记[EB/OL].2022-07-25.http://www.lmcchina.org/2021-02/26/content_41463036.htm.

[2] 黄汉文,李昌文,徐驰.澜沧江—湄公河水资源合作的现实、挑战与方向[J].人民长江,2021(7).

[3] 王菡娟.水利部部长李国英:澜湄水资源合作进入"快车道"[N].人民政协报,2021-12-09.

[4] 卢光盛.澜湄合作:制度设计的逻辑与实践效果[J].当代世界,2021(8).

力,削弱湄公河国家对中国的消极评价。在跨境水资源合作方面,澜湄流域国家应该作为一个整体共同参与,不能仅依靠一个或几个国家的力量,应鼓励各国积极参与进来。当前参与主体的具体类型主要是政府部门和相关企业,未来应该扩大参与主体,将非政府组织也囊括其中,大家齐心协力,一体推动澜湄国家命运共同体的建设。

(一)建立联合管理机构

当前的澜湄水资源合作机制中,工作小组主要负责开展与落实国际水资源合作,虽然短期内成效较显著,但其仍无法承担统一流域委员会的工作,所以沿岸各方应密切合作,形成一个发展和管理澜湄流域的相关规范,若有可能,应组建适当的流域委员会,将共同标准提升至国际法层面,保证该标准的执行更有影响力[1]。要建立流域委员会,可以先通过建立统一的联合管理机构来获得国家更多授权,逐步提升制度化水平,从而更好地促进跨境水资源合作,更好地应对合作过程中发生的冲突。联合管理机构的工作职责可以包括以下几方面:第一,开展流域内的联合监测,例如根据各个国家的情况确定联合或协调的水质目标和标准,保证在开发利用水资源时减少对水资源的损害。第二,开展监督与评估工作。一方面,通过对流域国开展水资源开发利用情况的监督,可以及时向相关国汇报有关情况。另一方面,通过跨境环境影响评价,对相关项目预测和评估,减少给环境带来的不利影响。第三,开展紧急环境事故的预防和协调工作。在进行水资源的开发利用过程中,可能会突发污染事故,虽然合作机构不具备执法的权力,但是由于工作期间掌握较多流域信息,可以发挥居间协调作用,减少冲突发生。

(二)有效应对流域外国家干扰

水资源问题一直是流域外国家试图攻击中国的焦点,中国作为上游国家,更容易成为别国攻击的对象。我们应将阻碍中国发展的因素转变为促进中国在澜湄流域发展的动力,击破其他国家的谎言,树立中国的正面形象。第一,应扩大中国在澜湄流域的影响力。水资源问题关联着许多其他问题,要更加专注打造水资源合作,使之成为我国推行澜湄合作的优势领域。一方面,当其他国家利用舆论损害中国的国家形象时,我们应该利用舆论进行反击,并通过完善信息共享平台,进一步促进知识和信息的沟通和交流,使流域

---

[1] 王庆忠.国际河流水资源治理及成效:湄公河与莱茵河的比较研究[J].安徽广播电视大学学报,2017(1).

外国家编造的谎言不攻而破。另一方面,加强与其他合作机制的合作,尤其是与湄委会的合作。湄委会也在调整自己的结构,试图减轻域外国家对湄委会事务决策的影响。中国可以通过与其合作交流,提升自己在澜湄流域的影响力,掌握澜湄流域的国际话语权。第二,应加强与湄公河国家之间的联系。一方面,应加大对水利基础设施的投入,水利基础设施的建设常为西方大国所把控。例如美国在澜湄流域打造一些示范项目,强调在湄公河—美国伙伴关系中的建设重点是关于水利基础建设和水安全相关项目的建设。中国应加大对湄公河国家的资金投入,致力于水利基础设施的建设[①],并通过一些示范项目,快速提升中国在澜湄地区日益增长的影响力,加强湄公河国家对中国的信心。另一方面,中国可以用先进的水利经验引导其他五国。我国治水事业有70年的发展历史,具有丰富的治水经验,可以为湄公河国家借鉴。

(三)鼓励流域国共同参与

澜湄流域国家作为一个整体,不应以一个国家的经济实力或者国家地位来判断其在澜湄流域享有的权利和承担的职责。在合作过程中,不论国家大小都应该平等参与到事务决策当中,应该从相互平等、共同协商的角度出发,而不是置身事外。澜湄合作的经验充分表明,"共商共建共享"的原则,能发挥制度本身蕴含巨大的能量,更易激发参与国合作的积极性,提升各个国家的主人翁意识,为制度源源不断地注入动力。在合作的过程中,各个国家的地位是平等的,在享有利益的同时,国家也要承担相应的责任。在官方层面,可通过地方政府洽谈拉近国家之间的关系,可以通过加快建设基础水利设施、相关科技文化之间的交流等,增加国家之间的信任度。在民间层面,可以通过拓展合作成果展示的类型,增加民众对跨境水资源合作的了解,比如通过在各国高校展示澜湄合作成果、增强各国学生积极参与的信心、在电视台播放宣传片等手段,使广大民众了解澜湄流域取得的成绩等,增强全流域的信心,促使湄公河国家以参与者身份积极行动起来。

(四)促进多元合作

对外开展水资源合作的主体不应该仅包括政府和企业,还应该包括一些非政府组织。例如美国一直借助非政府组织的力量,打着保护水资源的口号,无理介入澜湄流域的水资源开发活动。美国在该领域最有影响的非政府组织是"国际河流组织",该组织会对水电站的建设进行环境影响评价,并将

---

① 李志斐. 中美博弈背景下的澜湄水资源安全问题研究[J]. 世界经济与政治,2021(10).

结果发给投资方,最终影响水电站的建设。虽然该组织的一系列活动不一定是当地政府支持的,但实际上已经影响到相关活动的决策,而且环境影响评价的结果会直接对民众的态度产生影响,不利于水资源的开发利用。我国倡导的澜湄合作机制,可以通过非政府组织加强与民众之间的联系,促进地方支持水资源合作机制的建设。我国作为发起国,更应该发挥带头作用,促进非政府组织参与对外援助。但是,当前我国的非政府组织参加活动较少,可以通过政府和企业的资金和技术支持,加速培育非政府组织,在国内经过实验后再对国外进行援助[①],形成多主体参与的援助模式。

澜湄流域作为东南亚重要的跨境流域之一,流域各国都为水资源的合作做出了相应的努力,在国际合作原则的基础上构建了许多相应的合作机制。由于现存的合作机制在成员国、合作议题和资金来源等方面尚存在不足,这为中国提出澜湄合作机制创造了机遇。澜湄合作机制倡导的国际软法治理具有重要意义,在这一创新性举措下,澜湄水资源合作取得了一系列成绩,发挥了国际软法的作用。但澜湄水资源合作机制仍然存在着不足,可以通过建立联合管理机构、扩大自身影响力、鼓励流域国共同参与、增加合作主体类型等措施来推动跨境水资源合作,促进澜湄国家命运共同体的建设。

---

① 尹君.美国非政府组织参与湄公河流域国家社会治理的机制研究[J].南洋问题研究,2019(3).

第十一章
澜湄流域水资源合作开发及中国参与

2021年9月9日,时任中国国务院总理李克强在大湄公河次区域经济合作第七次领导人会议上的讲话中提出六点建议,其中第一点就是关于深化水资源合作,造福沿岸各国。他指出:"我们要充分尊重各国合理开发利用水资源的正当权益,照顾彼此利益和关切,有事大家商量着办。中方从去年起在澜湄合作框架下向湄公河五国提供澜沧江全年水文信息,率先开通澜湄水资源合作信息共享平台网站。愿共同办好第二届澜湄水资源合作部长级会议和合作论坛,加强上下游团结合作,提升流域综合治理和水资源管理能力。"[1]

澜沧江—湄公河是南亚地区流经六个国家的跨境河流,该流域水资源利用问题关及沿岸国家的经济和民生。同时,该区域是丝绸之路经济带与21世纪海上丝绸之路的交汇地带,湄公河沿岸国家是"一带一路"建设的天然伙伴。澜沧江—湄公河合作机制是中国重点投入和打造的周边合作平台,是中国推动与东盟国家关系发展的重要抓手[2]。中国一直致力于对湄公河流域上游澜沧江水资源的开发和利用,在此过程中与其他沿岸国难免产生纠纷。为了解决纠纷、最大化开发利用和保护澜沧江—湄公河流域水资源,实现各沿岸国的经济利益和民生保障,有必要分析湄公河水资源冲突存在的原因和合作机制,研究合作开发的国际法律依据、合作范围及路径,分析中国参与合作的欠缺和完善方式。

---

[1] 李克强.在大湄公河次区域经济合作第七次领导人会议上的讲话[N].光明日报,2021-09-10.

[2] 何祖坤,马勇.关于深化澜沧江—湄公河合作的思考[J].东南亚纵横,2018(6).

一、澜沧江—湄公河流域概况

湄公河(Mekong River)发源于中国唐古拉山的东北坡,其上游在中国境内,称为澜沧江,流入中南半岛后的河段称为湄公河,下游三角洲在越南境内。湄公河全长4909千米,是亚洲最重要的跨国水系[1]。澜沧江—湄公河流域(以下简称澜湄流域)总面积77.3万平方千米,位居世界大河第12位;干流全长4880千米,居世界第6位。其水量位居全球第4,而流域面积则位居第11。澜湄流域干流总落差约5060米,入海口多年平均径流量为4750亿立方米[2]。

从水资源分布与特征角度看,澜湄流域水能资源丰富,澜沧江流域的水能蕴藏量约有3656×10^4 kW,可开发量约为2737×10^4 kW,分别占全流域的40.6%和42.5%左右,可开发利用率约为74.9%。湄公河流域水能蕴藏量约为5350×10^4 kW,可开发量约为3700×10^4 kW,分别占全流域的59.4%和57.5%左右,可利用开发率为69.2%[3]。从流域人口角度看,根据TWAP数据库数据显示,2021年,澜湄流域人口总数约为7180万人,主要分布在泰国和越南,按占全流域人口总数从多到少依次为泰国34.26%、越南29.25%、柬埔寨15.04%、中国13.93%、老挝6.82%、缅甸0.70%[4]。从澜湄流域各国人口密度来看,越南和泰国的人口密度较大。从人口增长率来看,老挝和柬埔寨的人口增长较快。

从经济发展角度看,澜湄流域各国都是发展中国家,整体上,中国、泰国和越南的经济水平较高,而缅甸、老挝和柬埔寨被列入最不发达国家之列。澜湄流域是全球重要的粮食生产区,灌溉农业的发展为当地的经济社会发展

---

[1] 张洁清,彭宾,李盼文,等. 东盟国家环境管理制度及案例分析[M]. 北京:中国环境科学出版社,2017.

[2] Mekong River Commission and Ministry of Water Resources of China. Technical Report Joint Observation and Evaluation of the Emergency Water Supplement from China to the Mekong River Mekong River Commission, Vientiane, Lao PDR, 2016. 澜湄水资源合作信息共享平台. 澜湄流域干旱特性与水库调度影响评估研究报告 http://cn.lmcwater.org.cn/authoritative_opinion/study/202007/P020200719663211378886.pdf,访问日期:2021年8月7日。

[3] 孙周亮,刘艳丽,刘冀,等. 澜沧江-湄公河流域水资源利用现状与需求分析[J]. 水资源与水工程学报,2018(4).

[4] Transboundary Waters Assessment Programme (TWAP). The global transboundary river basins, accessed December, 30, 2021. http://twap-rivers.org/#home.

做出了巨大的贡献,但同时也成为流域内水资源消耗最大的产业。湄公河水量大,水资源以及各种动植物资源十分丰富,沿岸民族较多,人文资源和旅游资源都有待开发[1]。整体而言,澜湄流域连接了中国和缅甸、老挝、泰国、柬埔寨、越南六国,既是一条重要的国际经济发展纽带,也是支撑国民生存发展的重要支柱。其中,老挝和柬埔寨的领土几乎全部位于湄公河流域内。因此,澜沧江—湄公河是中国和东南亚最重要的国际河流,其水资源作为重要资源,支撑了流域各国的社会经济发展。

二、澜湄流域水资源合作机制与冲突原因

从历史沿革看,对于澜沧江—湄公河流域的水资源,各个沿岸国之间既有合作,也有分歧。各国尝试通过合作,获得最大利益。

(一)澜湄流域水资源合作机制历史发展

从组织机构角度,澜湄流域水资源合作机制主要经历了亚洲和远东经济委员会、湄公河调查委员会和湄公河委员会三个阶段。

1. 亚洲和远东经济委员会阶段

基于湄公河下游国家——老挝、柬埔寨、泰国、南越——联合防洪的愿望,1947年3月28日,根据联合国经济社会理事会第37号(Ⅳ)决议,为促进战后亚洲经济的重建与发展,在上海成立亚洲和远东经济委员会(Economic Commission for Asia and Far East,简称"亚远经委会",ECAFE),负责帮助其所属区域内的国家开展战后重建工作。老挝、柬埔寨、泰国、南越相继加入亚远经委会。因为湄公河经常泛滥,对下游四国造成了巨大的损失,所以,作为亚远经委会的下设机构,防灾控制局承担了防治洪灾的任务[2]。此后,四国合作领域从防洪扩展到灌溉、发电、水资源保护等方面。

当时湄公河属于亚洲和远东经济委员会防洪管理范围内,有了相关部门的参与,国家拓展了防洪工作的组织范围,很多河流被划归管理区域内。亚远经委会在相关报告中提及的不再仅仅是防洪问题,下游水渠的灌溉问题以及发电等功能也引起了相关部门的重视。但是,由于第一次印度支那战争,当时湄公河流域下游国家未能彻底摆脱该战争带来的影响,所以没有相应的

---

[1] 王若兰.澜沧江-湄公河流域5国水资源利用差异分析[D].昆明:云南大学,2019.
[2] 卢光盛.中国加入湄公河委员会,利弊如何[J].世界知识,2012(8).

条件和时间发展湄公河流域的灌溉和发电事业,因此,亚洲和远东经济委员会的提议没有得到很好的执行。

1954年,第一次印度支那战争结束,亚洲和远东经济委员会再次重启湄公河的勘探活动,并于1956年成功完成勘探任务,1957年亚洲和远东经济委员会提出了一份《湄公河下游水资源开发》的报告,该报告提倡用整体的开发模式对湄公河流域下游的水资源进行开发利用,指出对湄公河流域水资源保护的最好方法是对整体流域都进行保护。老挝、柬埔寨、泰国、南越四个国家在亚洲和远东经济委员会的协助下,通过合作的形式,为湄公河流域的开发和利用工程引入资金,大大提升了该四个国家的综合竞争实力。

2. 湄公河调查委员会阶段

1957年9月,由老挝、柬埔寨、泰国、南越四个国家组成的下湄公河流域调查协调委员会正式宣告成立(不包括湄公河流域上游的中国与缅甸),其宗旨是"为湄公河流域的水及其有关资源的可持续开发、利用、保护和管理,以建设性与互惠互利的方式继续合作"[1]。同年,该四国签订了《湄公宪章》,1957年至1965年,委员会的各组织单位陆续成立,权限也逐渐明确。从1965年开始,湄公河调查委员会的权限逐步扩大,对成员国的约束力逐渐增强。

在美国、亚洲和远东经济委员会的协助下,湄公河调查委员会的工作进程十分顺利。但是,1975年后,由于南越、北越、老挝、柬埔寨等实体或者国家相继向社会主义国家过渡,除泰国之外,湄公河流域的四个上游沿岸国都开始实行社会主义制度。受政治斗争影响,各成员国失去了部分工作积极性。1977年,泰国、老挝、越南三个国家提出,水资源利用必须首先考虑粮食生产与发电问题,无关的行动要立即暂停[2]。

1978年5月,泰国、越南、老挝签订了合作协议,湄公河下游调查委员会正式成立,新的湄公河管理章程于1978年底正式确立。1978年《湄公宪章》,与1957年四国签订的宪章相比,其局限性有所增强。该宪章规定,合作的重点是满足粮食生产与发电方面的需求,尽全力完成制定的1987年工作目标,即完成投资计划数,并且,在湄公河开发利用的同时要考虑可持续发展的状况。

---

[1] 寇勇栎.澜沧江—湄公河流域水资源合作的国际法视角[J].河南工程学院学报,2019(3).
[2] Yan Feng, Wenling wang, Daniel Suman, et al. Daming He: Water Cooperation Priorities in the Lancang-Mekong River Basin Based on Cooperative Events Since the Mekong River Commission Establishment[J]. Chinese Geographical Science, 2019: 58-69.

3. 湄公河委员会阶段

继 1957 年至 1978 年的湄公河委员会(The Mekong Committee)及 1978 至 1995 年的湄公河临委会(The Interim Mekong Committee)之后,1995 年新湄公河委员会得以成立,其代表了湄公河项目组织历史的第三个时期[①]。

1980 年后,虽然由于美苏冷战关系的缓和,中南半岛的政治局势开始逐步改善,但是,湄公河流域沿岸国在水资源分配问题上的分歧仍然存在。由于老挝、泰国、柬埔寨、越南四国占据了湄公河下游最大的地理区域,被称为"最低的流域国"。1995 年 4 月 5 日,这四个湄公河的沿岸国在泰国清莱签署了《湄公河流域可持续发展合作协定》(Agreement on the Cooperation for the Sustainable Development of the Mekong River Basin)。根据该协定,成立新的下湄公河流域河流组织——湄公河委员会(Mekong River Commission),其目标为追求湄公河流域水资源的可持续发展、保护和管理,继承并发扬"湄公河精神",并设立了理事会、联合委员会及秘书处,所有与水资源相关问题的政策制定以及争议处理都由理事会完成[②]。

(二)澜湄流域水资源冲突原因

跨境河流流经多个国家,由于各国开发利用流域水资源活动的目的不同、方式不同、程度不同,造成的污染和破坏后果各异,导致相关国家间的利益冲突。其中的一般原因主要有:第一,有限的淡水资源和难以限量的用水需求之间产生的矛盾难以调和。各国为了维护自身的经济利益,纷纷加入争夺跨境水资源的激烈竞争中,最终导致各个国家之间的关系十分紧张。第二,跨境水资源的污染较为严重。上游国家产生环境污染物时,会通过漂流途径流入下游国家水域,对下游国家水资源造成污染和破坏,从而激化矛盾,造成争端事件。第三,跨境水资源在确权和分配方面的分歧导致利益冲突。虽然《国际水道非航行适用法公约》第 5 条规定:"水道国应在各自领土内公平合理地利用国际水道,特别是水道国在使用和开发国际水道时,应着眼于与充分保护该水道相一致,并考虑到有关水道国的利益,使该水道实现最佳和可持续的利用和受益。水道国应公平合理地参与国际水道的使用开发和保

[①] Jeffrey W. Jacobs. The Mekong River Commission: Transboundary Water Resources Planning and Regional Security[J]. The Geographical Journal, 2002,168(4):354.

[②] 张飞,陈道胜. 世界水日、中国水周主题下的水资源发展回顾与展望[J]. 水利水电科技进展, 2020(4).

护"。但是,现实中,公平合理利用原则的适用存在局限性①。某些国家会利用自身条件优势,对水资源进行私自开发与利用,造成弱势国家的不满,引起跨境水资源分配争端。

作为跨境河流,澜沧江—湄公河的地理有其特殊性,与此相关,其流域水资源也有其特殊性,造成水资源冲突的原因亦有特殊性。

1. 澜湄流域沿岸国家利益需求各异

由于澜沧江—湄公河流经的区域地理条件不同,流域各国的社会背景、历史文化不同,经济发展状况差异很大,导致各沿岸国的利益需求分化。在20世纪90年代初,中国规划在澜沧江—湄公河上游建设大坝工程,老挝对湄公河支流进行水电工程建设,同时,泰国制定了大规模引水计划,用湄公河水资源灌溉泰国东北部干旱地区。而湄公河下游的两个国家,越南和柬埔寨在知晓中国、老挝、泰国对澜沧江—湄公河的开发和利用之后,先是越南将湄公河三角洲改造成一个重要的水稻种植地区,之后柬埔寨将湄公河流域的水资源视为柬埔寨未来发展的关键。可见,澜沧江—湄公河沿岸国利益需求不一致时,将导致这些国家对湄公河所采取的开发利用的方法不一致,从而造成冲突②。

2. 缺乏分配澜湄流域水资源的权威管理机构

在澜湄流域水资源分配问题上,其沿岸国进行过协商谈判,并以解决冲突为目的也付诸了实践。由于没有一个权威的专门机构处理沿岸国之间的利益冲突问题,仅仅依靠国家之间的协商谈判,各种问题始终无法彻底有效解决。

1995年,柬埔寨、老挝、泰国和越南签署了《湄公河流域可持续发展合作协定》,该协议提供了一个问题解决框架,尝试解决湄公河下游国家水资源分配问题,但该框架没有经过中国和缅甸的协商。该协议也建立了湄公河委员会(Mekong River Commission,简称MRC)作为负责主管和协调水资源开发的组织。但是,该协议并不包括湄公河流域上游的两个国家,即中国和缅甸。1996年,中国与湄公河委员会建立了正式关系,但中国没有投票权。同时,中国提出的对于澜沧江梯级开发的构想和计划,一直遭到下游国家的反对。2002年,中国与老挝、缅甸、泰国签署运输协议,并进入航道改善阶段,下游国

---

① 葛勇平,苏铭煜.公平合理利用原则在国际水法中的适用局限及其反思[J].河海大学学报(哲学社会科学版),2020(1).
② 赵祺,徐罗卿.大湄公河次区域合作机制"碎片化"问题研究[J].兵团党校学报,2019(4).

家部分组织对航道疏通带来的环境影响和环境变化表明了质疑的态度。同时,近些年来,中国在澜沧江利用自身技术建立起了大型水电站,这有利于中国的农业灌溉、水利水电开发等,但该工程在下游国家中一直存在争议,他们认为,该水电站工程影响了湄公河的水质和水量,也影响了他们的生活以及生产等许多方面。

上述事实表明,澜湄流域的水资源分配冲突问题将持续存在,而缺乏权威的专门机构居间斡旋协调,虽然不是湄公河水资源冲突的直接起因,但却是冲突难以有效解决的重要原因。

三、澜湄流域水资源开发依据、范围和路径

澜湄流域水资源冲突需要通过明确开发依据、开发范围和开发路径来协商解决。

（一）澜湄流域跨境水资源开发的国际法律依据

澜湄流域跨境水资源开发的国际法律依据主要有《国际性可航水道制度公约及规约》《联合国国际水道非航行使用法公约》和《跨界含水层法条款草案》。

1.《国际性可航水道制度公约及规约》

国际河流航行利用发展较早,沿岸国自由航行制度已为众多的多边条约确立。1921年,由41个国家在巴塞罗那会议上共同制定的《国际性可航水道制度公约及规约》确立了国际河流可航水道的航行规则。但这并非暗示,各国在利用以国际河流为主的地表水时,可以将航行和非航行利用的要求和影响截然分开。相反,二者是紧密相连、不可分割的。例如航行往往造成水污染,可能影响可提供给其他用途的水的质量。

2.《联合国国际水道非航行使用法公约》

国际河流的法律制度建设呈现多样化特征。国际水法领域目前还没有被普遍接受且适用于全球跨境河流的国际公约。经过国际法委员会起草、各国政府的讨论表决等系列程序,联合国耗时27年,最终在1997年第51届会议上,决议通过了《联合国国际水道非航行使用法公约》(United Nations Convention on the Law of the Non-navigational Uses of International Watercourses),其第36条规定,生效条件是需要35个批准、核准的缔约国,及至2014年,公约生效。

《联合国国际水道非航行使用法公约》适用的地理范围是国际河流、湖泊、运河等构成一个整体系统且流入共同终点的地表水和地下水。在讨论时，多数委员拒绝将地下水包括在内[①]。最终，为了有利于国际河流的一体化综合管理，该公约将与国际河流汇入共同终点相连的地下水包括进去。但是，公约仅附带涉及地下水，并未针对地下水的独特性进行详细具体规定。

《联合国国际水道非航行使用法公约》的规制范围是非航行利用，即国际河流水体利用。水电开发和水量分配等经济利用，是目前国际河流争议主要集中的领域，现代国际水法的发展就是伴随着非航行利用的增加和扩大形成的。

3.《跨界含水层法条款草案》

2008年，联合国国际法委员会审议了各国政府的意见后，二读通过了包括19个条款的《跨界含水层法条款草案》（Draft Articles on the Law of Transboundary Aquifers）及其评注。《跨界含水层法条款草案》主要参考比照了1997年《联合国国际水道非航行使用法公约》的相关条款，考虑了跨界含水层的个性特点及含水层国等相关国家的利益需求。但由于相关实践不足，现有条款中的不少规定表现出明显的试探性和试验性，用语缺乏法律强制性，而具有宣示性和鼓励性[②]。

2011年，联合国将"跨界含水层法"的事项进一步列入第66届会议议程，各国政府就条款草案内容提出了大量具体的修改建议和意见。但地下水的国际法律规制目前仍是国际水法最薄弱的部分，水治理实践仍体现为"重地表水轻地下水"的趋势，截至2013年底仍没有有关跨界含水层的国际司法裁判案例。在各国国内关于地下水立法和区域立法的趋势下，推动加快国际立法进程，具有前瞻性和必要性。

草案适用于不论是否与地表水存在关联的含水层，全方位规制与跨界含水层利用和保护相关、对含水层产生或可能产生潜在影响的活动。1997年《联合国国际水道非航行使用法公约》调整与地表水存在关联的地下水，这样就产生了该公约和《跨界含水层法条款草案》在该范围内同时适用和竞争冲突的可能。

---

① 盛愉,周岗.现代国际水法概论[M].北京:法律出版社,1987.
② 孔令杰,田向荣.国际涉水条法研究[M].北京:中国水利水电出版社,2011.

（二）澜湄流域水资源开发范围

澜湄流域沿岸国对澜沧江—湄公河的开发与利用，主要集中在三个领域。一是以水能利用为基础的水利水电开发，二是以生态环境保护为主要目标的环境资源开发和保护，三是以港口、航道利用为主的其他经济贸易往来。

第一，水利水电开发。湄公河下游的流域国对湄公河的水能开发与利用主要集中在两部分，一部分是照顾占主导优势的传统雨灌型稻谷耕作系统的农业，另一部分是正在规划与运作的大型水利工程建设。在下游四国中，泰国经济发展水平相对较高，对能源的需求也更大。泰国国内约有60%电力需要进口，由于其本国境内技术条件限制，以及国内非政府组织对水电开发的反对，泰国政府正试图利用东盟内部的自由贸易协定来扩大和邻国的电力贸易[①]。在购买电力方面，泰国的主要购买对象是老挝，同时泰国和老挝签署了谅解备忘录，为了保证泰国未来的电力能够得到满足，以及加大老挝本国外资引进，泰国在购买电力的同时可以参与老挝境内的水电水利资源的开发与利用，实现双方共赢。越南和柬埔寨出于经济的压力也不断增加对水电资源的需求，目前两国基本上确立的共识是水利水电资源是可再生的优质资源，并在本国确立了对于国内水电资源开发的短期和中长期规划，确保满足本国经济需求。截至目前，中国充分利用境内澜沧江地区陡峭的地势和丰富的水力资源，已在湄公河上游干流沿线建设了十余座大坝[②]。

第二，生态环境资源保护。为了维持跨境河流流域的生态环境，流域国逐渐从竞争使用向有限制使用过渡。多瑙河沿岸国国际合作的历史悠久，就经历了从航运、水电开发为主，发展到保护水资源为主和全面执行《欧盟水框架指令》的阶段。在乌拉圭河纸浆厂案2006年发布临时措施时，国际法院指出：该案强调了在确保可持续经济发展的同时，共享自然资源环境保护的重要性，两国的国民生计和经济发展都依赖乌拉圭河的水资源[③]。

《湄公河流域可持续发展合作协定》规定，成员国在采取相关行动前，应

[①] 吴世韶.中国与东南亚国家次区域经济合作研究[D].武汉：华中师范大学，2011.

[②] Water, Land and Ecosystems. Dataset on the Dams of the Irrawaddy, Mekong, Red and Salween River Basins Vientiane, Lao PDR: CGIAR Research Program on Water, Land and Ecosystems Greater Mekong, accessed December 15, 2021. https://wle-mekong.cgiar.org/maps/, 2018.

[③] 国际法院2009年乌拉圭河纸浆厂案[EB/OL].2021-12-16. https://www.icj-cij.org/files/summaries/summaries-2008—2012-ch.pdf.

当及时通知并提供相应信息给其他成员国,以使其他成员国评价和商讨该行动给流域各国造成的跨界影响。在此基础上,湄公河下游四国形成了跨界环境影响评价框架(Framework for Transboundary Environmental Impact Assessment, FTEIA),用于解决因跨界环境问题和可持续利用水电资源问题产生的纠纷[①]。此外,湄公河主干道12座水电项目的环境评测策略,就湄公河流域建立的水坝等水电项目对湄公河下游的环境跨境影响提供了参考。

中国对于澜沧江的开发时间较早,环境影响评价工作得以逐步完善。原国家环保总局曾出文要求水电水利规划设计总院组织开展对澜沧江中下游水电站的环境影响和评价工作,昆明研究院和贵阳研究院曾分别完成相关环评报告。通过对澜沧江流域已建成的电站的调查和环境影响评估报告,可以看出,该地区建设的水电站对澜沧江周围的生态环境会带来一定影响,但影响是局部的,不足以影响整个生态系统。

第三,港口和航道开发利用。20世纪90年代,中国开始对澜沧江航道进行整治,直至21世纪初澜沧江段通航时间由半年提升至基本全年通航。2002年起,中国会同老挝、缅甸、泰国一起联合整治湄公河航道的滩礁,整治后可常年通航300吨位的船舶。截至2015年,澜沧江国内航段通航率提升至90%,境外航段安设了航行水尺和永久性航标,很大程度上改善了航行的条件[②]。中国通过和老挝、缅甸、泰国三国共同努力,改善了湄公河流域通航条件,基本实现了常年通航。

中国目前在澜沧江流域开放的口岸主要有思茅港和景洪港。湄公河下游各国,老挝开放了孟末、万芭伦、琅勃拉邦等六个港口;缅甸开放了所肋、万敬、满蚌三个港口;泰国也开放了清盛、清孔港口[③]。各国对港口的基础设施进行升级和改造,扩大了湄公河流域航运的发展。在流域国中,柬埔寨和越南在2009年签署了水道运输的双边协议,以减少两国间的航行障碍,提高湄公河的运输效率[④]。

同时,中国十分重视改善澜湄流域国际航运通航条件。连接中老缅泰四

[①] 湄公河委员会.跨界水资源环境影响评价[EB/OL].2019-04-25.http://www.mrcmekong.org/aboutmrc/programmes/environment-programme/transboundary-eia/.
[②] 孟慧,刘润华.澜沧江—湄公河国际航运发展研究[J].现代工业经济和信息化,2015(6).
[③] 梁洪.澜沧江—湄公河的国际航运[J].珠江水运,2009(9).
[④] 湄公河委员会.河流运输专题研究[EB/OL].2019-04-25.http://www.mrcmekong.org/topics/river-transport/.

国的水运大通道——上湄公河航道,由中国政府出资 500 万美元进行航道改善后,航行风险大幅下降,通航能力提升了 50% 以上,有效保障了四国商船航行的安全性[1]。

(三)澜湄流域水资源开发的合作路径

作为《国际水道非航行使用法条款草案》国际法委员会的五个特别起草人之一,Stephen McCaffrey 明确指出,合作义务是水管理的核心[2]。由于水资源的共享性,流域国产生了合作的积极义务,该义务的分量应重于水管理的其他权利和义务[3]。就澜湄流域水资源开发的合作路径而言,其合作路径包括积极开展同流域国的项目合作、逐步深化流域条约和组织机构的参与、构建公正的跨国水资源争端解决机制。

第一,积极开展同流域国的项目合作。在澜湄流域跨境水资源开发活动中,应该广泛发展上中下游国家联合行动的共同项目。流域内各国应凝聚"区域意识",在包括合作开发、合作治理、合作保护共同项目的联合带动下,实现国家局部利益与全流域整体规划的协调。中国作为流域内大国,理应发挥带头引领作用。中下游国更应当采取积极的态度,从开发澜湄流域和发展本国经济的角度出发,提出利益共享的方案,在要求上游国实施有利于下游国的一些工程义务时,更应相应地承认受益补偿原则,促进全流域的参与。

澜湄流域区域不同位置的国家对水资源的利用重点和利用目标不同,但不同目标之间并非绝对抵触,可以通过特定方式或手段同时满足不同的需求。例如,上下游都有水量控制的要求,中国作为上游国以航运、水电开发的非消耗性利用为主,下游国以灌溉等消耗性利用为主,因此,存在互补性和可调和性。从地形和地理位置看,中国境内的澜沧江段高度落差大,蕴藏着丰富的水力资源,适于筑坝发电。中国生产的电力可以采取易货、买卖等各种合作形式输送到下游国家,适当缓解下游国家电力昂贵、紧张的状况,缓解下游国家能源供需矛盾,为下游国家的经济发展注入动力。

第二,逐步深化流域条约和组织机构的参与。中国应促进区域参与,逐

---

[1] 中华人民共和国中央人民政府.澜沧江—湄公河国际航运经过建设通航条件改善[EB/OL]. 2021-12-15. http://www.gov.cn/jrzg/2010-10/16/content_1724035.htm.

[2] Stephen McCaffrey. The Law of international Watercourses: Non-navigational Uses[M]. Oxford:Oxford University Press, 2001:399.

[3] Herbert Smith. "the Economic Uses of International Rivers", International Law Association Berlin Conference[J]. Commentary on Article 11 of Berlin Rules, 2004:150-151.

步参与构建体现上游国利益的条约和组织机构。虽然流域各国利用跨国水资源的侧重点不同,但流域应有必要的整体合作规划。流域整体开发不是目标,是实现对跨国水资源公平合理利用目标的方法。

目前,澜湄流域各国在组织机构与协议内容上虽然有合作,但仍然是从部分流域国的利益考虑,没有从全流域的角度和高度出发。流域各国应在共同利益驱使下,向着共同愿望,采用共同责任分摊的方式,充分考虑可能造成的用水矛盾和对流域水质水量、生态环境的影响,实现跨国水资源的有序开发和可持续利用。跨国水资源同国际贸易不同,由于自然地理上的天然联系,流域国之间必然会发生合作或竞争。若中国采取回避保守的态度,不参加流域条约和组织机构,虽然在开发水资源时不受流域内国际纪律的约束,但还是要遵循国际法的原则和规范,并不是自由开发,而且还会受到下游国家的联合反对和排挤。加入流域条约和组织机构,虽然有可能在一定程度上限制国家采取单边行动的事项或范围,但却有助于培育国际合作精神,使国家采用在集体内呼吁的方式,以更具力度的行动解决水资源开发问题。中国应在坚持中国有权公平合理利用澜湄流域水资源的前提下,逐步深化区域参与①。

第三,构建公正的跨国水资源争端解决机制。流域各国开发重点、目标各异,未来在水资源开发利用的互动中,摩擦和争端可能会增多。尽管流域国都是东盟成员国,中国可以借鉴东盟的协调机制,但由于水争端的专业性,中国不能直接套用东盟争端解决机制。目前在沿岸国签订的协议中,争端解决方式规定得过于空洞,以原则性框架为主,缺乏具体的制度和程序安排。

近年来,流域各国发生了一些涉水跨界纷争,例如洪水、旱灾、污染和河流低水位等问题,每次解决冲突的过程中都消除了一些误解,促进了流域国之间的良好互信和合作,各国也日益注重共同维护跨国水资源与生态安全。中国同流域各国一起,逐步构建起日益成熟完善的分歧协调机制和和平自愿的争端解决机制,利用湄公河委员会同流域国开展对话和沟通,形成了有技术专家参与的,以协商谈判的政治解决方式为主、仲裁和司法解决为辅的争端解决机制②。

---

① 金新,张梦珠.澜湄水资源治理:域外大国介入与中国的参与[J].国际关系研究,2019(6).
② 王江.跨界水道开发和利用争端解决机制的构建研究[J].环境保护,2017(17).

四、中国参与澜湄流域水资源合作的欠缺与完善

三十多年来,中国参与了澜湄流域多项合作机制,面临软实力、统一管理机构和法律法规及制度方面的欠缺,有待通过一系列方式方法,积极完善。

(一)中国参与澜湄流域水资源合作的主要活动

第一,1992年,大湄公河次区域六国首次举行部长级首脑会议,一并发起了区域经济合作机制,以加强和促进沿岸国的社会经济联系和共同发展。同年,亚洲开发银行大湄公河次区域合作项目开始实施,经过初期规划、项目选择,已经进入项目实施阶段。其范围包括湄公河流域经过的老挝、缅甸、柬埔寨、泰国、越南五国以及中国云南省,涉及七个合作领域,包括交通、能源、电讯、环境、旅游、人力资源开发、贸易和投资[1]。该合作机制分为两个层次,一是部长级会议,自1992年每年召开一次;二是司局级高官会议和各领域的论坛和工作组会议,每年分别举行会议,并且向部长级会议报告。2021年9月举行了大湄公河次区域经济合作第七次领导人会议。

第二,1996年6月,东盟—湄公河流域开发合作(Asean—Mekong Basin Development Cooperation,AMBDC)在吉隆坡举行首次部长级会议,根据会议通过的框架协定,部长级会议至少每年举行一次,两次部长级会议期间由成员国选派司局级官员举行委员会会议,为部长级会议做准备并提供政策建议[2]。首次部长级会议确定了由东盟7国即印度尼西亚、马来西亚、菲律宾、新加坡、泰国、文莱、越南以及湄公河流域沿岸的四个国家即中国、缅甸、老挝、柬埔寨为该合作机制的核心国,之后,日本和韩国也应邀加入了东盟—湄公河流域开发合作,该合作机制实际上演化成了东盟10国加上中国、日本、韩国的区域合作格局。东盟—湄公河流域开发合作确定了基础设施建设、投资贸易、农业、矿业资源开发、工业及中小企业发展、旅游、人力资源和科学技术等八大合作领域。

---

[1] Timotheus Krahl, Jörn Dosch: The Greater Mekong Subregion (GMS)-Infrastructure Development and the Prospects for the Emergence of a Security Community. In: Loewen H., Zorob A. (eds): Initiatives of Regional Integration in Asia in Comparative Perspective. United Nations University Series on Regionalism, vol 14. Springer, Dordrecht, (2018):83-98. https://doi.org/10.1007/978-94-024-1211-6_4.

[2] 贾琳.国际河流开发的区域合作法律机制[J].北方法学,2008(5).

第三,中国与湄公河委员会的合作进展。1993年,中国以观察员的身份参加了湄公河临时委员会的活动;中国水利部与湄公河临时委员会共同协商签署了关于中国在汛期为湄公河中下游国家提供上游水文资料的谅解备忘录。湄公河委员会的官员表示,中国已向湄公河委员会成员国提供了有关水坝的水文资料,但今后各方需要共享更多的资料,例如水坝的运作等方面,以便于下游国家在面临风险时能及时制定相应的应急措施。1995年,湄公河下游的四个国家签署了《湄公河流域可持续发展合作协定》,承认"湄公河流域和相关的自然资源及环境,是沿岸所有国家争取经济和社会富足以及提高本国人民生活水平且具有巨大价值的自然资产。"新湄公河委员会自成立之日起,就邀请湄公河流域的上游国家即中国与缅甸加入该组织,并与1996年开始与这两个上游国家定期举行对话[①]。

2001年,湄公河下游四国签订了三个补充协议,进一步完善了湄公河下游水资源管理的法制化,同时也对中国境内的澜沧江的出境水量提出了具体的要求。

2002年4月,为了共同应对湄公河汛期和旱期对沿岸国产生的不利影响,经过多次对话和协商,由中国水利部与湄公河委员会共同达成了《关于中国水利部向湄公河委员会秘书处提供澜沧江—湄公河汛期水文资料的协议》,其中第2条第3款规定:为便于湄委会方面进行模型率定,中方还将向湄委会提供澜沧江报汛站两年的历史水文资料。提供水文资料的协商加深了中国与湄公河委员会的合作。此外,近年来,中国的经济发展进入新常态,并且对外投资能力明显增强,为中国参与湄公河水资源的开发利用合作机制奠定了坚实的基础[②]。

第四,澜沧江—湄公河流经的四个主要国家——中国、老挝、缅甸、泰国——也建立了多个小多边安全机制,提供的公共产品较为丰富[③]。为维护和保障湄公河流域的安全与稳定,中老缅泰四国执法部门建立了湄公河流域执法安全合作机制。这是湄公河次区域首个专门的安全合作机制,自成立以来,成功侦破"10·5"案件;定期开展联合巡逻执法行动;开展联合打击跨国

[①] 冯彦,何大明,甘淑.澜沧江水资源系统变化与大湄公河次区域合作的关联分析[J].地理研究,2005(4).
[②] 李晨阳.澜沧江—湄公河合作:机遇、挑战与对策[J].学术探索,2016(1).
[③] 王勇辉,余珍艳.中国与东盟小多边安全机制的构建现状——从公共产品供给的视角[J].世界经济与政治论坛,2015(4).

犯罪；务实开展联合调研与情报交流①。

第五，也是影响最重大的合作，2016年3月，中国、泰国、柬埔寨、老挝、缅甸、越南六国共同签署《三亚宣言》，从领导人层面正式启动澜湄合作机制，共同打造澜湄国家命运共同体，以水资源合作为五个优先方向之一，六方应携手应对水资源管理、自然灾害、气候变化、环境问题等挑战②。根据《三亚宣言》要求，2017年6月，中国水利部成立了澜湄水资源合作中心，澜湄水资源合作在成立联合工作组、建设澜湄水资源合作中心、开展人员培训、推进技术交流及项目合作等方面均取得了积极进展③。2018年4月5日，湄公河委员会第三届峰会通过了《暹粒宣言》。时任水利部部长鄂竟平出席并建议，推进"一带一路"倡议同次区域各国发展战略对接、加强区域协作机制以及务实合作④。

（二）中国参与澜湄流域合作开发的欠缺

第一，中国需要提高在湄公河流域沿岸国中的软实力。近年来，越来越多的中国企业走出去到海外发展，在与湄公河流域的其他沿岸国合作过程中，出现了过于注重资源开发、商品和工程质量不佳、企业的社会责任意识不强以及环境污染等问题，影响了中国在这些国家民众心中的形象⑤。因此，今后要更加注重软实力建设，在对湄公河国家开展投资或援助等工作时，不能一味地走高层路线，要考虑其他沿岸国民众的利益，将体现民意作为合作基础。

第二，对于澜湄流域水资源合作开发利用，中国只能参照中国国内相关的法律依据，但是这些法律的制定是以国内水资源的保护、管理、开发和利用为基准的，因此，它们对具有国际特征的跨境水域开发利用难以适用。由于在专门针对跨境水域进行开发和利用的法律规范方面存在缺失，中国在对国际河流进行可持续开发和利用方面没有适当的法律规范指引，使得中国对国际河流的开发与利用效率较低，因此在湄公河水资源开发和利用合作中产生

---

① 王文硕. 湄公河流域执法安全合作机制建立两年成效显著[N]. 人民公安报，2013-12-26.
② 杨牧，李警锐，常红. 湄澜合作，新型次区域合作机制新在何处[EB/OL]. 2022-01-05. http://world.people.com.cn/n1/2016/0324/c1002-28224556.html.
③ 赵艳红，田凯. 水利部：将水资源合作打造成湄澜合作的旗舰领域[EB/OL]. 2022-01-05. http://gjkj.mwr.gov.cn/jdxw/201712/t20171221_1018130.htm.
④ 佚名. 鄂竟平出席湄公河委员会第三届峰会[EB/OL]. 2022-01-05. http://gjkj.mwr.gov.cn/jdxw/201804/t20180410_1034948.htm.
⑤ Suwit Laohasiriwong, Mikio Oishi. Managing the Mekong River Conflicts: Political Stability at the Cost of Local Communities[J]. Managing Conflicts in a Globalizing ASEAN, 2020:143-163.

了一些纠纷。

第三,统一管理机构缺位,统一法律法规、制度缺乏。目前,中国尚未形成一个统一管理跨境河流合作开发与利用的管理机构;澜湄流域同样缺乏一个强有力的管理机构;针对澜湄流域水资源,统一的管理制度空缺。由此,既不能保证湄公河流域下游国家的利益,也不能满足上游国家的经济需求。随着湄公河流域各个沿岸国的国民经济和社会发展,湄公河流域的水资源开发与利用的合作机制越来越多元化、广泛化,这也是中国国际河流的开发与利用以及中国可持续发展方面的重大难题。

(三) 中国参与澜湄流域合作开发的新举措

在跨国水资源开发活动中,应该处理好十大法律关系,包括国家主权与水权的关系,先利用国家与后利用国家之间的关系,国家间利益分享与责任承担之间的关系等[1]。在此基础上,塑造中国企业的良好形象、完善国内立法、整合实现共同利益的制度、遵守国际水法和国际惯例、加强统一管理机构的权力,规范统一制度。

第一,在国际上塑造中国企业的良好形象,不断提升中国软实力,使相关国家民众理解、接受、支持、选择与中国合作。全球化和区域化的发展已使湄公河流域的沿岸国和民众处于一个会比较、有选择的时代,必须重视民意力量和政策宣示力度。同时,要重塑中资企业国际新形象,实施"本土化"战略,恪守东道国法律法规和民俗文化,进一步提高商品和项目质量,严厉禁止产品和工程的造假行为,积极履行企业社会责任,妥善回应当地的民众诉求。更要搭建由中国政府主导,企业、媒体共同参与的信息资源共享平台,加强各方间的交流和沟通,提高湄公河水资源合作开发和利用机制的透明度,积极宣传中国在澜湄流域国家的合作与援助成效,有效提升中国的软实力和综合竞争力。

第二,完善相关水资源开发与利用的国内立法,为中国与他国实行国际河流合作提供必要的法律支撑。只有建立标准、完善的法律法规体系,国际河流合作受到相关法律法规的维护,才能使各国的经济交流在一个公平的平台上进行[2]。首先,可持续性是开发利用的基本思想,应列入其中;其次,澜沧江流域的各地方政府要将开发和利用纳入日常工作日程,并强调其重要性,

---

[1] 郝少英.跨国水资源和谐开发十大关系法律初探[J].自然资源学报,2011(1).
[2] 倪然,谢青霞.国际河流水资源利益冲突的法律分析[J].珠江水运,2018(3).

使之成为国家和各地方战略发展的重要组成部分,可以建立政府和社会组织的合作和监督机制①。开发利用湄公河流域的工作要依法进行,对于不合理、无规划的违法开发要严令禁止。再次,依照相关法律条文,制定完备的流域管理机制,设定对应的管理机构,与相关的政府机构达成有效的协作;最后,确立完善的法律规范体系,用以规范与防治湄公河流域开发利用过程中合计污染等问题。

第三,从历史和现实来看,湄公河水资源的开发利用合作机制必须以沿岸国间的共同利益为基础,并通过整合的形式实现共同利益的制度化②。共同利益可以循序渐进地塑造国家行为体的行为偏好,促进国家间的相互理解,增进彼此间的认同。澜湄流域水资源的开发利用合作机制中,沿岸国的共同利益不仅指共同的经济收益,还包括共同政治利益和安全利益,均希望澜湄流域水资源的合作机制能够有利于本国发展和人民生活水平的提高③。目前,中国是柬埔寨、缅甸、泰国和越南的第一大贸易合作国,是柬埔寨、老挝、越南的第一大投资国。因此,经济合作已成为中国与澜湄流域其他沿岸国的坚实基础。但是,共同的经济收益并没有很好地延伸到政治、安全等领域。作为区域大国,中国应该积极推动澜湄流域水资源开发利用合作机制从低级政治到高级政治的转向。并且,必须加强与澜湄流域其他沿岸国的信息沟通和交流,在此基础上,妥善处理与其他国家之间的争端,增加国家间的政治互信。澜湄国家命运共同体建设,体现了一种促进各国国家利益最大化的共同努力,将有效地验证人类命运共同体理论④。打造澜湄国家命运共同体的努力⑤,将促进澜湄流域水资源的深度合作。

第四,在利用跨国水资源中,中国应坚持遵守国际水法和国际惯例。既不能因为贫穷就保守不开发,也不能因为落后就偏执地放弃考虑生态环境需求,要努力以国际最佳实践规范开发行为。中国作为上游国,在蓄水、引水、用水时应当考虑到下游需求,遵守国际水法和国际惯例的要求,自觉承担国际义务。中国在制订规划和开发方案的过程中,应注意进行跨境和国际情境

---

① 尹君.美国非政府组织参与湄公河流域国家社会治理的机制研究[J].南洋问题研究,2019(3).
② 何祖坤,马勇.关于深化澜沧江—湄公河合作的思考[J].东南亚纵横,2018(6).
③ 周士新.澜沧江—湄公河合作机制:动力、特点和前景分析[J].东南亚众横,2018(1).
④ 刘稚,徐秀良.澜湄国家命运共同体视域下的区域公共卫生安全合作治理[J].太平洋学报,2020(12).
⑤ 卢光盛.全方面推进澜湄国家命运共同体建设[N].中国社会科学报,2020-07-09.

下的环境影响评估,必须同时考虑流域生态环境的改善或重建。中国在水利建设中,应考虑流域生态环境利益,保持稳定的出境水质。中国根据下游国要求,在上游地区进行的植被覆盖、植树造林绿化等生态环境建设活动,产生了巨大的环境效益和国际意义,下游国得益于中国所采取的措施,中国完全有权要求受益国给予合理补偿。

第五,加强统一管理机构的权力,规范统一制度。国际大坝委员会指出,国际合作应建立在主权独立、国家领土完整、平等互利互惠和相互信任的基础上。如果流域委员会没有覆盖全部流域国家,将造成不完善或不优化的水资源管理。建立全流域的多边委员会,不会排除针对具体问题或特定工程项目建立的双边委员会,但双边委员会应与全流域委员会建立一种恰当的联系机制[①]。在澜湄流域水资源合作利用中,有必要整合统一管理机构,加强该机构的管理权限,规范法律法规。在湄公河地区,澜湄合作要在众多的国际机制中脱颖而出,需要关注更高层面的地区机制的制度设计,增进集体认同[②]。

第二次世界大战结束至今,澜沧江—湄公河流域水资源合作机制主要经历了亚洲和远东经济委员会、湄公河调查委员会和湄公河委员会三个大的阶段,此外,有关各方与沿岸国还执行了大湄公河次区域合作项目、东盟—湄公河流域开发合作等机制,发表了《三亚宣言》和《暹粒宣言》等文件,谋求合作开发。

澜湄流域沿岸国不断发生利益冲突,其一般原因主要有淡水资源和用水需求之间的矛盾难以调和、跨境水资源的污染较为严重、跨境水资源在确权和分配方面的分歧。其主要原因是澜湄流域沿岸国家利益需求各异、缺乏权威管理机构分配澜湄流域水资源、湄公河流域所流经的国家间信息交流存在障碍。

建设澜湄流域命运共同体、合作开发水资源是有关各方的最佳选择。在已有的国际法律依据,例如《国际性可航水道制度公约及规约》《联合国国际水道非航行使用法公约》《跨界含水层法条款草案》的基础上,沿岸国需要制定科学、统一的法律法规,加强统一管理机构的协调权限,以便在水利水电开

[①] 国际大坝委员会.国际共享河流开发利用的原则与实践[M].贾金生,等,译.北京:中国水利水电出版社,2009.

[②] 卢光盛,聂姣.澜湄合作的动力机制——基于"利益-责任-规范"的分析[J].国际展望,2021(1).

发、环境资源开发和保护、港口及航道利用等合作开发领域有效协作。

中国有责任、有能力寻找一种解决与流域国之间协调利益纷争的适当形式，建立高效的合作机制，发展多层次的国际合作。中国应做好三个有机结合：将国际参与、区域参与和流域国家的联合开发有机结合，将改进航运、防洪抗旱治理和水力发电结合，将跨国水资源的利用与生态环境保护结合。中国应该积极塑造中国企业的良好形象、完善国内立法、整合实现共同利益的制度、遵守国际水法和国际惯例、加强统一管理机构的权力，规范法律法规和制度，促进早日实现澜湄流域命运共同体。

第十二章
国际水权视角下的澜湄合作

淡水是一种重要资源,是所有生态和社会活动的重要组成部分,包括维持人类和其他生物生命、河道运输、废物处理、能源供应和工农业发展等。然而,淡水资源分布非常不均衡,世界上一些地区极度缺水。随着人口的增长,对淡水的需求增加,水供应变得更加困难,水和供水系统越来越可能成为军事行动的目标和战争工具[1]。这种"水战争"论调在20世纪90年代初期变得尤为突出。当时冷战结束后,出现了一种新的安全理解,它超越了纯粹的军事问题,而与各国间自然资源及其竞争有着非常密切的关系。学界形成了一个初步共识,即环境——尤其是自然资源稀缺性——可能导致冲突[2]。1998年巴瑞·布赞等人的《安全:分析的新框架》对环境领域的安全(书中该部分紧跟军事领域)进行详细论述,"环境冲突"成为世纪之交国际安全领域的流行词[3],水外交理论就是植根于水文政治、环境冲突等学术研究发展起来的[4]。狭义的水外交就是指国家以及相关行为体围绕跨界水资源或国际河流水资源问题展开的涉外活动[5],而广义的水外交,除了促进共有水域上的跨界合作

---

[1] Gleick P. Water and Conflict: Fresh Water Resources and International Security[J]. International Security,1993,18(1):79.

[2] Homer-Dixon T F. On the Threshold: Environmental Changes as Causes of Acute Conflict[J]. International Security,1991,16(2):77.

[3] B. Buzan,et al. Security: A New Frame-work For Analysis[M]. Boulder,Colorado: Lynne Rienner Publishers,1998:71-94.

[4] C. T Timura. "Environmental conflict" and the social life of environmental security discourse[J]. Anthropology Quarterly,2001,74(3):104.

[5] 郭延军."一带一路"建设中的中国周边水外交[J].亚太安全与海洋研究,2015(4).

外[①],还包括以水合作为平台的其他方面的外交合作。由我国主导创建的澜湄合作机制,就是这种广义水外交的重要表现形式。

七年来,澜湄合作取得了许多成绩,也面临着一些挑战,如何直面这些挑战,是我们讨论的核心。总体上,倡导澜湄国家的国际水权确权,可以助力澜湄合作。水资源是澜湄合作机制的重点之一,它是澜沧江—湄公河流域六国息息相关的生命之源,也是澜湄流域国家其他领域合作的纽带和桥梁。确定流域各国的国际水权份额,可以为水合作提供基本的信任基础,也可以正当地拒绝其他域外国家与势力的不正当介入,为澜湄流域国家命运共同体建设提供现实路径。

一、既有的官方合作机制

湄公河包括中国境内的湄公河上游(澜沧江)和境外的湄公河下游,先后流经中国、缅甸、老挝、泰国、柬埔寨、越南,全长约 4 880 千米,最后注入南中国海。澜沧江—湄公河既是联系流域六国的天然纽带,也是沿岸人民世代繁衍生息的摇篮,孕育了澜湄国家各具特色而又相亲相近的文化[②]。冷战后,澜湄流域出现了多个以水合作为重要牵引的国际机制。

(一) 多个国际机制重合、竞争

国际机制是一系列隐含或明示的原则、规范、规则和决策程序,它们聚集在某个国际关系领域内,行为体围绕它们形成相互预期[③]。从 20 世纪 90 年代起,湄公河地区合作日益蓬勃,到 2015 年 11 月澜湄合作正式诞生之前,该地区已经形成多个含"湄公(河)"字样的官方多边合作机制,其中绝大多数属于综合性的合作机制,而水资源合作只是其多方面合作的一部分。根据柬埔寨外交部官方网站的列举,在该地区的官方合作机制主要有[④]:

1. "大湄公河次区域"(GMS)

GMS 是 1992 年亚洲开发银行(日本、美国为主要控股方)提出的经济合

---

① McCrackena M, Meyerb C. Monitoring of transboundary water cooperation: Review of Sustainable Development Goal Indicator 6.5.2 methodology[J]. Journal of Hydrology, 2018,563:1.

② 全毅. 中国—东盟澜湄合作机制建设背景及重要意义[J]. 国际贸易, 2016(8).

③ Keohane R. After Hegemony: Cooperation and Discord in the World Political Economy[M]. Princeton: Princeton University Press, 1984:57.

④ Cooperation mechanisms, accessed September 22, 2022. https://www.mfaic.gov.kh/Page/2021-02-08-Mekong-Cooperation-Framework.

作计划,参加方为澜沧江—湄公河流域所有国家(我国实际执行主体主要是云南省和广西壮族自治区)。GMS经济合作计划主要支持农业、能源、环境、卫生和人力资源开发、信息和通信技术、旅游、运输、运输和贸易便利化以及城市发展等次区域项目,其中农业、能源、环境、旅游、运输等虽然不涉及水资源的分配,但仍与流域水资源的利用息息相关。该计划以大湄公河次区域成员国之间的持续磋商和对话为基础。GMS合作的工作机制分为三个层次:领导人峰会,部长级会议以及工作组和论坛①。

2. "湄公河委员会"(MRC)

MRC是1995年由湄公河下游四国(柬埔寨、泰国、老挝、越南)发起,在《湄公河流域可持续发展合作协定》基础上开展的湄公河流域水及相关资源的利用与保护合作机制。MRC被定性为政府间组织,是区域水外交平台和水资源管理知识中心。MRC支持基于水资源一体化管理(IWRM)原则的流域规划,促进可持续渔业、农业机会、航行自由、可持续水电、洪水和干旱管理以及重要生态系统的保护②。MRC主要组织机构有理事会、联合委员会和秘书处。理事会由各成员国派一名部级官员参加,有权作出政策性决定,每年至少举行一次理事会会议。联合委员会由各成员国派一名厅局级官员参加,具体执行理事会作出的决定,每年至少举行两次联合委员会全体会议,四个成员国官员每年轮流出任其主席席位。秘书处向理事会和联合委员会提供技术和行政性服务,负责湄委会的日常工作,并接受联合委员会的监督。秘书处设首席执行官,负责秘书处工作,其任期和国籍与联合委员会主席一致③。

3. "湄公—日本合作"(MJC)

MJC是日本于2008年发起的湄公河合作机制。MJC由6个成员国组成,即柬埔寨、老挝、缅甸、越南、泰国和日本。旨在加强湄公河地区的互联互通、共同维护人类的安全保障以及环境的可持续性,促进经济合作和东盟共同体建设④。MJC的工作机制主要包括每年一次的领导人峰会、外交部长会

---

① About the Greater Mekong Subregion, accessed September 24, 2022. https://www.greatermekong.org/about.

② Mekong river monitoring and forecasting, accessed September 24, 2022. https://www.mrcmekong.org/.

③ 2016年之前,MRC的首席执行官(CEO)的国籍是欧美等西方国家。

④ Prime Minister Proposed Key Issues of Cooperation on Public Health, Connectivity and Sustainable Development in the 12th Mekong-Japan Summit, accessed September 22, 2022. https://www.mfa.go.th/en/content/mekongjapansummit131120-2.

议以及不定期召开的官方论坛(如绿色湄公论坛等)。

4."湄公河—美国伙伴关系"(MUSP)

其前身是湄公河下游倡议(LMI),LMI是美国于2009年与湄公河下游泰国、越南、柬埔寨和老挝发起的多国倡议,缅甸于2012年加入。LMI主要关注领域为农业、通信、教育、能源、环境和健康,旨在通过解决该地区共同挑战的计划,支持成员国之间的合作,合作机制包括外交部长会议、高官会议和区域工作组会议。2020年9月,美国将LMI升级为"湄公河—美国伙伴关系"[1]。该合作平台的组织结构和机制几乎由美国设计和主导,以便在合作对话过程中能够主导议题[2]。

5."湄公河—恒河合作"(MGC)

MGC是印度于2000年提出的合作机制。合作方由印度和湄公河下游五国构成。MGC起初提出的四大合作领域为文化、教育、旅游、交通[3]。后又扩展到农业、水资源管理等方面。MGC的工作机制由年度部长级会议、高官会议和五个工作组组成。

6."湄公河—韩国合作"(MRKC)

MRKC成立于2010年,现有6个成员国,即柬埔寨、老挝、缅甸、泰国、越南和韩国。MRKC的优先合作领域包括基础设施、信息技术、绿色增长、水资源开发、农业和农村发展以及人力资源开发。执行和落实MRKC的机制包括外长会和高官会[4]。

7."湄公河下游之友"(FLM)

FLM于2011年7月启动,是湄公河下游国家与其合作伙伴在地区援助与规划方面的重要召集平台和驱动机制。FLM成员包括柬埔寨、老挝、缅甸、泰国、越南、澳大利亚、日本、新西兰、欧盟、亚行和世界银行。FLM通过两个主要轨道进行:第一,伙伴国家发展机构和国际多边发展机构之间的捐助者对话;第二,外交部之间关于非传统安全问题的年度政策对话,例如性别平等

---

[1] Lower Mekong Iniative (LMI), accessed on September 24, 2022. https://2017-2020.usaid.gov/asia-regional/lower-mekong-initiative-lmi.

[2] 于宏源,李坤海.地缘性介入与制度性嵌构:美国亚太区域水安全外交战略[J].国际安全研究,2020(5).

[3] About Mekong-Ganga Cooperation, accessed September 24, 2022. http://www.mea.gov.in/aseanindia/about-mgc.htm.

[4] Mekong Cooperation Framework, accessed September 24, 2022. https://www.mfaic.gov.kh/Page/2021-02-08-Mekong-Cooperation-Framework.

和妇女赋权政策对话,以及如何加强湄公河委员会的技术能力对话等[①]。

这种多层次的、部分重叠的合作机制,体现了东南亚地区高度复杂的政治、经济关系。虽然湄公河地区多种合作机制并存反映了各方的不同利益和侧重,有利于满足多层次需要,但也反映了域外大国在该地区的利益博弈。

(二) 既有合作机制大多限制中国

除了2015年中国提出的澜湄合作以外,既有的合作机制或多或少都有着限制和排斥中国的意图,对我国的地区合作有一定的牵制。

首先,最早成立的GMS机制虽然成功地吸收了来自美国、日本、欧洲等外部国家的资金,中国作为参与国在合作初期也得益于GMS经济合作计划,积极参与合作机制并在其中发挥了积极作用,但由于亚洲开发银行由美日主导、其合作意向与合作项目都不同程度地体现美日的战略意图,中国利用这一机制推进本国的合作目标存在非常大的局限性[②]。如中国的快速崛起和澜沧江梯级大坝建设对下游国家造成的心理影响,气候变化导致流域地区极端干旱与洪涝天气的增加导致国际舆论对中国"水威胁"的担忧。随着中国与周边国家经济和总体实力对比的变化以及周边安全与环境的复杂化,中国周边外交出现了经济投入成本和政治收益高度不对称的状况。

其次,湄公河委员会虽然是该地区唯一的政府间国际组织,也关注到如促进农业、航行、可持续水电、洪水和干旱管理等国家发展问题等,但其脱胎于联合国亚洲及太平洋经济社会委员会(ESCAP)于1957年建立的"下湄公河流域调查协调委员会",该机构从成立起就打上了冷战和美国等西方国家主导的印记。1995年成立的MRC虽然由地区国家组成,但受制于捐赠国和外国政府[③],受西方的环保主义思潮影响巨大。其在成立之初,由于关注环保、生物多样性领域,发展迅猛,得到国际社会尤其是西方社会普遍好感,其合作价值被誉为"湄公精神"。正因为此,也导致了MRC在国家农业、水电、航行、防洪抗旱方面的合作严重不足。2016年湄公河秘书处秘书长由湄公河下游国家公民担任后,本来就不宽裕的湄公河各项资金出现很大问题。近年来,老挝为了自身国家的发展,希望把自身打造成为"东南亚蓄电池",加快了

[①] Friends of the Mekong, accessed September 24, 2022. https://mekonguspartnership.org/partners/fom/.
[②] 全毅. 中国—东盟澜湄合作机制建设背景及重要意义[J]. 国际贸易,2016(8).
[③] Williams J M. Stagnant Rivers: Transboundary Water Security in South and Southeast Asia [J]. Water, 2018,10(12):11.

在湄公河干流建设大坝的进程,四个成员国之间的发展矛盾凸显,湄公河委员会的协调功能受到越来越多的质疑。

更为关键的是,由于缺少上游国家——中国的全面参与,MRC 很难在水资源管理上发挥全局作用。虽然 MRC 也一度邀请中国成为成员国,但由于 MRC 的成立基础——《湄公河流域可持续发展合作协定》(以下简称《协定》)在谈判时并未考虑中国利益,在不修订条约实质条款的情况下,要求中国全面接受且完全遵从下游国家利益的国际义务是不公平的。如《协定》第 6 条有关缔约国"合作维持干流径流,以免分流、贮蓄、泄放或其他永久性的活动所带来的影响——在干季每月不小于可接受的最小月天然径流,在湿季确保洞里萨湖产生可接受的天然回流量"等规定,中国难以接受。如果中国加入该协定,就基本上失去自主利用境内水资源的资格,等于承认由下游四国通过协定建立起来的用水控制(其实也是一种下游联盟水霸权)。总之,没有建立在全流域谈判协商的条约基础上的 MRC,几乎不可能在全流域发挥公平水资源管理的职能。

最后,日本、美国、印度、韩国等国家主导成立的各种湄公河合作机制,排除中国、引导下游国家与中国对抗的意图更加明显。虽然一些机构也提出农业、能源、水资源合作等问题,但在他们设置的议程中,环境等问题多处于核心位置,客观上可能使中国的基建、投资、能源资源合作计划搁浅。环境问题已经成为影响中国深化合作的棘手问题。中国有着水电、交通等民生项目建设上的技术优势和丰富经验,但域外国家主导的多种合作机制的片面宣传,造成了相当的国际舆论压力,使国际社会和不少当地人误会中国是下游生态环境恶化的始作俑者。甚至因为中国的"敏行讷言"以及水外交上的被动,为外界鼓吹的"中国水威胁论""中国水霸权"留下口舌。目前,影响水资源合作的因素仍然很多,但域外大国的介入是一个特别需要关注的因素。水资源是美国、日本等域外国家介入湄公河地区事务的重要"切入点",其牵制中国的意图明显,对中国的国家影响力产生了明显的消极作用[①]。

(三)澜湄合作的运行成效与突出问题

根据情势,中国倡议的"澜沧江-湄公河合作"(LMC)机制于 2015 年 11 月正式成立。LMC 旨在促进湄公河次区域社会经济发展,缩小发展差距,推进东盟与中国的全面合作。成员包括柬埔寨、中国、老挝、缅甸、泰国和越南

---

① 金新,张梦珠.澜湄水资源治理:域外大国介入与中国的参与[J].国际关系研究,2019(6).

六个湄公河全部流域国。合作重点围绕三大支柱(政治安全、经济和可持续发展、社会人文)和五个重点领域(互联互通、产能、跨境经济、水资源、农业和减贫),实行简称"3+5合作框架"的合作①。2017年,LMC成员国分别在各自外交部设立了国家秘书处,以进一步加强职能部委之间的协调和项目。加强和落实澜湄合作的工作机制包括六国领导人会晤、外长会、高官会、外交工作组会议等②。截至2021年3月,澜湄合作已举行了3次领导人会议、5次外长会、7次高官会和10次外交联合工作组会③。

LMC全面启动以来,澜湄国家在澜湄合作框架下多领域合作取得显著成果,基本实现了共同利益与个体偏好的有机调和;为解决区域问题提供了重要的议事平台,LMC机制也成为区域内最具活力的国际制度之一④。但以经济发展为核心的LMC,并不能自然而然地解决包括水资源合作的安全和政治问题,国外学者多从中国力图主导湄公河地区政治经济事务的视角来分析澜湄合作。他们认为,中国希望通过关注澜湄合作将经济影响转变为政治影响,由于水资源合作在澜湄合作中并不占核心地位,所以中国也不太可能为湄公河国家提供足够和稳定的生态效益。

客观事实是,中国并非在区域合作中谋求主导或控制地位,有学者为此做辩解,认为LMC虽由中国首倡且积极推动,但中国在该合作机制中扮演的角色是"引领者"而非"主导者",中国的参与体现了负责任大国的积极作为⑤。但这一说辞并不能让那些不怀善意的外来势力口服心服,他们认为,中国作为全球性大国,占据湄公河上游的主导地位,在澜沧江上游进行梯级水电站建设,迟迟不介入流域唯一政府间国际组织MRC,反对1997年《国际水道非航行使用法公约》,在区域合作领域的态度一直是消极的,现在主动提出了澜湄合作机制,让人很难不把中国的行为与地区"水霸权"联系起来。我们如何直面中国被外来势力强加的"水霸权"身份定位,如何不被无端否认中国作为

---

① 澜沧江—湄公河合作中国秘书处.关于"3+5"合作框架[EB/OL].2022-09-24. http://www.lmcchina.org/2017-12/08/content_41448201.htm.
② 澜沧江—湄公河合作:机制建设[EB/OL].2022-10-17. http://www.lmcchina.org/node_1009503.html.
③ 澜沧江—湄公河合作[EB/OL].2022-09-24. https://www.fmprc.gov.cn/web/wjb_673085/zzjg_673183/yzs_673193/dqzz_673197/lcjmghhz_692228/gk_692230/.
④ 卢光盛.澜湄合作:制度设计的逻辑与实践效果[J].当代世界,2021(8).
⑤ 卢光盛,段涛,金珍.澜湄合作的方向、路径与云南的参与[M].北京:社会科学文献出版社,2018.

国际河流上游国和水量重要贡献国该有的流域地位,如何更好发挥中国在地区合作与水外交中的主导作用,必须找到充分的理由来支持我们的主张才是问题的关键。我们认为,倡导国际河流水权确权合作,可以为澜湄合作正名,促进合作共赢。

二、国际水权确权是跨界水合作的重要一环

国际水资源管理的"权利"问题研究,对于维持国家安全、人民生计和全球水资源的可持续发展都是极为紧迫的[1]。但迄今为止,该问题并没有引起足够重视,学界对其研究并不充分。2006年,联合国粮农组织(FAO)第92号法律研究《现代水权:理论与实践》指出,"现代水权运作体系是水治理的生命线,水权发挥着中心的作用,理论上很难设想,有除此法律框架之外的'良治'"[2]。但该研究主要是从国内法以及民法体系、普通法系等角度探讨水权改革问题,并没有对跨界水权或国际水权作出探讨。斯德哥尔摩国际水研究所在2009年世界水周上的报告《获取跨界水权:有效合作的理论与实践》,虽然指出了权利在国际水资源管理中的重要地位,但同样没有对国际水权概念、外延等做深入研究,而是仅对国际水合作中的利益分享、大小国权力博弈、环境保护作一般解读。值得注意的是,该报告对恒河合作、约旦河的水分配进行了研究,为国际水权研究提供了一些线索。

(一)国家水权与国际水权

要理解国际水权,首先要明确国家水权的概念。国家水权就是国家对该国领土内的水资源所享有的权利,它的上位概念是国家自然资源主权。1962年12月14日联合国大会通过的《自然资源之永久主权宣言》第1条就规定,"各国人民及各民族行使其对自然财富与资源的永久主权,必须为其国家的发展着想,并以关系国人民的福利为依归。"[3]从法理上说,自然资源主权首先包括土地所有权和管辖权两个组成部分。在一国领土内产生的水资源,不管是冰雪融水还是降雨,都应属于该国土地的自然孳息,其主权(所有权与管辖

---

[1] Jägerskog A, Zeitoun M. Getting Transboundary Water Right: Theory and Practice for Effective Cooperation[J]. Report Nr. 25. Stockholm: SIWI,2009:5.

[2] FAO. Modern water rights:Theory and practice[Z]. Rome: Food and Agriculture Organization of the United Nations,2006:4-37.

[3] 自然资源永久主权宣言[EB/OL]. 2022-09-25. https://www.un.org/zh/node/181279.

权)当然是该国的。国家水权是属于国家主权的理念为大多数国家在实践中遵循,法国、德国、日本等民法法系国家一般都在宪法或国家水法中明文规定,水资源属国家所有,国家拥有管辖权。而美国、英国、澳大利亚、加拿大、印度等英美法系国家,虽然没有严格遵循公法与私法的区别,但在水法领域也保留了罗马法的原则,即流动的水归属于公共法。这些国家在 20 世纪的水立法中,首先明确水为公共财产,当局对其享有控制权。国家对其境内可更新水资源数量享有水权,也体现在国际粮农组织(FAO)全球水与农业信息系统(AQUASRAT)中。数据库汇集了全球主权国家在 1960—2015 年各周期(5 年为一周期)的境内年均地表水和地下水资源的总量(扣除重复计算量)。

但对于涉及不止一国领土的国际河流来说,由于该水资源不受约束地自然流淌至国外,国家不可能对无法物理分割的界河水资源(邻国侧)行使管辖权,也不可能对要流出境外的跨界河流水资源享有管辖权,所以国家对国际河流的水权,也即本文所称的国际水权,只能建立在所有权之上。如:1944 年 2 月 3 日签订于华盛顿、至今仍被严格执行的《美利坚合众国与墨西哥合众国关于利用从得克萨斯州奎得曼堡到墨西哥湾的科罗拉多河、提华纳河及格兰德河(布拉沃河)水域的条约》,其第 8 条规定两国政府承认各自对国界水库中的水有着共同利益,在任何水库中,只要一国的蓄水容量已满,且已超过保持满蓄的水量,就应该把属于这国的水的所有权(ownership of water)交给另一国(第三款);而该条约第 9 条第九款则规定,河流主河道的水量损失,要按在损失的时间和地点内的河道输水水权的比例进行摊派[①]。可见,在 1944 年美墨水条约中,国际水权就是两国对国际河流中所应享有的水量所有权。另外,在 1954 年 4 月 16 日《捷克斯洛伐克社会主义共和国和匈牙利人民共和国关于边界河道开发的技术经济问题的协定》中,第 6 章规定了"水权"问题[②]。协定规定,缔约各方在不损害既得权利情况下,可以自由地使用边界河流一半的天然流量。这里的天然流量不包括通过设置人工障碍物增加的流量。所以,1954 年捷匈边界河协定中的缔约国水权,就是界河中一半的水流量。

总体来说,由于国际河流大多处于国家的边疆地区,水量利用并不充分,在有关国家缔结水资源开发条约时,这些地区的水量并没有成为缔约国特别

[①] 虽然这里条约原文都用所有权(ownership of water),但实际又是两国的国际水权。参见《领土边界事务国际条约和法律汇编》,中华人民共和国外交部条约法律司编译,北京:世界知识出版社,2006 年。

[②] 前引,《领土边界事务国际条约和法律汇编》,第 325 页。

关注的问题,但一国对于该国际河流的水权相当于该国对共享河流享有的一定水量的所有权,已经成为一种习惯规范被各国遵循。国际水权就是流域国家根据国际水法(包括国际条约和国际习惯),对跨界水资源水量所享有的所有权。

(二) 当前国际河流水量分配应立足于所有权

根据发展至今的国际水法基本原则,对于国际河流水量的使用与分配要遵守公平原则,要结合水文地理、社会经济条件、历史等因素予以确定[①]。这些因素非常全面,既包含主观因素也含有客观因素,供各国在实际合作时参考。因此,根据各国国际河流的具体水文特点、流域内社会经济的发展水平和各流域国的用水实际需求,确定各流域国所占有的国际河流水量,是实现公平水权的必要手段。安辛克和魏卡德指出,在许多国际河流流域,国家如果没有讨论河水分配,就会发生冲突[②]。

国际河流在水文、政治、文化方面都具有独特性,是造成河水分配冲突的主要原因,因此,在解决国际河流分水问题时必须考虑,是否可能构建一个统一的水量分配标准[③]? 在实践中,因各流域情况存在差异,各国政治经济利益诉求不同,国际上通常根据各流域国径流贡献情况、用水需求情况、河流的本身径流特征等因素进行谈判。从国家达成的分水条约的内容中,我们可以看出,国家在分水时大体会有两种不同的标准。一种是所有权标准,即基于河流每年可利用的水资源量和各流域国贡献水量为基础达成的水条约。沃尔夫在考察了 149 条国际水条约后分析得出:在这么多的水条约中,直接分水或者基于河水权分享水利益分配的条约有 29 条,以权利分水或分享水利益的条约占了近 2 成[④]。

另一种是基于优先使用权的标准,主要考虑灌溉面积、人口、水利工程等优先使用权因素。在 149 条水条约样本中,只有 4 条(约占 3%)以优先使用

[①] 国际法协会 1958 年在纽约会议上就采用了"各沿岸国有权合理和公平地在流域水资源利用中获益"原则,《赫尔辛基公约》支持必须考虑整个国家水需求的观点,规定"每个流域国在其领土范围内都有权公平合理地分摊利用国际流域水资源"(第 4 条)。1997 年联合国《国际水道非航行使用法公约》也规定了公平合理利用原则,并列举了需要考虑的因素。

[②] Ansink E, Weikard H P. Contested water rights[J]. European Journal of Political Economy, 2009,25(2):247.

[③] Wolf A T. Criteria for Equitable Allocations: The Heart of International Water Conflict[J]. Natural Resources Forum,1999,23(1):3.

[④] 同③。

权为导向的分配标准,随着时间的推移,其安排具有相当的不确定性和不稳定性,矛盾会持续并导致冲突。如1959年的《全面利用尼罗河水协议》,虽签约主体不能代表上游国家为众多学者诟病,但条约中对埃及、苏丹优先使用尼罗河水的确认与分配却在实质持续损害上游国家的水权与利益[①]。另外,使用需求导向的分水,还会导致流域国的要求脱离水文实际,增加合作难度。如在中东两河流域,土耳其、叙利亚、伊拉克三国曾基于各自需要提出水量要求,提出的水消费需求已经超出了两河所能提供的水资源总量[②]。要化解国际河流分水冲突,实现地区稳定发展,分水标准应更多倾向于客观因素,因为这些客观因素指标基于水文地理,具有稳定性,且更容易量化、更加务实。所以"尽管从国际水法的发展过程来看,流域国一直尝试将国际河流水资源分配标准置于法律或者经济层面进行考虑,但它却永远是一个地理学上的问题"。

（三）流域国家国际水权水量份额的计算方式

有学者认为,在存在跨界水资源问题的流域,矛盾的重点是环保以及社会经济需求等,而不是分水。况且,1997年的《国际水道非航行使用法公约》第5条提出国际水道"公平合理利用和参与"原则,第6条紧接着阐释何为"公平合理利用",即必须考虑地理、水文、生态、流域国的社会经济需求、流域国依赖水道的人口、流域国对水道的现有和潜在利用、水道水资源的养护等,并特别指出"在确定一种使用是否合理公平时,一切相关因素都要同时考虑,在整体基础上做出结论"。但实际上,正是此公约对于流域国家基于主权基础上水权的含糊态度,导致经过17年时间,到2014年8月才达到35个国家正式接受的国际法生效条件,迄今为止,不到40个当事国(其中还有几个国家根本没有国际河流)的公约的具体条文,不可能形成国际社会的一般国际规范或国际法规则[③]。

---

① 1959年《全面利用尼罗河水协定》由埃及和英国(英国代表苏丹)签订,在尼罗河840亿立方米总水量中,埃及分得555亿立方米,苏丹分得185亿立方米。埃及对此协议的坚持,是造成尼罗河水争愈演愈烈的主要原因。

② 王志坚.水霸权、安全秩序与制度构建:国际河流水政治复合体研究[M].北京:社会科学文献出版社,2015.

③ 根据1969年《维也纳条约法公约》,当事国是指正式接受条约且条约已经生效的国家。条约条文以及条约当事国见:https://treaties.un.org/Pages/ViewDetails.aspx?src=TREATY&mtdsg_no=XXVII-12&chapter=27&clang=_en.

在实践中,国际河流流域国家进行分水或水权谈判时要考虑的因素,主要是地理水文因素,在1960年签订至今仍生效的《印度河水条约》中,双方明确约定在印度河水系中,东部三条河流的全部水量归印度,西部三条河流的所有水量归巴基斯坦,他们都可以无限制地利用条约分配水量。虽然这样的水权分配没有能完全杜绝近年来的水争议,但从总体上说,有明确的水权归属,确实为两国水合作乃至地区和平发展奠定了坚实的基础①。

虽然分配河道内水量所有权或流量就等于分配国家水权的观点,已为众多国际水条约所确认②,但并不是一国境内的所有产水量会完全成为该国的水权。在国家间进行水分配时,还必须考虑水生态和环境保护的因素,为河流生命留下足够的水,这也体现在一些国家水合作条约中③。基于国际水权即该国应该拥有的一定量的国际河流水量所有权(份额)的观点,在国际河流的国际水权分配中,应考虑到流域总水量、各国产水量、生态环境需水量、流域人口的人均最低需水量等几个客观因素。有了上述几个数据,就可以确定流域国家的水权份额和在流域总体水量中更为科学的占有比率。

国际流域的总水量是一条国际河流流域干支流以及与其有直接水文联系的地下水总年均水量,一条国际河流流域最少有2个流域国,那么这个总水量就成为各个流域国的共同财产。如世界水量第一大河亚马孙河流域总水量约63 745亿立方米,这么多的水量由巴西、哥伦比亚、秘鲁等9国共享。各国产水量是该国际河流流域各流域国各自的领土对该河流水资源的国别产流量,如在亚马孙河流域,巴西贡献了约76%的水量。生态需水量是指维系生态系统平衡最基本的需用水量,是生态系统安全的一种基本阈值④。河流多年平均流量的30%是河流生态系统退化的分界点,河流能为大多数水生生物提供良好的栖息条件所需要的基本径流⑤。因此河流水量的30%可以看成是流域的生态需水量。在流域国分配水权的时候,首先应把河流的生态需水水量扣除。

---

① Perry C, Kite G. Water Rights[J]. Water International, 1999, 24(4):341.
② 如:1959年11月8日年埃及—苏丹尼罗河协议第1条;1995年9月28日以色列—巴勒斯坦临时协议第40条;2002年8月29日莫桑比克、南非、斯威士兰茵科马蒂和马普托水道三方协定第4条等。
③ 如:1956年10月27日法国和联邦德国莱茵河上游专约第8条;2002年8月29日莫桑比克、南非、斯威士兰三方协定第5条等。
④ 夏军,郑冬燕,刘青娥.西北地区生态需水估算的几个问题探讨[J].水文,2002(5).
⑤ 王志坚.国际河流法研究[M].北京:法律出版社,2012.

另外，随着人口的增多，水人权的保护已经普遍为各国所承认，流域当地人口的水人权，即人均最低需水量（包括维持生活、卫生以及食物生产所需的最低水量）也应得到保证。瑞典著名水资源学者法尔肯马克等人于1992年正式提出了用人均水资源量作为水资源压力指数以度量区域水资源稀缺程度的观点。他们根据干旱区中等发达国家的人均需水量，确定了水资源压力的临界值：当人均水资源量低于1 700立方米/人每年时，就会出现水资源压力。虽然该指标存在一些前提条件和弱点，但它仍可以用来确定大部分国际河流流域人口的人均最低需水量。在大多数国际河流流域，流域国进行水权分配的时候，扣除流域人口的最低水量也成为必要条件。

扣除流域生态需水和流域人口最低需水的水量之后，整个流域所有国家的国际水权总和水量就确定了，每个国家的水权份额就是水权总量乘以各自流域国家产水量贡献率。各国水权比率就是其与扣除生态需水和人口最低需水后的水权总量的比值。

用该标准确定国际水权，有利于维护国家主权、保障人权、保护环境：

1. 以各国对河流的水量贡献为基础体现了国家主权平等原则与自然资源永久主权原则

国家主权平等原则被《联合国宪章》等诸多国际条约确认为国际法基本原则。一系列联合国大会决议也支持了国家自然资源永久主权原则，如1962年12月14日通过的《自然资源之永久主权宣言》第5条，"各国必须根据主权平等原则，互相尊重，以促进各国人民及各民族自由有利行使其对自然资源的主权。"1974年《各国经济权利和义务宪章》第2条第一款明确规定："每个国家对其全部财富、自然资源和经济活动享有充分的永久主权，包括拥有权、使用权和处置权在内，并得自由行使此项主权"。国际河流因其位于两国之间或者流经不同的国家，其整体性被国界所分割，其水权被国家的主权所涵盖，水权是国家主权的组成部分，因此，国际河流中的水权分配不仅牵涉相关国家的政治、经济、社会平等发展以及区域内国家关系，而且是国际社会面临的最复杂与尖锐的问题之一。

国际法上，国际河流属于各有关国家的领土，各国享有对通过其领土的那一部分河流水量的所有权。一个国家对国际河流的主权分为对国际河流水面的管辖权以及国际河流水体的所有权。用国家水量贡献比例作为水权计算基础，也体现了对基于领土的国家发展权的尊重。联合国大会1986年12月4日决议通过的《发展权利宣言》中有"承认创造有利于各国人民和个人发展的条件是国家的主要责任""人的发展权利这意味着充分实现民族自决权,包括在关于人权的两项国际盟约有关规定的限制下对他们的所有自然资源和财富行使不可剥夺的完全主权"(第1条第二款)。国家基于领土主权理论对国际河流水资源享有一定的所有权,体现了实体正义,也是国家获得可持续发展的重要保证。

2. 预留流域人口的基本用水需求体现对水人权的尊重和流域国家的使用现实

水是有限的自然资源,是一种对维持生命和健康至关重要的公共消费品。人的水权是一项不可缺少的人权,是人有尊严地生活的必要条件,水权也是实现其他人权的前提条件。1966年《经济、社会、文化权利国际公约》第11条第一款规定,"缔约国确认人人有权享受其本人及家属所需之适当生活程度,包括适当之衣食住及不断改善之生活环境。"[1]"包括"一词表明所提到的权利并非全部,水权明显属于实现相当生活水准的必要保障。联合国经济及社会理事会之经济社会文化权利委员会通过的关于水权的一般性意见(2002年)指出:"为履行水权方面的国际义务,缔约国必须尊重其他国家人民对这一权利的享有。国际合作原则要求缔约国避免采取行动,直接或间接干预其他国家人民享有水权"(第31条)[2]。预先扣除流域人口最低需求水量,体现了对个体水所有权的国际保护,这种对个人水权的保障不仅来自母国,还有国际法(条约)层面的支持。这种国际水权建构和水人权观念接轨,将个人水权从自然水量中预留出来,也有利于国家在国际法层面进行责任预先明确,防止一些流域国把本国人民用水短缺的责任推给别国。

另外,在国际河流流域中生活人口的水人权,包括对维持其生命至关重要的饮用、卫生水量和维持其本身生活的粮食生产需水量。对流域人口的基本生活用水和食物生产用水水量进行赋值,保障了水人权。由于计算基数按照现有流域人口,这样的计算方法充分考虑了对那些使用上游河水历史长、流域人口众多的下游国家的人道主义关切。

3. 预留生态需水体现了对国际河流环境权的保护

1972年《斯德哥尔摩宣言》主张:"按照《联合国宪章》和国际法原则,各国

---

[1] 经济、社会、文化权利国际公约[EB/OL]. 2022-09-25. http://vod6.pkudl.cn/xzgl/xzfx/contents/rule/rul_002_01.pdf.

[2] 第15号一般性意见:水权(《经济、社会、文化权利国际公约》第十一条和第十二条)[EB/OL]. 2022-09-24. http://www.humanrights.cn/html/2014/1_1009/1879.html.

具有按照其环境政策开发其资源的主权权利,同时亦负有责任,确保在其管辖或控制范围内的活动不会对其他国家或国家管辖范围以外的地区环境造成损害。"关于自然是否应该具有法律地位的争论,至少自1972年以来就一直存在,但许多问题仍然悬而未决①。现在我们的环境正在恶化,需要通过法律和条约来保护环境,如果一个跨界水体被赋予法律人格,就需要探讨对各国管制国际河流流量的权利的影响。由于国际河流是在国家间连续流动的水体,一个国家只有其中一段水体的所有权。国际河流中宝贵的淡水资源,不但要维持人类生存,而且对于维持全流域生态与环境具有重要意义。因此,根据可持续发展原则,我们对国际河流的开发,不仅应满足国际河流流域国家社会经济发展的需要,还应该保护生态环境,预留满足生态用水需要的水量。也就是说,各国并不能自由处分境内的所有水体,沿岸国家进行国家水权确定之前,必须留出一定数量的水作为河流的环境水权,以满足河流的最低生态要求。扣除国际河流生态需水,能满足对跨界水体的合理利用目标,可以维持国际河流的可持续发展。只有扣除了生态需水,才能保护和保全国际河流生态系统,实现国际河流永续流淌,进而促进全球环境保护。近年来,虽然还没有赋予国际河流环境权的条约,但一些国家和地区开始赋予各种水体的法律权利,如美国匹兹堡市2010年通过的《匹兹堡反水力压裂条例》,赋予了"自然社区和生态系统"的权利,包括水权;玻利维亚于2010年通过了关于地球母亲权利的第071号法案,承认自然为公共利益法人,享有环境权。在国际水权确权的过程中,考虑河流的生态环境权,也符合最新的环保理念。

更重要的是,预先明确国家对共享国际河流的水权,也就明确了流域国对该部分水利益所应承担的国际义务。根据权利与义务大体对等的原则,国家就会有动力来进行相应的水环境保护,共享流域国也就可以根据自己在流域整体水权中所占的比重,对其他国家要求本国承担超出本国水权与水利益的环境保护责任进行抗辩。

三、国际水权确权有利于推进澜湄合作

有学者认为,水权分配是一个非常复杂的问题,一般是极度缺水的流域

---

① Eckstein G, Andrea A D, Marshall V, et al. Conferring Legal Personality on the Worlds' Rivers: A Brief Intellectual Assessment[J]. Water International, 2019,44(6-7):804.

才不得不进行水权分配,而澜湄流域总体上水量丰富,主要存在的问题是水量时空分配不均、水资源开发不协调和水基础设施的环境影响评估不充分等,现在澜湄合作机制下主要应讨论流域国家的资源协调开发和利益共享问题,不应过多关注国际水权问题。

事实上,很多国际流域没有进行水权分配不是因为水权不重要,而是当事国已经默认本国水权份额的存在,并已经根据此权利份额对水资源进行协调开发与利益分配了。在很多水条约中,对缔约国边界的流量与水量水文数据的明确,就隐含着对各国现有水权的数量或份额的确认。在澜沧江—湄公河流域,对水量时空分布的调配、水利基础设施建设的协调、环境保护的承担等方面的明确,都是建立在各国大致的水权份额之上的。不然,一直以来被各国政府、各类专家所援引的湄公河流域各国的水量贡献比例就没有意义了①。世界上大多数的水条约之所以不在文本中明确流域国水权问题,是因为"水权"大体上还是一国主权内"使用权"的概念,和水量所有权并不等同,只好用水量、流量使用来代替。

另外,有学者认为,湄公河流域水权确定不现实,未来中国和湄公河国家最多也只会确定一个生态流量,这代表着中国至少要放多少水下去,而不是说把水分成十份,每个流域国家占多少份。其实,持此种观点的人混淆了"实然"和"应然"两个概念。尽管未来中国和湄公河国家实际上可能会确定一个生态流量,让一定的水量下泄,但同样应确定各国依次的下泄流量,这样才体现流域各国的平等地位,各国的下泄流量同样应该建立在明确的水权之上。只有明确各国大致应有的水权份额,才能真正公平地协调各国开发与保护,实现湄公河可持续开发。

甚至,有学者会认为,以河流水量贡献、预留人口基本用水需求、预留生态需求作为水权分配的标准,不可能被下游国家所接受。其实,这正是我们提倡水权确权的目的所在。当前,在湄公河流域,由于环境保护、当地的权利、下游国水利益的单方面强调,忽视上游国权利成为一种被认可的语言习惯,甚至很少人会主动为上游国的权利正名。在国际河流的问题上,上游国是天然的少数国家,其权利在历史上大多一直被中下游侵占,即使现有生效条约也很少有明确上游国权利的。甚至中国、土耳其作为极少的国际河流完全上游国,反对1997年的《国际水道非航行使用法公约》的行为也被认为是

---

① 各国水量贡献分别为:中国16%,缅甸2%,老挝35%,泰国18%,柬埔寨18%,越南11%。

"水霸权"佐证之一,而很多国家即使很早就"签字"同意了 1997 年公约,却迟迟不愿批准的事实却被忽视。倡导在湄公河流域的水权确权合作,虽可能并不会缔结国际条约,但至少在国际舆论和个人心理层面,让有权者有了话语空间。根据水权确权的理论,每个国家都有权在每年使用、调配水权份额内的水量,主权用水行为也不应该被其他流域国无端否决。以国家水权份额(比例)为基础,流域各国可以进行权利基础之上的公平合理利用、责任承担、利益分享,并可以对水权进行交易,以平衡上游和下游国家之间的权利和义务。

澜湄合作机制是我国首次主动推动的以国际河流流域为合作地理范围的多边水外交举措,它的目标不仅仅是单纯的跨界水管理合作,其合作的主体也不限于国家行为体。建立在国家水权确权基础上的合作,有利于推进澜湄合作进程。

(一)国际水权确权在突出澜湄合作预防性的同时减少进攻性

不断增长的人口、不断扩张的经济、日益增长的环境压力和不可持续的消费,正在对世界共享的水资源施加越来越大的压力。地球总人口在过去 100 年里增长了四倍,全球用水却增加了近八倍[1]。这些影响已经在许多主要的跨界流域出现,包括南亚恒河、印度河流域,中亚咸海流域,非洲尼罗河、乍得湖流域,西亚约旦河、底格里斯—幼发拉底河流域等。这些流域每年的取水量大多超过河流长期流量平衡,生态系统也遭到了破坏,水资源危机凸显,共同沿岸国之间在过去多次发生了从外交语言对抗到军事对峙等程度不一的水冲突。诚然,水权分配是一个非常复杂的问题,澜湄流域总体上水量也较为丰富,但水量时空分配不均、水资源开发不协调和水基础设施的环境影响评估不充分这些问题尤为明显。水冲突不仅会出现在干旱缺水的流域国家之间,科学的国际水权确权有利于澜湄流域国家间水外交的开展。

水外交被理解为包括共享水资源的沿岸国之间关系行为,以加强它们之间在这些资源的联合管理方面的合作,而且涉及水部门以外的目标,即区域稳定与和平[2]。采取预防性措施是现代外交的趋势,国家利用不同的和平手段,包括利用国家硬实力与软实力开发自然资源,促进合作,消除可能造成冲

---

[1] Wada Y, et al. Modeling global water use for the 21st century: the water futures and solutions initiative and its approaches[J]. Geoscientific Model Development, 2016,9(1):175.

[2] Schmeier S, Shubber Z. Anchoring water diplomacy—The legal nature of international river basin organizations[J]. Journal of Hydrology, 2018,567:114.

突的因素。在全球和国家一级,联合国及其会员国以及一系列行动者均认识到预防性外交在缓解和/或限制当事方之间争端升级方面的作用①。在外交的新趋势中,由于全球治理和国际合作的加强,出现了更专业的形式,要求外交官在水、能源和农业等专业领域获得专业知识②。以水权确权合作为基础的水外交,强调流域国家为主体,将解决水危机带来的问题放在优先地位,突出了澜湄合作的预防性。

中国牵头建立澜湄合作的新倡议,强调经济议程与水资源管理相关的新合作领域,一定程度上是中国为了缓解在水资源议题上的国际压力而成立的多边机制③。澜湄合作是中国意识到了河流政治对外交关系产生的潜在负面影响,从而开始实施的更积极、更具预防性的水文政治战略④。有学者根据国家对水资源的利用权和分配权的运用方式不同,认为水外交可分为促进与他国水合作的"防守型"与制衡他国、服务于本国大战略的"进攻型"两个层面⑤。但这样的划分并不妥当,因为水资源的利用权与分配权有很强的地域属性,同一流域国家围绕相同事项展开谈判,其最终目的是地区合作。况且两者也"并非是简单对立的关系,而是在一定条件下可以相互转化"⑥。中国倡导的澜湄合作,认识到当前水共享谈判实践的固有局限性,提倡"非零"和"合作"(即流域各方都获得净收益的情况)。水外交不是只就冲突问题进行谈判,相反,如果处理得当,它有助于在易发生冲突的各方之间(重新)建立信任关系⑦。正确处理水争端有助于防止进一步的冲突并使变革更具可持续性⑧。

---

① United Nations. Preventive Diplomacy: Delivering Results, Report of the Secretary General, New York, S/2011/552, accessed August 26, 2011. https://www.un.org/undpa/sites/www.un.org.undpa/files/SG%20Report%20on%20Preventive%20Diplomacy.pdf.

② R. Ton, Ron. Trends in Diplomacy, 15 July 2015, The "3-C diplomat" and Innovation in Diplomatic Training, https://www.clingendael.org/publication/trends-diplomacy, accessed September 24, 2022.

③ Middleton C, Allouche J. Watershed or Powershed? Critical Hydropolitics, China and the "Lancang-Mekong Cooperation Framework"[J]. The International Spectator, 2016, 51(3):100.

④ Biba S. China's "Old" and "New" Mekong River Politics: The Lancang-Mekong Cooperation from a Comparative Benefit-sharing Perspective[J]. Water International, 2018, 43(5):639.

⑤ 张励. 水外交:中国与湄公河国家跨界水合作及战略布局[J]. 国际关系研究, 2014(4).

⑥ Cooperation mechanisms, accessed September 22, 2022. https://www.mfaic.gov.kh/Page/2021-02-08-Mekong-Cooperation-Framework.

⑦ Barua A. Water diplomacy as an approach to regional cooperation in South Asia: A case from the Brahmaputra basin[J]. Journal of Hydrology, 2018, 567:61.

⑧ Wehrenfennig D. Multi-track diplomacy and human security[J]. Journal of Human Security, 2016, 7(7):82.

因此在湄公河全流域内建立具有约束性的地区性协议和流域决策机制,是构建湄公河流域命运共同体的关键。借鉴国际上一些成功的委员会表决机制,可以在湄公河全流域制定基于各国水权份额的决策方法。基于水权比例的流域重大事项决定方法,可以用客观的流域国家水权份额来指导有关涉水方面的国际合作,这样就排除了因中国的面积广、综合实力强大对其他合作方造成的压迫感,从而减少澜湄合作层面的进攻性。

(二)国际水权确权强调河流的生态价值用以增加澜湄合作的专业色彩

从最广泛意义上的表面价值来看,"水外交"仅指与水有关的所有外交关系和努力,但这种定义显然不足以分析和解释当今世界纷繁复杂的水合作现象。从现有的理论文献和政策方法中可以发现,存在两种有时相互竞争但又相互补充的定义方法,一个侧重于使用外交方法进行共享水资源的管理;另一个则强调水是合作的门户[1]。前者强调合作的必要性,以解决水问题。在这个框架中,"水外交是一种适应性水管理的理论和实践",通过"将科学、政策和政治考虑在内的外交"来管理"水冲突"[2]。如中国、埃及、土耳其等国际河流沿岸国家,通过与周边国家合作达成共享河流的水资源管理。后者更广泛的取材借鉴了环境和平建设的逻辑,它可以被视为水外交的伞形领域[3]。这种水外交定义侧重于将水当成合作的桥梁,既可以为国际河流流域国家用来作为周边水外交的战略,也可以为非流域国家采用,他们通常会以共同应对水环境问题、水人权问题进行水外交,而不管是否涉及跨界水问题,如美国的"湄公河下游倡议"以及美国对阿富汗的"水援助"等。所以按照目的,水外交大致可分为两类:一类是为实现水目标本身而开展的外交活动;另一类是为实现其他外交目标(包括政治、经济和军事)而开展的与水相关的外交活动[4]。澜湄合作显然两种目的都有。但鉴于下游国家和域外势力更为看重和水资源直接相关的资源、环境方面的合作,水权合作可以弥补水资源与环境

---

[1] Farnum R L. Drops of diplomacy:Questioning the scale of hydro-diplomacy through fog harvesting[J]. Journal of Hydrology,2018,562:447.

[2] Islam S, Susskind L E, Water Diplomacy:A Negotiated Approach to Managing Complex Water Networks[M]. New York:Routledge,2012:323.

[3] Conca K. The case for environmental peacemaking,in K. Conca and G. D. Dabelko[M]. Baltimore:Johns Hopkins University Press,2002:5.

[4] 郭延军."一带一路"建设中的中国周边水外交[J]. 亚太安全与海洋研究,2015(4).

合作在澜湄合作中的地位。2019—2020年,泰国连续两年创纪录的干旱状况被认为是过去40年来最严重的干旱,有25个省份被宣布为干旱灾区,2019—2020年干旱严重影响了湄公河流域大量沿岸渔民和农民的生产和生活。泰国东北部和柬埔寨的渔民报告称,湄公河支流的渔获量急剧下降,柬埔寨和越南的许多农民则离开农场到城市地区寻找工作[1]。因此,国际水权确权合作,首先要预留河流生态需水,尊重河流的环境权利,这在一定程度上保证了流域的生态健康。同时,在数据、信息共享的前提下,流域各国还可以执行更为细致的共同行动,保证旱季湄公河干支流水量在每月都能符合生态需水要求。

虽然水资源合作是澜湄合作机制发展的关键,但不可否认的是,澜湄机制的水资源合作与日本、美国等西方国家主导成立的各种湄公河合作机制多有重合,在"大湄公河次区域""湄公—日本合作""湄公—美国伙伴关系"等机制中,均有维护湄公河环境、关注气候变化、支持地区可持续发展等内容。我国澜湄合作机制与已有其他机制的主要区别在于农业灌区规划、水电发展等方面,而要在这两个领域取得成功的合作,各国之间的水权确权合作不可避免。如根据湄公河流域六国的国家水权比率(中国占18.6%、缅甸占2.07%、老挝占36.36%、泰国占16.12%、柬埔寨占20.04%、越南占6.82%)进行决策,对于水利灌溉、水电建设、流域水利发展战略等重大事项,国际水权比重小的国家(如小于15%)或流域外国家及国际组织,只有项目环境评估的建议权,不具有实质否决权或启动预先协商程序(在湄委会机制中称为PNPCA)的权利,这就能保证重要事项决议的民主性和科学性[2]。

(三)国际水权确权有利于体现对流域当地社区的历史文化关怀

水权确权合作充分考虑澜湄流域当地人口的水人权,尊重了各国对水的历史使用,体现对流域当地社区的历史、文化关怀。

水外交学术研究刚出现的时候,遵循经典的国际关系表达范式,水外交应以国家为中心。水外交的逻辑建立在关于环境安全、冲突、合作和和平建设的辩论之上,这些辩论在冷战结束时获得了牵引力[3]。伊斯兰和萨斯金德

---

[1] Dams and droughts, data and diplomacy in the Mekong, accessed September 25, 2022. https://www.sumernet.org/story/dams-and-droughts-data-and-diplomacy-in-the-mekong#_msoanchor_1.

[2] 邢鸿飞,王志坚. 湄公河水安全问题初探[J]. 世界经济与政治论坛,2019(6).

[3] Farnum R L. Drops of Diplomacy: Questioning the Scale of Hydro-diplomacy through Fog Harvesting[J]. Journal of Hydrology, 2018,562:446.

将水外交定义为国家之间旨在避免各方之间敌对的水互动实践。然而,沃尔夫和哈姆纳等学者发现,在非武装冲突环境中,水的暴力行为通常发生在次国家层面[1]。艾伦展示了当今全球政治经济的现实如何通过虚拟水帮助缓解中东冲突[2]。沃尔夫等众多学者进一步的定量分析,显示了关于环境冲突的假设——最值得注意的是"水战"——"往好里说是过于悲观,往坏了说是大错特错"[3]。在水合作为历史的经验和未来的趋势的语境下,水外交的主体自然要求多样化,这促使各种利益相关方各自评估有助于找到其认为共同管理淡水资源的方法,这也是域外多个国家加入湄公河发展进程的重要理论支撑和背景。他们认为,湄公河水管理是一个动态的过程,应制定合理、可持续和和平的水管理解决方案,同时促进或告知河岸利益相关方之间的合作与协作。

从区域到当地经济以及文化和精神,湄公河及其生态系统具有许多价值。西方国家多从此角度批评湄公河各国政府将河流的经济价值和区域经济一体化置于当地经济、生计和文化价值之上,现有合作机制也多以国家为中心,淡化了包括民间社会团体和当地社区团体在内的非国家行为者的作用。中国的澜湄合作主体虽然也具有多层次性,但该合作机制与其他合作机制的执行形式并无实质区别,日本、美国、印度、韩国以及一些西方国家主导建立的合作机制,在执行机制上都有类似安排,且在人权、当地历史文化保护某些方面更为成熟。但如果澜湄合作以预留当地水人权基础上的水权确权合作为基础,就可以合理排除这些域外国家不怀好意的指责,从而使他们主导的合作机制停留在辅助、支援的层面上,难以对澜湄国家间合作造成实质上的阻碍和误导[4]。这样的流域共识的形成,有利于团结澜湄国家,使它们同心同德,共同发展经济与保护环境,保卫共同的生态家园。

---

[1] Wolf A T, Hamner J H. Trends in transboundary water disputes and dispute resolution[J]. Environment and Security: Discourses and Practices, 2000:128.

[2] Allan J A. Hydro-peace in the Middle East: Why No Water Wars? A Case Study of the Jordan River Basin[J]. SAIS Review. International Affair, 2003:255-272.

[3] Arsel M. Fuelling misconceptions: UNEP, natural resources, the environment and conflict[J]. Develop and Change, 2011,42(1):450.

[4] 非流域国虽然没有湄公河水权,但他们用为当地人争取水人权等借口介入,可能形成不当掣肘,而澜湄水权合作不但考虑了流域国家水权,而且为当地人口预留水人权,这样就可以在国家和当地社区人民两个层面上,构建流域命运共同体。

（四）国际水权确权引导下的澜湄合作能有效抵消中国"水威胁"论调

湄公河下游国家对湄公河水资源的依赖性和敏感性很高,治理水污染、水灾害对于资金、技术的需求也会很大,而下游五国国家经济发展水平普遍较低,这时域外国家便会趁机介入,"帮助"流域各国进行水资源安全治理,并发展其在中南半岛的利益,影响到中国与湄公河流域国家关系的良好发展。在"中国水威胁论"的煽动下,中国"一带一路"倡议的开展也会受到很大的负面影响[1]。而水权确权引导下的合作,不仅仅是围绕环境问题的和平外交,更是资源开发、共同发展型的水外交。以水权合作为基础的澜湄合作,就可以轻易化解被动"水霸权"的不利舆论。根据前述水权确定路径,扣除环境权和水人权水量外,中国在澜沧江—湄公河的国际水权水量为 44.231 758 立方千米,约占澜沧江—湄公河全年水量的 9%,而中国境内消耗的澜沧江水量不足 1%[2]。中国不但没有侵占下游国家的水权,反而受制于下游国家维护先前既得利益(不受干扰的水量和水质)的要求。中国在境内流域建设梯级大坝对预防下游雨季洪水、缓解下游旱季干旱起到了重要的调节作用,大坝调节的水量还可能为下游国的水电站提供稳定来水,增加水电收入。但受外来势力干扰,不但中国没有得到相应的利益补偿,反而被一些下游国和域外国家非难。这与当今世界国际河流合作的典范——美国—加拿大哥伦比亚河合作截然相反。1964 年生效的《哥伦比亚河流域可持续发展协定》规定,下游国美国要向上游国加拿大支付 6 400 万美元,用于建设大坝用于流域防洪、改善水流和水力发电;美国还向加拿大支付 187.5 万美元,用于四个洪水期间大坝设施运营费用;另外还规定,因美方电力增加得益于加拿大,下游(美国)电力收益的一半要给加拿大[3]。1964 年,加拿大与美国之间的换文确定,加拿大以 2.54 亿美元的价格先将 30 年的下游电力收益出售给了美国。加拿大在哥伦比亚河合作中之所以获益,主要原因是作为上游国,加拿大贡献了哥伦比亚

---

[1] 邢伟.澜湄合作机制视角下的水资源安全治理[J].东南亚研究,2016(6)．

[2] 中国驻泰大使:"中国在湄公河上游蓄水发电加剧下游干旱"纯粹是假消息[EB/OL].2022-09-24,https://www.chinanews.com.cn/gj/2021/10-21/9592083.shtml.

[3] Dinar S. Treaty principles and patterns: selected international water agreements as lessons for the resolution of the Syr Darya and Amu Darya water dispute, in H. Vogtmann and N. Dobretsov (eds) Transboundary Water Resources: Strategies for Regional Security and Ecological Stability, Dordrecht[J]. Netherand: Springer, 2005:156.

河水量的30%～50%。

根据湄公河公平水权和利益分享的理论,下游国家应该至少要向上游国支付水库运营、水量调节、信息提供等用于其防洪抗旱的减灾费用,但目前中国向湄公河委员会以及下游四国提供的湄公河水文全年信息,基本是单方面的义务,更不用说分享下游国收益。甚至中国在上游的一举一动还要受到美国等西方国家的"监视",所以中国不但没有在湄公河流域行使水霸权,反而在水量的问题上,受制于一些下游国家和西方国家联手建立起来的实质水霸权(如MRC制度上的用水控制权、环保思潮的"让河流自由流淌"理念等),受累于名义"水霸权"和"中国水威胁论"。只有在水权确定的前提下,缔结流域公平条约,共享收益、共担责任,才能实现流域生态可持续发展。

国内学者对于澜湄合作所面临的挑战主要有以下几点分析:第一,澜湄合作机制与已有多个国际合作机制重合问题,制度间的竞争显著存在[1];第二,澜湄合作本身面临着机制赋权、能力建设和内外协调等挑战[2];第三,偏重于经济导向思维,对流域各国面临的气候变化、自然灾害等问题关注不足等[3]。学者们虽然看到了问题的所在,但并没有提出一个切实可行的解决路径。水权确权可以为解决这些问题提供另一种思路。全流域国家在国际水权确权基础上的澜湄合作,可以与其他多个国际机制明显区别开来,国际水权是全体流域国享有的扣除该流域环境权和水人权之后的水所有权,而某一国的国际水权就是该国水量贡献率与流域总国际水权的乘积。湄公河委员会没有正式包含所有流域国,而且没有确定各自的权利与义务,而其他合作机制或多或少地将没有国际水权的域外势力拉入其中,增加了离心力,不利于协调发展,更不利于确立共同目标。预留环境水权和水人权之后,赋予澜湄流域各国的国际水权,有利于各国在权利份额的基础上加强能力建设,内外协调。国际水权确权路径中的环境水权确定,也作为必须考虑的因素予以单列,直接反映各国保护水环境的利益诉求。

国际水权确权还可以协调由于地理区位、发展战略、对外政策等差异带来的各国发展分歧[4]。如水电开发、农业灌溉、渔业、水稻种植、防洪抗旱以及

---

[1] 罗仪馥.从大湄公河机制到澜湄合作:中南半岛上的国际制度竞争[J].外交评论,2018(6).
[2] 卢光盛,罗会琳.从培育期进入成长期的澜湄合作:新意、难点和方向[J].边界与海洋研究,2018(2).
[3] 全毅.中国—东盟澜湄合作机制建设背景及重要意义[J].国际贸易,2016(8).
[4] 马婕.澜湄合作五年:进展、挑战与深化路径[J].国际问题研究,2021(4).

防止海水倒灌等问题,各国之前在水量分配、用水时间调节、污染治理等方面,都有侧重,短期内难以形成妥协。基于水权比率基础上的重大事项表决机制,可以及时协调上下游水管理行动,并实现利益共享与损失共担。

  国际水权确权有助于化解"中国水霸权论"与"中国水威胁论"。虽然澜湄合作机制将政治安全作为三大支柱之首,更多地关注区域安全与政治互信问题,但水合作机制偏重政治导向,有时反而会给外界增加地区安全威胁感知,也容易被域外势力引导舆论,诱导域内国家形成心理对抗。而澜湄合作属于内源型合作①,要充分发挥其域内国家合作优势,国际水权确权合作是重要支撑和不可缺少的环节。虽然美国等西方国家的湄公河水外交,在历史、技术、资金和人员上具有比较优势,但在水权确权问题上,天然的流域"命运共同体"是域外国家无法具备的天然优势②。水权合作具有合作的国家性、专业性,对合作机制孵化具有其他合作无可比拟的优势,对澜湄国家命运共同体建设具有重要的战略意义。

---

① 罗圣荣,苏蕾. 澜湄合作与大湄合作的比较及启示[J]. 和平与发展,2019(1).
② 邢伟. 美国对东南亚的水外交分析[J]. 南洋问题研究,2019(1).

第十三章
湄公河水问题的安全化

一、问题的提出

根据联合国环境规划署 2002 年统计,我国有 18 条国际河流,国际河流数量仅次于俄罗斯、美国、智利,与阿根廷并列第 4 位[①]。这些流域涉及东北亚、中亚、南亚、东南亚等 19 个国家,影响约 30 亿人口。我国境内国际河流流域面积约 280 万平方千米,约占整个陆地国土面积的三分之一[②],境内产生的水资源量约为 7 278 亿立方米,占全国水资源总量的 27%[③]。同时,我国也是世界上人均水资源较贫乏的国家,人均水资源量约为世界人均的四分之一,对国际河流的开发将有助于缓解水资源供需矛盾。但由于我国国际河流开发时间晚,面临着国际舆论、水资源发展理论等许多制约与挑战。湄公河(我国境内河段又被称为澜沧江)是我国西南最重要的国际河流,共有中国、老挝、缅甸、泰国、柬埔寨和越南等 6 个流域国。根据美国俄勒冈州立大学跨界淡水争端数据库(TFDD)统计,湄公河流域的总面积与各国所占面积、流域内总人口、各国人口以及人口密度、流域年均水量与各国水贡献量的基本参数见下表[④]。

[①] 王志坚.权利义务对等原则在国际河流水体利用中的适用——兼及国际河流水权的构建[M].南京:河海大学出版社,2017.
[②] 邓宏兵.我国国际河流的特征及合作开发利用研究[J].世界地理研究,2000(2).
[③] 刘恒,耿雷华,钟华平,等.关于加快我国国际河流水资源开发利用的思考[J].人民长江,2006(7).
[④] 表中国家年均水量以及国家水量/水量数据来源:Transboundary Freshwater Dispute Database (TFDD) (2007). Oregon State University. http://www.transboundarywaters.orst.edu.其他数据为 TFDD 网站 2018 年数据。

湄公河流域基本参数

国家	流域面积(km²)	人口(人)	人口密度(人/km²)	年均水量(km³)	国家水量/总水量
柬埔寨	157 831	11,260,000	71.34	96.922 4	20.04%
中国	171 363	6,405,000	37.78	90.015 0	18.60%
老挝	197 254	6,062,000	30.37	176.215 0	36.36%
缅甸	27 581	647,100	23.46	10.294 3	2.07%
泰国	193 457	24,502,000	126.65	77.667 8	16.12%
越南	37 986	10,479,000	275.86	32.562 4	6.82%
流域汇总	785 472	59,355,100	75.75(均)	483.676 9	

　　湄公河的航运、水能开发、水资源灌溉、水环境保护问题涉及多个国家，多种利益交叉重合，且各流域国均为发展中国家，流域人口密集，政治、经济、文化差异明显，加上历史上的矛盾冲突和现实中该地区域外势力的掺杂，使流域合作成为地区安全合作的重点和难点。因此，以湄公河流域为分析单位，以湄公河洪涝治理、水电、环境保护等不同领域带来的安全问题为主要内容，结合 TFDD 和湄公河委员会等机构的流域水资源统计数据，对湄公河流域的安全现状与未来发展进行分析，特别是对湄公河水问题的安全化开展研究很有必要[①]。需要说明的是，湄公河安全问题不是技术意义上的（如航行安全等），也不是地区军事等传统安全领域的，而是非传统安全层面上的，即主要是由国家对国际共享水资源的无序竞争使用以及国际组织、国际媒体、跨国公司等非国家行为体活动所带来的非军事的、流域地理范围上的社会稳定与发展以及环境保护与人类价值观念的威胁与挑战。

二、湄公河水问题的安全化与去安全化

　　"安全化"研究是哥本哈根学派在国际安全领域的主要贡献之一。"安全化"概念将安全问题由静止的概念发展成动态概念，成为描述、追踪、判断以及转化安全问题与普通社会问题的重要工具。布赞等认为"安全化"是一个过程，当某公共问题被政府部门、社会精英、大众媒体等利益相关方作为"存

---

① 本文所谓湄公河水问题的安全化是因湄公河水资源的开发、利用、保护引发国家利益层面甚至国防外交层面的矛盾与冲突的有很强政治意蕴的命题。文中出现的与湄公河水问题安全化相关的水资源问题的安全化、水安全化、水问题的适度安全化、水问题的去安全化、水资源的去安全化等概念，都是基于这一内涵加以表述的。

在性威胁"提出,即使超出一般政治程序却不失为正当,那么这个问题仍是安全问题[1]。因此安全化就是使某一公共问题(指涉对象)经过特定演变而成为需要国家高层介入的过程。国家在不同时期有不同的安全重点,在现实中,一旦问题被认可为"安全化"指涉对象,就会形成新的安全领域[2]。在很多存在跨国河流的地区,由于共同沿岸国对河流边界划定、航行、水资源分配、水污染、生态保护等方面存在利益冲突,各相关国家相继采取保密、上升谈判级别、联盟、借助域外势力等手段提高问题级别,水安全化现象普遍存在。

可见,"安全化"是一个关涉国家利益的、有很强政治意蕴的命题。湄公河开发与保护问题本与哥本哈根学派所谓的"安全化"无关,20世纪60年代以前,美国较多参与湄公河的调查与开发,随着越南战争的爆发,其对湄公河事务的直接参与才逐渐减少。20世纪60年代到90年代中期,联合国有关机构以及欧洲一些国家通过官方开发援助或直接投资、捐助等方式,逐渐取代美国参与到湄公河下游国家调查、开发湄公河水资源的合作中。但受制于地区局势,湄公河水资源开发进展缓慢。冷战结束后,中国经济持续发展,对湄公河利用程度加大,包括美国在内的一些西方国家、国际组织以及环境保护团体出于不同的目的,利用湄公河沿岸国某些正常的利益冲突,联合下游受影响的国家、社区,提高对湄公河水资源的关注度。经过外界势力的不当渲染,该公共问题因其"具有危险性"而逐渐被"不适当地安全化",成为安全问题。随着湄公河水问题安全化的启动,中国为了保障自己的水资源权益和国家安全,也参与到其中,2000年,由水利部、国家保密局联合颁发的《水利工作中国家秘密及其密级具体范围的规定》,对国际河流系统的水文资料、水资源开发利用资料的密级进行了规定,由1997年的"秘密"级上升为"机密"级[3],该文件的修订可以被看成中国对下游国联盟的一种回应。对于跨界水资源科学研究与学术交流,我国有关政策法律文件也规定,不经外交部门同意不得与湄委会直接联系、交换资料[4]。

---

[1] [英]巴·布赞,奥·维夫,迪·怀尔德.新安全论[M].朱宁,译.杭州:浙江人民出版社,2003.
[2] [新]拉贝若·安东尼,拉尔夫·埃莫斯,阿米塔夫·阿查亚,等.安全化困境:亚洲的视角[M].段青,编译.杭州:浙江大学出版社,2010.
[3] 参见1997年《水利工作中国家秘密及其密级具体范围的规定》以及2000年该文件修订版第3条。
[4] 张励,卢光盛."水外交"视角下的中国和下湄公河国家跨界水资源合作[J].东南亚研究,2015(1).

从客观方面来讲,湄公河水问题中一定程度的"安全化"也有其必要性。中国作为周边国际河流后开发国家,规定国际河流的有关信息属于国家秘密,对国际河流水问题适度安全化,可以使广大民众尤其有关水利、环境科研工作者认识到国际河流水资源的政治属性,认识到国际河流问题不但是水研究的科学问题,同时也是关系到国家利益的政治问题。湄公河各国相关学者通过对这一"存在性威胁"的争论,有利于完善综合安全观和地区国家综合发展战略。由于"共同利益困境",流域各国对合作机制产生了更大的需求,各国政府愿意化解矛盾进行更具体的协调,推动"去安全化"的进程,使各方能够在"普通公共问题"的沟通平台上坦诚协商,促进更多的协调合作行为。虽然"安全化理论并没有告诉我们安全化(或去安全化)是'好'的还是'坏的'"[1],但如果水资源长期处于安全化背景,流域国虽然能获取短期利益,但也有可能意味着对其他流域国资源的掠夺,因而会造成不公平的结果,甚至走入安全困境之中。因此,水资源问题的"安全化"让湄公河水合作更加困难,要想湄公河水资源健康发展,下游国家必须使水资源问题"去安全化",使其回归到一般社会性问题[2]。

而国际河流水资源"去安全化"是以"合作—共赢"的新安全话语来重构安全的流域集体认同,使水问题从安全领域回到"普通的公共领域中"[3]。通过"去安全化"过程,流域国之间存在的抗性思维得以消除,流域国互信增加,流域国用水关系趋于平等。中国在这方面的努力和贡献有目共睹:从 2002 年开始,中国无偿向湄委会提供澜沧江—湄公河汛期水文资料;为了增信释疑,2010 年 6 月,中国邀请湄委会官员参观景洪大坝和小湾大坝;2011 年开始,中国方面又向湄委会提供澜沧江旱季水文数据。中国通过这种"去安全化"的行为,让下游国和国际社会体会到中国的合作善意,从而增加合作机会,共同抵御水安全威胁。

因此,要维持地区水资源可持续开发和合理利用,促进地区各国加大水生态、水环境保护力度,同时保护当地民众的经济利益及文化传承,湄公河水问题有必要"适度安全化"。但湄公河水问题的适度安全化要求明确安全化

---

[1] Johns Nyman, Securitization Theory. Critical Approaches to Security: An Introduction to Theories and Methods[M]. London: Routledge, 2013:60.
[2] 王庆忠. 大湄公河水资源"安全化"的形成及影响[J]. 东南亚纵横,2016(5).
[3] 潘一宁. 非传统安全与中国-东南亚国家的安全关系——以澜沧江—湄公河次区域水资源开发问题为例[J]. 东南亚研究,2011(4).

的启动者,即由谁来宣布湄公河流域正面临"存在性威胁"。目前在湄公河流域的水安全化问题上,国际组织、国际媒体、环保和学术团体甚至某些西方国家基本处于主导地位,反而当事国政府(尤其是下游国政府)倒被边缘化了。这非常不利于该地区水安全化问题的客观认识,进而不利于达成共同发展的目标。当事国政府参与度不足,必然导致信息失真,从而走向两个极端,引发对湄公河水问题安全化的认知不足或过度安全化忧虑的后果。如下游很多民众受到一些环保国际组织和团体的过分渲染,对流域生态保护极端敏感;过度重视当地村落、民族原生态文化,而轻视集体利益、国家发展和现代文明带来的好处,导致下湄公河流域地区各国(包括泰国)长时间发展缓慢。

三、湄公河旱涝问题的安全化认知不足

湄公河在流域六国的社会经济发展中具有非常重要的地位。农业是湄公河水资源的主要消耗领域,湄公河下游四国常因灌溉发生矛盾。泰国东北部呵叻高原(主要位于湄公河流域)人口贫穷,人均收入还不到曼谷居民的十分之一,很多当地居民粮食不能自给自足。为灌溉这里850万公顷的缺水可耕地,泰国政府从20世纪80年代末90年代初就计划从湄公河取水,并设计Khong-Chi-Mun流域调水方案,灌溉该地区可耕土地。但由于部分西方发达国家及部分极端环保主义组织或人权团体的干预,使流域农业灌溉与该地区生物多样性、野生渔业生计权利等理念发生严重矛盾,加上其他各种因素影响,泰国与老挝、柬埔寨、越南一直以来分歧不断。

其实,湄公河流域并不缺水,造成缺水的原因主要是经济及政策原因,而不是地理原因。这些国家在水利基础设施方面投入不足,致使灌溉不力,已经引发一些国家的粮食安全问题。但该流域的灌溉与粮食问题并没有引起下游四国的足够重视,从而酿成国际"安全问题"。四国很少积极面对,也很少在湄公河灌溉等基础设施领域开展官方的高层次的国际合作,给非官方力量的非正常介入以可乘之机。近20年来,越来越多的非政府组织以环境保护和争取河流沿岸居民利益的名义,对流域国合理的水利开发行为提出抗议,放大河流开发的负面影响,给流域国政府决策造成压力。部分流域国甚至追随西方所谓发达的环保主义理念,在防止气候变化等问题上大做文章,迟滞了本国灌溉农业和防治灾害方面的基础设施建设。

与灌溉问题相对应的是,湄公河洪水也是威胁地区生命财产安全的大问

题。根据湄委会2015年国家洪水报告,21世纪的前五年,湄公河洪水造成的人员和财产损失仍然相当巨大。

2010—2014年平均每年洪涝造成的损失①　　　　单位:百万美元

	2010	2011	2012	2013	2014	平均年损失
柬埔寨	N/A	624	N/A	356	N/A	
老挝	21	220	1.5	62	12	64
泰国(湄公河流域)	47	N/A	N/A	210	6	88
越南(湄公河三角洲)	55	260	16	23	2.7	71

平均每年因下湄公河洪水造成的死亡人数②　　　　单位:人

	2010	2011	2012	2013	2014	总数
柬埔寨	8	250	26	168	49	501
老挝	7	42	5	17	5	76
泰国(湄公河流域)	N/A	N/A	N/A	17	4	
越南(湄公河三角洲)	78	104	38	35	12	267

湄公河下游四国每年都有几十到上百的生命被洪水夺去,这种亟待解决的人权问题的重要性不言而喻。但因湄公河下游国家活跃着各种环境保护组织和私营媒体,环境保护势力影响巨大,有的国际组织与非政府组织甚至主导当地媒体的话语权。它们无视各国每年的生命财产损失及其造成损失的真正原因,从不将洪灾视为需要六国联合应对的"安全问题",甚至罔顾事实,歪曲真相,将洪涝灾害归咎于中国。当前,湄公河洪涝灾害问题的解决,迫切需要全流域各国政府将其上升到对地区人民构成"存在性威胁"的高度,继而在全流域进行信息共享、统筹规划,合理建设堤坝等防洪设施,造福各国人民。

四、湄公河水电负面影响的安全化解读过度

湄公河多年平均径流总量约484亿立方千米,从河源到河口总落差达

---

① Mekong River Commission: Annual Mekong Flood Report, Phnom Penh, Cambodia: MRC, 2014:7.

② Mekong River Commission: Annual Mekong Flood Report, Phnom Penh, Cambodia: MRC, 2014:6.

5 000多米,水能资源丰富,水电理论蕴藏9 006万千瓦,可开发装机容量6 437多万千瓦(下游3 700万千瓦)。可事实上,上游(中国段)平均水力资源开发利用率仅为8.7%[1],湄公河下游(中国境外)的水电开发过程更为复杂。虽然湄公河下游水电规划较早(20世纪50年代),但因受制于历史、技术、资金、地区局势以及环保组织反对等因素,实际开发阻力很大。

本可以成为缓解各国能源危机,助力各国经济发展的水电能源,却因为水电负面影响的安全化解读过度,湄公河水电能源综合规划困难,水电网络不能建立,部分下游国经常处在缺电与贫穷的恶劣生存环境中。如泰国缺电严重,但民间声音对水电多有戒惕,地方法规对此也限制颇多,现只能从老挝、马来西亚、缅甸、中国购买电力;老挝的水电修建计划也并不顺利,世界银行、亚洲开发银行曾批准向老挝贷款援建南俄2号、南柳、南俄、欣本等水电站,但这些项目都曾遭到民间各种各样的反对,他们还向贷款方施加各种压力,阻碍水电开发进程。非政府组织在湄公河流域最关心的问题是环保,这些组织多发端于发达国家,代表发达国家或某些特定社会阶层的利益与价值,往往过分强调保护环境而忽视流域内国家的基本国情和发展经济的需要。如国际自然保护联盟(IUCN)、世界自然基金会(WWF)以及水、粮食和环境对话(DWFE)和国际河流组织(IRN)等。它们通过参与当地国家内部决策或外部施压等方式,渗透与发挥影响。

对水电负面影响安全化的过度夸大,使得湄公河流域各国之间的水资源开发合作愈发困难,国民经济难以长足发展。老挝有83%的国土位于湄公河流域内,能源发展潜力最大,本来水电可以成为出口创汇的重要手段,但到2012年,老挝已投入运营的支流水电站只有12座,总装机容187万千瓦,仅占全国水电技术可开发量的8%[2]。基于同样原因,水电大坝对流域整体水资源的调控作用被忽视,甚至毫无科学根据地夸大水电大坝的负面功效,对其修建持彻底否定的态度。例如,早在2009年,联合国环境规划署发布的《东南亚淡水危机——环境改变下淡水资源脆弱性评估》就明确指出,中国澜沧江水坝全部建成之后,能够减少湄公河洪水季节水量的17%,而在旱季可以增

---

[1] 孙周亮,等.澜沧江—湄公河流域水资源利用现状与需求分析[J].水资源与水工程学报,2018(4).

[2] 吕星,王科.澜沧江湄公河次区域资源合作开发的现状、问题及对策[M].北京:社会科学文献出版社,2012.

加40%的水流量①。但直到今天,仍有人居心叵测,对中国澜沧江水坝的建造横加指责,妄称中国的澜沧江水坝是造成湄公河下游地区旱涝灾害加剧的主要原因。

水资源事关国计民生,河流水库蓄水能力和水电开发程度,显示了国家控制水资源时空分布不均的能力。发达国家的人均库容和水电利用大多程度高,而不发达或落后国家利用程度大多较低。日本、法国、挪威等24个国家有90%水电能力被开发,美国也开发了80%的水电②,而湄公河流域6个国家水电的平均开发程度不到20%。近年来,湄公河流域外的一些大国为了遏制中国,联合一些别有用心的媒体散布"水电妖魔论""中国威胁论"。这种基于大国间的利益博弈乃至权力角逐,使得湄公河上游、中游水电开发的负面影响被无限放大,上述水问题的"过度安全化",严重干扰和影响了湄公河流域各国的经济发展和社会进步。

五、湄公河水问题适度安全化的关键——健全流域决策机制

根据1995年《湄公河流域可持续发展合作协定》成立的湄委会,是目前湄公河流域唯一的政府间国际组织,其旨在为湄公河的航行与非航行利用及环境保护提供有法律约束力的规则。但湄委会的国际法主体资格并不完善。

首先,根据协议第1条,湄公河合作范围是"所有沿岸国按最佳利用和互利互惠的方式在湄公河流域水资源及相关资源的可持续开发、利用、管理及保护等所有领域,包括但不限于灌溉、水电、航运、防洪、渔业、漂木、娱乐及旅游等方面进行合作,并尽量减少偶发事件及人为活动可能造成的不利影响。"但其缔约国只有老挝、柬埔寨、泰国和越南四国,中国、缅甸不是协议缔约国和湄委会成员国。显然,没有上游国中国、缅甸的参加,协议的关键条款便形同虚设。其次,湄委会并没有充分的决策和裁决权。虽然湄委会有三个常设机构(理事会、联合委员会、秘书处),但一旦湄委会未能及时解决分歧与争端,上述问题将移交各自政府,由其政府及时通过外交渠道谈判解决(《湄公河流域可持续发展合作协定》第35条),这就从机制上否定了湄委会最终的决

---

① 澜沧江水库的蒸发不会加剧下游湄公河的干旱[EB/OL]. http://www.china.com.cn/economic/txt/2010-04/12/content_19793411.htm.
② 王亦楠. 对水利水电工程的社会认知亟需走出"生态愚昧"[J]. 中国三峡,2016(12).

策权和裁决权。再次,湄委会的资金主要来自发达国家和发展伙伴(包括国际组织),现阶段湄委会约有80%的资金来源于发达国家的援助①,而发达国家援助的主要兴趣点往往集中在环境保护、生物多样化、气候变化、人权及文化保护等方面,因此,湄委会的政策导向不能完全反映经济发展落后的流域国家的意愿和需求。

因此,无论是扩充现有湄委会成员国还是建立新的流域机构,如何健全流域国范围内的决策机制,是日后湄公河流域发展与保护的重大课题。借鉴国际上一些成功的加权表决机制(如国际货币基金组织表决机制),在湄公河全流域可以建立基于各国产水份额的重大事项决策否决机制。如根据湄公河基本参数中的六国水量贡献的比例,中国产水量占总水量的18.60%,缅甸占2.07%,老挝占36.36%,泰国占16.12%,柬埔寨占20.04%,越南占6.82%,对于水利灌溉、水电建设、流域水利发展战略等重大事项,对流域水量贡献小的国家(如小于15%)或流域外国家及国际组织只有项目环境评估的建议权,不具有实质否决权或启动预先协商程序(在湄委会机制中称为PNPCA),这就能保证重要事项决议的民主性和科学性。

其次,要确定湄公河利用与保护的优先顺序,依据流域具体条件,进行权重评价,制定水资源利用优先次序。水使用权的范围以及优先使用权一般要通过条约来划定,如美国与墨西哥1906年和1944年关于利用格兰德河、科罗拉多河及提华纳河水条约,美国和加拿大1909年边界水条约,1960年印度河条约等,都对生活用水、航行、电力、农业等做了先后排序。

可喜的是,近两年湄委会的政策制定已经注意到了以上因素,其制订的2016—2020年发展战略,考虑到了平衡水、粮食和能源安全的关系,提出了下湄公河的新发展机会:第一,支流水电发展;第二,扩大灌溉农业;第三,干流水电发展;第四,其他机会②。倘若上述水利用优先次序规划能得到实施,无疑会大大增加湄公河流域各国灌溉合作的力度,实现湄公河流域水电开发负面影响的客观评价,形成湄公河水问题的适度安全化,达成全流域的共同发展,给流域国家人民带来福音。

---

① 卢光盛. 中国加入湄公河委员会,利弊如何[J]. 世界知识,2012(8).
② Mekong River Commission. Integrated Water Resources Management-based Basin Development Strategy (2016—2020)[Z]. 2016:53-54.

六、结论

湄公河水资源开发与利用带来的冲突与合作,是中国与东南亚部分国家间关系中的一个非传统安全问题,尽管各种国际组织在价值层面和科学层面对湄公河开发进程发挥着重要影响,但对于全流域的水资源合理利用来说,流域内国家的政治意志和决策仍然是湄公河水资源发展成功与否的关键。由于历史恩怨、意识形态、发展阶段、利益冲突、大国介入等复杂因素,湄公河流域六国在湄公河水安全问题上很难达成一致意见并形成合力。因此在湄公河流域,洪涝灾害问题"安全化"的深刻认知非常必要,只有充分认识到洪涝灾害问题的安全化,才能进一步促进各国利益分配调整,完善政府的综合安全观。当然,政府作为水坝等水利工程的行为主体,其水资源开发利用,也必须考虑个体、社会和环境利益。

当前,无论是湄公河的开发还是保护,流域国经济、技术和管理落后都是重要的制约因素,因此,流域国的首要任务是经济发展、社会进步。提高湄公河洪涝、干旱问题的安全级别("安全化"),有利于本地区减贫减灾;而客观看待水电负面影响("去安全化"),无疑有利于本地区的发展和进步。虽然流域各国对湄公河的需求差异较大,如中国和缅甸集中于水电与航运,老挝集中于水电和农(渔)业,泰国关注灌溉与水产,柬埔寨依赖洞里萨湖渔业,越南重视湄公河三角洲水稻农业。但各国若能通力合作,上、中游国家间合理开发水能,下游国家专注农业、渔业生产,上下游国家保持经常性的信息交流,涝季蓄水,旱季放水,就可以发挥水库和水坝的防洪抗旱、水电收益、稳定灌溉、日常用水和可持续农业与渔业功能。

湄公河流域的发展方向是实现全流域的一体化管理,当前该地区有湄委会、大湄公河次区域经济合作机制(GMS)、澜湄合作等多个合作机制,如何在机制合作中嵌入主权国家为主体的相对独立且有效的决策与执行机制,是实现流域未来稳定繁荣的基础。但基于水贡献比例为基础的重大事项表决机制,只是学术探索层面的,能否最终形成,有赖于流域六国同心同德、彼此坦诚的谈判与协商。

第十四章
"一带一路"国际合作争端预防与解决

一、国际社会面临百年未有之大变局

进入 21 世纪的国际社会面临新的转折点,在金融经济、气候变化、生态环境、公共卫生等领域,危机此起彼伏。

（一）全球化发展加剧国际格局的变化

要界定全球化(Globalization)这个术语相当困难。提起全球化,人们首先想到的是经济全球化。经济全球化可追溯至 15 世纪欧洲资本主义萌芽时期,那时欧洲商人纷纷去海外开拓市场,促进了跨国经贸往来;18 世纪中叶的第一次科技革命改变了生产方式,大规模的机器工业取代了中小规模的手工业,生产力倍增,原材料和工业成品的购销呈现国际化的趋势,国内的商品生产及销售与世界各国的联系更加紧密;19 世纪下半叶的第二次科技革命迅速提高了西方资本主义国家的生产能力,并逐渐进入资本主义垄断阶段。直到第二次世界大战后,发生了新的科技革命,电子产业的发展深刻影响着全人类的各种活动,经济全球化的阶段全面来临[1]。

20 世纪 80 年代开始,国际贸易及外商直接投资的自由化在各地推进的速度、程度虽不尽相同,但已然成为一种包括发展中国家在内的世界性趋势[2]。很多全球性经济活动是被公司集团控制的。这一时期渐显的国家退避

---

[1] 李琼.论经济全球化[J].中国社会科学,1995(1).
[2] [比]彼得·范德博思,单文华.世界贸易组织法原理[M].尚宽,贺艳,译.单文华,校.北京:法律出版社,2020.

对其自身产生了很多挑战。除了退避的国家留下的权力真空之外,缺乏适当的全球性机制来调整跨国企业的活动,不可避免地导致了公司的泛滥和过度发展。在损害人权、破坏环境、危及道德及伦理价值的情况下,大型商业机构及其逐利性在世界中的支配地位带来诸如环境退化、对自然资源不可持续的开发利用等各种新的挑战[1]。随着经济全球化的发展,始于 20 世纪 80 年代的私有化、消除管制等经济改革构想以及市场经济的推行,削弱了国家作为经济行为体的作用[2]。全球化的深度发展,一方面促进了全球经济的繁荣,另一方面也诱发了不少全球性问题,加剧了国际格局的变化。

(二) 疫情全球大流行加速百年未有之大变局的进程

在 2008 年全球金融危机的十年后,2019 年隆冬季,一场新冠疫情席卷全球。2020 年 1 月 30 日,世界卫生组织(World Health Organization,简称 WHO)应急委员会(Emergency Committee)宣布该疫情构成国际关注的公共卫生紧急事件(Public Health Emergency of International Concern,简称 PHEIC)[3]。全球化便利了人与物的流动,促进了自由贸易。与此同时,在传染病面前,人与物的全球流动则会加速疫情的蔓延。各国不得不采取应急措施防控疫情,一定的经济封锁难以避免。21 世纪以来,美国综合国力相对衰落、中国综合国力相对增强的趋势加剧。奉行了 70 多年多边主义的美国,在对外经贸领域转而推行单边、双边、诸边等非多边主义,并非偶然。新冠疫情在全球的大流行,客观上加快了大变局的进程[4]。美国的单边主义、贸易保护主义、经贸民粹主义并非新冠疫情的特有产物,而是经贸发展新形势下的必然产物。在新冠疫情发生前,美国主观上早已开始推行非多边主义的对外经贸政策,只不过新冠疫情在全球的大流行,客观上助推了变局的加速发展。

---

[1] Surya P Subedi. Reassessing & Redefining the Principle of Economic Sovereignty of States, in: Duncan French[J]. Global Justice and Sustainable Development, 2010:406-407.

[2] 孙珺. 全球治理视角下的国际经济法[M]. 北京:北京大学出版社,2021.

[3] WHO: Statement on the second meeting of the International Health Regulations (2005) Emergency Committee regarding the outbreak of novel coronavirus (2019-nCoV), 30 January 2020, Geneva, Switzerland, in: https://www.who.int/news-room/detail/30-01-2020-statement-on-the-second-meeting-of-the-international-health-regulations-(2005)-emergency-committee-regarding-the-outbreak-of-novel-coronavirus-(2019-ncov)?from=timeline&isappinstalled=0, accessed May 16, 2022.

[4] 张乃根. 论非多边经贸协定下知识产权新规则. 2020 年 10 月 24 日上午中国法学会国际经济法学研究会主题发言。

二、习近平法治思想促进国际关系法治化发展

目前,逆全球化思潮涌动。意欲通过逆全球化、重回隔绝状态、抑制国际交往,绝非明智之举。只有正视危机、砥砺前行、合作共赢,才更睿智。在历史关头,作为和平崛起的负责任大国的领导者,习近平总书记提出的人类命运共同体思想具有重大意义。人类不能重回弱肉强食的丛林法则时代,需要规则导向的国际法治推进全球治理体系和治理能力的良性变革,共建和平美好的家园。在百年未有之大变局加速到来之际,习近平法治思想促进国际关系法治化发展,是对时局的现实回应。

2020年11月,中央全面依法治国工作会议正式提出习近平法治思想①。习近平法治思想的核心要义和理论精髓集中体现为"十一个坚持",其中,第九个为"坚持统筹推进国内法治和涉外法治"。在百年未有之大变局下,统筹国内国际两个大局,妥善运用国内国际两个规则体系维护中国合法利益,尤为重要。无论是从保障自身权益的角度出发,还是从负责任大国担当的角度出发,加强国际法的研究,掌握国际法的工具,擅用国际法的规则,都是中国在新时代应当着力重视的。作为具有自身独立体系的学科,国际法通过构建各种规则体系,规范国际行为体的行为,协调国际关系,维护世界和平,促进全球发展②。在习近平外交思想指引下,尊重国际法、运用国际法的特征,将在中国特色大国外交的实践中越发鲜明③。欲使此实践成功,必须构建当代中国国际法学话语体系。此体系之构建,应遵循、顺应一系列基本原则、基本规律和发展趋势,即国际关系和国际法的基本准则、全球化与多边主义、区域一体化与区域主义、国际共同体义务或权利以及中国和平发展的需要④。

(一)习近平法治思想概要

1. 习近平法治思想的时代背景

习近平法治思想是在改革开放和社会主义现代化建设的新时期得以萌发和孕育的,继而在坚持和发展中国特色社会主义的新时代得以形成和发展,并在全面建成现代化强国、实现中华民族伟大复兴的新征程中得以深化

---

① 《习近平法治思想概论》编写组.习近平法治思想概论[M].北京:高等教育出版社,2021.
② 黄进.始终坚持国际法基本原则[N].人民日报,2020-07-20(009).
③ 黄惠康.中国特色大国外交与国际法[M].北京:法律出版社,2019.
④ 曾令良.中国国际法学话语体系的当代构建[J].中国社会科学,2011(2).

和拓展。开启"新时期"、跨入"新世纪"、站上"新起点"、进入"新时代"、迈向"新征程",是习近平法治思想形成和发展的时代背景。习近平法治思想是顺应时代要求应运而生的理论创新成果①。

2. 习近平法治思想的世界意义

习近平法治思想为人类政治文明进步贡献中国智慧。文明是人类所创造的物质、制度及精神成果的总合,政治文明是人类文明的重要表现形态,法治文明是政治文明的重要组成部分。法治是人类政治文明进步的标志和重要成果,是规则之治,法治化是国家现代化的内在要求。习近平法治思想为全球治理体系变革提供中国方案。习近平法治思想深刻揭示了世界法治文明的发展规律,锤炼出了人类社会的共同价值,推进了人类政治文明的进步。习近平法治思想深刻揭示了全球治理体系变革的历史必然性,为全球治理体系变革指明了方向,提出了共商共建共享的全球治理观。

(二)习近平法治思想为变局中的国际法治注入新动力

就中国而言,国际法是舶来品。国际法传入中国始于19世纪30年代末,即1839年林则徐于广州主持翻译瑞士国际法学者瓦特尔的国际法著作②。近代中国被动融入国际法律秩序,承受诸多不平等待遇。中华人民共和国成立后,中国挣脱半殖民地半封建枷锁,积极推动建立国际政治经济新秩序。20世纪70年代改革开放后,中国广泛缔结国际条约,积极参加国际组织,运用法律规则维护国家主权、安全和发展利益,并为全球性挑战贡献中国方案,推进"一带一路"法治保障,践行和平共处五项原则③,履行国际义务④。和平共处五项原则是习近平法治思想中国际法治观的重要理论渊源之一⑤。

---

① 《习近平法治思想概论》编写组.习近平法治思想概论[M].北京:高等教育出版社,2021.

② 王维俭.林则徐翻译西方国际法著作考略[J].中山大学学报(社会科学版),1985(1).

③ 和平共处五项原则首见于1954年4月29日中华人民共和国与印度共和国《关于中国西藏地方和印度之间的通商和交通协定》的序文中,具体指"互相尊重领土主权、互不侵犯、互不干涉、平等互惠、和平共处"这五项原则。此后,和平共处五项原则在中国外交实践中逐渐推广,并获得国际认可。1970年的《国际法原则宣言》就是从1957年联大对《一个关于和平共处的宣言》的议题审议和1961年对《关于各国间和平共处的国际法原则》的议题审议中发展出来的,其所列举的原则与和平共处五项原则紧密相连。1974年的《各国经济权利和义务宪章》的头五项原则更是直接抄录和平共处五项原则。可见,和平共处五项原则在国际上获得认可并作为国际法基本原则具有重大法律意义是毋庸置疑的。参见王铁崖:《国际法》,北京:法律出版社,1995年.

④ 黄惠康.中国特色大国外交与国际法[M].法律出版社,2019.

⑤ 中国国际私法学会课题组,黄进.习近平法治思想中的国际法治观[J].武大国际法评论,2021(1).

虽然国际法来自西方,但是现代国际法不应当只是西方的国际法。现代国际社会,已初步构建了国际法律制度,但尚未构成真正的国际法治。作为国际法治核心与基石的国际法,是不断变革和更新的体系。国际法的可变性是指国际关系的行为体、参与者可以通过自身的努力缔造国际法。各国不只是国际秩序被动的接受者,同时也是国际秩序主动的参与者、缔造者,有机会通过自身力量输出智慧,从而推进和完善国际法体系[①]。步入21世纪的中国,在现行国际法体系中,既是参与者,也是建设者和贡献者。

在百年未有之大变局加速到来之际,国际法治需要新动力。顺应时代发展需求,习近平法治思想应运而生,尤其是人类命运共同体思想,为国际法的发展注入了新动力。

1. 百年未有之大变局下国际法治需要新动力

2020年,新冠肺炎疫情在全球大流行,百年未有之大变局人皆感知。国际局势紧张,质疑之声此起彼伏:是合作还是对立?是开放还是封闭?是互利共赢还是与邻为壑?重归丛林法则?国际法还有没有用了?

回顾国际法的发展历程,可以发现,国际法史是一部由"大难"走向"大治"的历史。20世纪以前,国际法主要是规制战争的法律规范,这可从国际法始祖格劳秀斯的《战争与和平法》中得到佐证。两次世界大战之后,尤其是冷战结束后,国际法转变为主要是规制国际合作的法律规范。正如恩格斯所言,没有哪一次巨大的历史灾难不是以历史的进步为补偿的[②]。19世纪至20世纪上半叶,人类就是从战争灾难走向国际社会大治的。21世纪,新冠疫情之灾威胁着全人类,只有通过国际合作,各国各地区才能共同抗击灾难的威胁,从而共享全球化发展的成果。21世纪的国际法应当是和平之法、合作之法、发展之法。新冠疫情对全球化的发展方向具有重要影响,但不会导致全球化的终结。国际社会应当抓住百年未有之大变局为国际法的发展所提供的契机,创新国际法规范、促成国际法新规则[③]。

2020年9月21日,习近平总书记在联合国成立75周年纪念峰会上发表重要讲话时指出,经济全球化是客观现实,世界退不回彼此封闭孤立的状态,更不可能被人为割裂,要秉持开放包容理念,坚定不移地构建开放型世界经

---

① 何志鹏.国际法治中的全球共识与中国贡献[N].光明日报,2015-05-13(014).
② 马克思恩格斯全集[M].北京:人民出版社,2016.
③ 肖永平.后疫情时代的国际法研究.2020年9月1日15:00—17:30西南政法大学法学院线上讲座.

济,维护多边贸易体制,反对单边主义、保护主义,保障全球产业链供应链稳定畅通①。新冠疫情在全球的大流行使逆全球化思潮涌动加剧。尽管如此,经济全球化发展至今已再难逆转,需要各国共同努力,公正、合理、有效地进行变革。全球治理体系的变革需要国际法治。

国际法治在公正、合理、有效地开展全球治理中具有举足轻重的地位。同时,全球治理体系变革也对国际法治提出了更高要求。基于对全球治理与国际法治之间相互促进、彼此交融、良性互动关系的清晰认知和深切了解,习近平总书记在其全球治理思想中表现出鲜明的国际法治思想。党的十八届四中全会做出全面推进依法治国的重要决定和重大部署。2017 年 5 月 3 日,习近平总书记考察中国政法大学时,就全面依法治国和法治人才培养发表了重要讲话,将国际法治思想与全球治理思想有机结合、融会贯通②。

随着中国综合国力的提升,国际法治的中国表达对全球治理体系变革的必要性凸显。一方面,国际法治的中国表达有助于世界秩序公正多元;另一方面,国际法治的中国表达可改善国际环境③。就实施国际法而言,中国能够尽到善意履行之义务。中国是联合国的创始成员国以及安理会的常任理事国,也是 1969 年《维也纳条约法公约》的当事国。按照《联合国宪章》和《维也纳条约法公约》所确立的善意履行国际义务原则处理国际法是中国应尽的义务。中国恰当处理国际法在中国法律体系中的效力位阶问题,总体上保证了国际法在中国的有效实施④。

世界面临各种全球性挑战,要持续良性地推进全球治理体系的变革,应当运用法治保障国际秩序的稳定发展和国际社会的和谐繁荣,要维护以联合国为核心的国际体系、以国际法为基础的国际秩序。在百年未有之大变局下,需要新动力助推国际法治。

2. 人类命运共同体思想为国际法治注入新动力

人类命运共同体思想是具有历史传承的国际法治观。《威斯特伐利亚和约》确立的国家平等和主权原则、《日内瓦公约》确立的国际人道主义精神、《联合国宪章》明确的四大宗旨和七项原则、和平共处五项原则等一系列公认

---

① 习近平在第七十五届联合国大会一般性辩论上的讲话(全文)[EB/OL].2022-05-16. http://www.chinalaw.org.cn/portal/article/index/id/28755.html.
② 黄进.习近平全球治理与国际法治思想研究[J].中国法学,2017(5).
③ 何志鹏.国际法治的中国表达[J].中国社会科学,2015(10).
④ 古祖雪.治国之法中的国际法:中国主张和制度实践[J].中国社会科学,2015(10).

的原则是构建人类命运共同体的基本遵循①。

人类命运共同体之舟航行至21世纪,遇见的是更加丰富多彩、变化多端的世界格局。新冠疫情在全球的大流行给人类社会带来了诸多不确定性。在人类命运共同体思想的引领下,中国应当坚持多边主义,以联合国为核心,推进国际秩序法治化发展,为新时代国际法的发展注入新动力。各国应当以人类命运共同体的福祉为宗旨,促进全球良性治理,维护国际秩序稳定,保障世界和谐可持续发展。在应对人类共同面临的挑战中,中国坚定不移地提出自身方案,在维护稳健和谐的国际关系、改善全球治理体系以及用好国际法处理国际问题等方面,秉承人类命运共同体思想,完善国际法规则体系,推动符合时代需求的良性国际秩序的构建。在全球治理体系变革下,中国可利用上海合作组织(Shanghai Cooperation Organization,简称SCO),加强区域合作,深度参与到这场变革中,秉持"上海精神",在区域领域发挥更加积极的作用,推进"一带一路"共商共建共享,达成全球良法善治。

2013年3月23日,习近平总书记在俄罗斯莫斯科国际关系学院首次提出"人类命运共同体"的重大倡议,他在演讲中说道:"这个世界,各国相互联系、相互依存的程度空前加深,人类生活在同一个地球村里,生活在历史和现实交汇的同一个时空里,越来越成为你中有我、我中有你的命运共同体。"②人类命运共同体,顾名思义,是指各国、各民族命运与共,应当同舟共济,荣辱与共,公共建设和睦的大家庭。构建人类命运共同体的倡议已被载入联合国文件,国际影响广泛而深远,成为时代潮流与人类文明进步方向的引领③。构建人类命运共同体思想的内涵非常丰富和深刻。习近平总书记指出,要"建设持久和平、普遍安全、共同繁荣、开放包容、清洁美丽的世界"。第一,坚持对话协商,建设一个持久和平的世界;第二,坚持共建共享,建设一个普遍安全的世界;第三,坚持合作共赢,建设一个共同繁荣的世界;第四,坚持交流互鉴,建设一个开放包容的世界;第五,坚持绿色低碳,建设一个清洁美丽的

---

① "人类命运共同体与国际法"课题组.人类命运共同体的国际法构建[J].武大国际法评论,2019(1).

② 习近平在莫斯科国际关系学院的演讲[EB/OL].2022-05-16. http://politics.people.com.cn/n/2013/0324/c1024-20892661.html.

③ 中共中央宣传部编.习近平新时代中国特色社会主义思想学习纲要[M].北京:学习出版社,2019.

世界①。

　　国际法受制于西方理念、概念框架的现状,可以结合中国抗击新冠疫情的成功经验,在人类命运共同体思想指引下得到改变。中国抗疫治理为国际社会提供了良好示范,可酌情将疫情治理的中国方案上升为全球方案,提出新的国际法概念、理论,逐步完善中国国际法的体系并推进全球治理的优化发展②。作为习近平外交思想的核心与精髓,人类命运共同体思想指引着21世纪中国国际法的发展方向。习近平总书记洞察世界变局,思考人类前途命运,在继承和发扬国际法基本原则和精神实质、总结提炼中国国际法成功实践的基础上,创造性地提出构建人类命运共同体。其核心内涵是建设持久和平、普遍安全、共同繁荣、开放包容、清洁美丽的世界,不仅写入了中国宪法,而且写入了联合国决议及相关国际组织的重要文件,广泛获得了国际社会的认同③。自党的十八大报告首次提出"倡导人类命运共同体意识"以来,习近平总书记在国际场合屡屡倡建人类命运共同体。人类命运共同体思想具有丰富的国际法内涵,是习近平法治思想中关于国际法治的核心理念,是习近平法治思想之国际法治意涵的核心部分④。

　　人类命运共同体福祉的实现有赖于国际经济的持续繁荣与国际秩序的和平稳定,达成这些目标的关键在于能否在抑制霸权的基础上共享全球化的收益。抑制霸权需要非霸权国通力合作、群策群力。仅仅抑制霸权还不够,还必须共享收益,才能确保国际秩序的和平稳定与国际经济的持续繁荣⑤。因此,非霸权国要坚持多边主义,共同抵制霸权国的单边主义。2020年11月15日正式签署的区域全面经济伙伴关系(Regional Comprehensive Economic Partnership,简称 RCEP)协定,是东亚区域经济一体化进程的重要里程碑,是东亚国家选择自由贸易、抵制贸易保护主义及单边主义、维护多边贸易体制的实际行动,在新冠疫情蔓延全球的困难时刻,积极推动了全球治理体系的变革。尤其,在逆全球化思潮涌动的当下,运用人类命运共同体思想支撑国

---

① 中共中央宣传部编.习近平新时代中国特色社会主义思想三十讲[M].北京:学习出版社,2018.

② 肖永平.后疫情时代的国际法研究.2020年9月1日15:00—17:30西南政法大学法学院线上讲座.

③ 杨洁篪.深刻认识和用好国际法 坚定捍卫国家利益 共同维护世界和平与发展[EB/OL].2022-05-16. http://www.qstheory.cn/dukan/qs/2020-10/16/c_1126613584.htm.

④ 黄进,鲁洋.习近平法治思想的国际法治意涵[J].政法论坛,2021(3).

⑤ 余锋.WTO决策法律制度研究——民主的视角[M].上海:华东师范大学出版社,2010.

际游戏规则的多边主义建构原理,通过规范治理"一带一路"沿线国际经贸合作,促进国际法治的健全发展。在应对21世纪人类面临的共同挑战过程中,中国坚定不移地提出自身方案,在维护稳健和谐的国际关系、改善全球治理体系以及用好国际法处理国际问题等方面,秉承人类命运共同体思想,完善国际法规则体系,推动符合时代需求的良性国际秩序的构建。

三、"一带一路"国际合作中难免产生争端

(一)"一带一路"倡议的由来与意义

2013年9月和10月,国家主席习近平在出访中亚和东南亚国家期间,先后提出共建"丝绸之路经济带"和"21世纪海上丝绸之路"(以下简称:"一带一路")的重大倡议①。中国倡导的"一带一路"对亚洲区域经济合作乃至全球经济治理的发展具有重要战略意义。一方面,可以提高亚洲地区的经济合作水平;另一方面,可以促进全球经济的均衡稳定发展。"一带一路"倡议以地缘为纽带,推动中国与周边地区国家的经济合作与发展,相较于传统的区域经济合作而言,其合作范围更大、合作领域更广,有利于促进国际经贸制度的多边化发展。中国反对霸权主义,以负责任大国的姿态在发达国家与发展中国家间搭建"桥梁",通过"一带一路"倡议构建平等包容的经贸规则,如果可以在遵循非霸权主义及收益共享的前提下引领区域经济合作,就可以改善由发达国家主导的20世纪国际经济格局,在21世纪带动全球多边发展,促进更加公平的全球经济治理机制的构建,带动国际经贸制度的多边化发展,形成有利于和平稳定与持续繁荣的国际经济格局②。

(二)"一带一路"倡议下的国际合作难免产生争端

中国在"一带一路"沿线的国际投资面临的风险较高。南亚不少国家处于政治经济转型期,制度预见性及稳定性欠缺;中亚国家综合国力薄弱,且易受美俄等大国影响;西亚常年混战、局势动荡。可见,"一带一路"建设的倡议虽然在国际上获得了广泛的关注,但"一带一路"建设也面临不少困境,中国在"一带一路"沿线的国际合作面临诸多挑战。

---

① "一带一路"承载和平发展美好梦想(共建"一带一路")[EB/OL].2022-05-16.http://politics.people.com.cn/n/2015/0414/c1001-26839092.html.
② 孙珺.全球治理视角下的国际经济法[M].北京:北京大学出版社,2021.

首先是区域差异带来的挑战,仅就中亚和南亚而言,大多国家处于政治和经济转型期,政局很不稳定。"一带一路"沿线国家的一些历史遗留问题以及在政治制度、宗教信仰、经济水平、法律传统的较大差异,使得在此区域内难以实行高度一体化的合作模式。与欧美国家常采用的统一的、完善的合作框架相比,"一带一路"倡议无法实施高度的一体化,为了适应开放型、多元化的特点,而是采取了松散的、低标准的、软约束型合作模式①。这种合作模式在顺利时可能沿线国家都会觉得如鱼得水、游刃有余,但是一旦发生经贸投资摩擦、产生争端,其弊端则会显露无遗。实践证明,在中国的国际投资项目中,大多数的投资失败项目集中于西亚、东南亚和北非②。可见,在"一带一路"倡议下的国际合作中难免产生争端。由于缺乏较为严密的制度性约束,在"一带一路"国际合作过程中的争端应对是颇具挑战性的问题③。

四、习近平法治思想促进国际争端预防与解决的法治化发展

(一)全面布局新时代中国特色大国外交

进入21世纪后,人类正经历百年未有之大变局。2020年,突如其来的新冠肺炎疫情加剧了国际局势之骤变。面对疫情,中国展现了大国担当,在全球公共卫生安全保卫战中,积极引领,持续推动人类命运共同体的构建,彰显了守护人类共同家园的博大情怀。自20世纪70年代以来,中国以和平发展为宗旨,奉行独立自主的和平外交政策,坚持和平共处五项原则,赢得了国际社会的广泛认同。至21世纪20年代,中国已同180个国家建交,并同112个国家及国际组织建立了不同层级的伙伴关系。如今,世界处于大发展、大变革、大调整的时期,习近平总书记高瞻远瞩,以人类命运共同体思想回应世界走向问题,奏响和平与发展的时代主旋律,努力推动建设新型国际关系,反对强权政治与霸权主义,主张充分贯彻民主原则,坚持国家不论大小、强弱、贫富一律平等,维护国际公平正义,推动国际关系民主化、法治化、合理化的发展。在理性对待"修昔底德陷阱""金德尔伯格陷阱"等理论的基础上,中国始

---

① 张柏森."一带一路"下区域金融监管法律协调模式的选择——基于对欧盟模式和东盟模式的比较分析[J].福建金融,2017(3).

② 张卫彬,许俊伟."一带一路"与投资争端解决机制创新——亚投行的角色与作用[J].南洋问题研究,2017(4).

③ 孙珺.全球治理视角下的国际经济法[M].北京:北京大学出版社,2021.

终坚持和平发展,完善全方位外交布局[1]。

习近平总书记谈及对外工作时强调,要以新时代中国特色社会主义外交思想为指导,坚持统筹国内国际两个大局,树立正确的历史观、大局观、角色观,要深入分析世界转型过渡期国际形势的演变规律,准确把握历史交汇期中国外部环境的基本特征,进行统筹谋划和推进[2]。中国改革发展,必须统筹考虑和综合运用国际国内两个市场、国际国内两种资源、国际国内两类规则。中国必须有自己特色的大国外交;提升软实力,讲好中国故事,做好对外宣传;切实抓好周边外交工作,秉持亲诚惠容的周边外交理念,打造周边命运共同体;切实运筹好大国关系,构建健康稳健的大国关系框架,扩大同发展中大国的合作;切实推进多边外交,推动国际体系和全球治理改革,增强自身的代表性和话语权[3]。

面对新形势,在习近平法治思想引领下,全面布局新时代中国特色大国外交,进行全方位、多层次、立体化的外交布局,坚持和平共处五项原则。中国既不会称霸,也不会拿自身的核心利益做交易,始终奉行独立自主的和平外交政策。

(二)积极参与全球治理体系改革与建设

21世纪以来,中国等新兴市场国家和发展中国家迅速崛起,经济总量全球占比近40%,对全球经济增长贡献率达80%,西方传统发达国家日渐式微,"东升西降"的历史性变化深度调整着全球经济版图,国际力量对比的消长变化决定着全球治理格局的演进,既有全球治理体系难以应对日益增多的全球性挑战,亟待改善。习近平总书记高屋建瓴,深刻阐述共商共建共享的全球治理观,回应全球治理机制代表性及适应性不强的问题,积极推动国际秩序朝着更加公正合理的方向发展。作为世界第二大经济体,中国始终坚持公正合理,参与全球治理体系变革,积极参与并努力引领国际经贸规则的制定,主动提供国际公共产品,尽力弭平文明隔阂,推进加强交流互鉴,坚定不移地走绿色低碳可持续发展之路[4]。

值得注意的是,作为全球治理的重要组成部分,中国治理体系和治理能

---

[1] 中共中央宣传部理论局.中国制度面对面:理论热点面对面[M].北京:人民出版社,2020.
[2] 习近平.习近平谈治国理政第三卷[M].北京:外文出版社,2020.
[3] "中国必须有自己特色的大国外交"(2014年11月28日),习近平在中央外事工作会议上的讲话要点.习近平.习近平谈治国理政第二卷[M].北京:外文出版社,2017.
[4] 中共中央宣传部理论局.中国制度面对面:理论热点面对面[M].北京:人民出版社,2020.

力的现代化建设,必须贯彻国际法治的理念并适应全球治理的趋势。依法治国、依法执政、依法行政、依法治理中的"法"不仅指中国的国内法,还包括国际法①。此外,应当清晰地认识到,在全球治理过程中,国际法治与中国法治具有相辅相成的互动关系。随着经济、政治地位的提升,中国法治与国际法治的良性互动将会更加活跃。在全球治理过程中,中国必将发挥更大的作用。这既有助于推进中国法治的进步,也有助于构建共赢的国际法治②。

面对新局面,在习近平法治思想引领下,中国作为负责任的大国,积极参与全球治理体系改革与建设,坚定维护并巩固第二次世界大战的胜利成果以及以联合国为核心的国际体系,秉持共商共建共享的全球治理观,引领全球治理体系的改革与建设。

(三) 在百年大变局下推进国际争端预防与解决的法治化发展

进入21世纪后,国际格局加速变化,人类遇到百年未有之大变局。尤其是突如其来的新冠疫情自2020年以来在全球蔓延,增加了全球局势的不确定性。与此同时,也为中国参与全球治理体系变革带来了新的契机。新冠疫情的全球大流行,一方面,是21世纪人类面临的大灾难;另一方面,也是21世纪人类反思的大契机。习近平主席提出的"一带一路"倡议根植历史、面向未来,跨越不同地域、不同发展阶段、不同文明,是开放包容的全球公共产品③。与"美国优先"政策不同,中国首倡的"人类命运共同体"思想坚持新型国际关系及中国特色国际法"两轮驱动",平衡国内与国际社会利益,既维护好国家主权、安全与发展利益,又体现大国担当,维护好国际和谐、稳定与整体利益。在百年未有之大变局下,中国要坚持"义利并举、以义为先"的正确义利观,应对逆全球化思潮,发挥大国担当。中国国家利益的内涵及外延将随"一带一路"建设的推进而不断拓展,中国要从国际秩序的高度对待新时代国家利益,服务并推进周边命运共同体建设,推动"一带一路"争端解决机制的建设,完善营商环境④。

当然,在"一带一路"建设过程中,发生纠纷、产生争端在所难免。以人类命运共同体思想为指引,构建"一站式"国际商事纠纷多元解决机制,有利于

---

① 曾令良. 国际法治与中国法治建设[J]. 中国社会科学,2015(10).
② 赵骏. 全球治理视野下的国际法治与国内法治[J]. 中国社会科学,2014(10).
③ 中共中央宣传部编. 习近平新时代中国特色社会主义思想学习纲要[M]. 北京:学习出版社,2019.
④ 黄惠康. 中国特色大国外交与国际法[M]. 北京:法律出版社,2019.

化解矛盾、维系和谐商业关系、完善"一带一路"营商环境。2018年1月23日,中央全面深化改革领导小组第二次会议通过了《关于建立"一带一路"争端解决机制和机构的意见》[①]。2018年6月,中共中央办公厅、国务院办公厅印发《关于建立"一带一路"国际商事争端解决机制和机构的意见》,要求各地区各部门结合实际认真贯彻落实[②]。为了落实中央深改组的意见,中国国际贸易促进委员会(China Council for the Promotion of International Trade,简称 CCPIT)积极筹建国际争端预防与解决中心。历经约三年努力,国际商事争端预防与解决组织(International Commercial Dispute Prevention and Settlement Organization,简称 ICDPASO)终于于2020年金秋时节在北京揭牌落地。

2020年10月15日,作为第二届"一带一路"国际合作高峰论坛成果清单之一,国际商事争端预防与解决组织在北京正式成立。国际商事争端预防与解决组织由40多个国家和地区的工商、法律服务机构发起,旨在为国际商事主体提供从争端预防到解决的多元化服务[③]。

国际商事争端预防与解决组织(ICDPASO)秉承"共商、共建、共享"的理念,为国际商事争端预防与解决提供新选项,优化"一带一路"营商环境。顺应了习近平新时代中国特色社会主义思想的要求,是习近平法治思想在国际争端预防与解决法治化发展实践中的具体运用。

五、国际争端预防与解决法治化发展的路径

"国际社会的法治化既需实力,也需知识与技能。"[④]国际社会的法治化需要引领者和领导力量,实力是担当的前提,但仅凭实力蛮干不会有多大成效,还需要知识与技能。在全球面临诸多挑战的情况下,促进国际争端预防与解决的法治化发展尤为重要。综合国力不断提高的中国要有所担当,不仅需要经济与政治实力的支持,而且需要法治知识与技能的支撑。在推进国际争端预防与解决法治化发展的道路上,要善于缔结条约和解释条约。

---

① https://www.yidaiyilu.gov.cn/xwzx/roll/45584.htm.
② http://www.gov.cn/zhengce/2018-06/27/content_5301657.htm.
③ 国际商事争端预防与解决组织正式成立[EB/OL].2021-05-16.http://www.gov.cn/xinwen/2020-10/15/content_5551655.htm.
④ 何志鹏.国际法治中的全球共识与中国贡献[N].光明日报,2015-05-13(014).

（一）重视条约缔结与条约解释理论

1. 条约缔结理论

阐明条约的定义,是理解条约缔结相关理论的前提。关于条约,1969 年 5 月 23 日的《维也纳条约法公约》(VCLT)第 2 条第 1 款第(a)项规定:"称'条约'者,谓国家间所缔结而以国际法为准之国际书面协定,不论其载于一项单独文书或两项以上相互有关之文书内,亦不论其特定名称如何;"该规定旨在阐明《维也纳条约法公约》所使用的"条约"这一术语的内涵,并不能扩大解释为是对条约的法定定义。如果将该规定视为条约的法定定义,就可能导致否定国际组织之间所缔结条约的情形发生,因为这些条约非"国家间所缔结"。因此,考虑到国际组织的国际法主体地位,可将条约定义为"至少两个国际法主体意在原则上按照国际法产生、改变或废止相互间权利义务的意思表示的一致。"[①] 换言之,条约是"两个或两个以上国际法主体依据国际法确定其相互间权利和义务的一致的意思表示。"[②]

继而,探讨条约缔结的理论。论及条约的缔结,应当辨明缔约能力、缔约权限、缔约程序的内涵。依据《维也纳条约法公约》第 6 条[③],每个国家皆有缔约能力。缔约能力,是指独立参与条约法律关系,直接承担条约义务与享受条约权利的能力。缔约能力不同于缔约权,缔约能力主要是针对国际法主体而言,是指具有国际人格者的国家、国际组织等作为合法缔约者,在国际上缔结条约必须具备的主体资格。

缔约权限则是针对具有缔约能力的国际法主体的内部机关或机构而言,是指特定机关或机构代表国家、国际组织等国际法主体行使缔结条约的职能的权限[④]。国际法主体,无论是国家,还是国际组织,只能通过特定机关来行使其缔结条约的能力。原则上,国际法主体自行决定代表其行事的机关,并规范其参与缔约程序。对此,各国在其宪法或相应的组织法中进行了规定。国际组织通常在其创设条约中具有相应的规定。

可见,关于缔约能力,主要由国际法来决定;而关于缔约权限,则主要由国家、国际组织等国际法主体的内部法律来决定。各个国家、各个国际组织

[①] 李浩培. 条约法概论[M]. 第 2 版. 北京:法律出版社,2003.
[②] 王铁崖. 国际法[M],北京:法律出版社,1995.
[③] 该条中文:"每一国家皆有缔结条约之能力。";该条英文:Art. 6:"Every State possesses capacity to conclude treaties."
[④] 万鄂湘,石磊,杨成铭,等. 国际条约法[M]. 武汉:武汉大学出版社,1998.

关于缔约权限的具体法律内容可以不尽相同①。就国家而言,缔约是其行使主权的最古老、最独特的方式之一。至于具体由谁来代表国家行使缔约权限,要依其国内法的规定。在国际法上,以国家名义缔结的条约与以政府或其部门名义缔结的条约并无区别②。缔约方几乎可以按其希望的任何方式缔结条约。没有规定的形式或程序,如何制定条约、由谁实际签署条约将取决于相关国家的意图和约定③。通常,国家、国际组织等国际法主体会参照《维也纳条约法公约》在其内部法律、规范中予以相应规定。《维也纳条约法公约》第二章"条约之缔结及生效(Conclusion and Entry into Force of Treaties)"共20个条文(第6条至第25条)针对条约的缔结及生效进行了具体规定。

关于缔约程序,在国家为缔约方的情况下,从国家有缔约意向到最后达成一致、成功缔约并公布实施,原则上要经过以下环节:条约的谈判;条约约文的起草、议定和认证;条约的签署;条约的批准、接受和赞同;条约批准书的交换和交存;条约的加入和加附;条约的生效和暂时适用;条约的保管、登记和公布。作为派生的、有限的国际法主体,国际组织的缔约程序是在国家缔约实践的基础上发展起来的。因此与国家的缔约程序相比,国际组织的缔约程序既有相同之处,也有不同之处。尤其是在委派授权代表谈判的全权证书方面以及条约的批准方面存在一些特殊问题,值得注意,应当区分④。此外,应当注意双边条约的缔结程序与多边条约的缔结程序的异同。就缔约程序而言,针对双边条约的各个环节也适用于多边条约,但多边条约的缔约程序还涉及一些特殊问题,尤其是保留问题,值得关注⑤。

2. 条约解释理论

解释权与解释规则或解释方法当属条约解释理论的核心内容。显然,条约当事方有权解释条约。同时,条约当事方的解释权要受到其他法律法规的限制。此外,条约本身也可授予特设法庭或国际法院(International Court of Justice,简称ICJ)相应的解释权。关于解释规则或解释方法,联合国国际法委员会(ILC)曾认为,条约解释要探求约文所表示的当事方的意图,而国际法

---

① 王铁崖. 国际法[M]. 北京:法律出版社,1995.
② [英]安东尼·奥斯特. 现代条约法与实践[M]. 江国青,译. 北京:中国人民大学出版社,2005.
③ [英]马尔科姆·N·肖. 国际法[M]. 第五版. 北京:北京大学出版社,2005.
④ 万鄂湘,石磊,杨成铭,等. 国际条约法[M]. 武汉:武汉大学出版社,1998.
⑤ 李浩培. 条约法概论[M]. 第2版. 北京:法律出版社,2003.

院(ICJ)的判例则支持约文解释的方法,而且《维也纳条约法公约》(VCLT)的相关条款也基本上采纳了约文解释的方法[①]。

就国际法而言,条约解释有三种基本方法。第一种方法集中于协议的实际文本,并强调对所用词语的分析。第二种方法是看当事人接受协议的意图,以此作为规定不明确时的解决办法,可被称为主观方法,与前一种的客观方法相对。第三种方法采用比其他两种方法更广泛的视角,并强调条约的目的和宗旨是衡量任何特定条约条款规定含义的最重要背景。这种目的论的观点学派,具有强调法官或仲裁员作用的效果,因为法官或仲裁员会被要求确定条约的目的和宗旨。该观点由于鼓励司法性造法而受到批评。《维也纳条约法公约》(VCLT)第31条至第33条,在某种程度上包含了以上所有三种学说的各个方面[②]。从学理上归纳条约的解释路径和方法,主要有主观主义(主观解释)、客观主义(约文解释)和目的主义(目的解释)三种。被称为条约解释"黄金规则"的《维也纳条约法公约》(VCLT)第31条肯定了约文解释和目的解释。有观点认为,《维也纳条约法公约》(VCLT)关于条约解释的规则已构成习惯国际法,在条约解释实践中影响重大[③]。在解释《联合国宪章》(UN Charter)的过程中,除了运用传统的历史方法、文本方法和目的论方法之外,还形成了新的解释方法,如暗含权力理论和嗣后实践方法。其中,与其他条约解释实践相比,目的论方法及嗣后实践方法在《联合国宪章》(UN Charter)的解释实践中运用更为频繁[④]。

(二)擅缔约促进国际争端预防法治化发展

条约是规范国际关系的法律文件。据目前所知,大约公元前3100年,美索不达米亚(Mesopotamian)的两个城邦国家拉伽虚(Lagash)与乌玛(Umma)缔结的条约当属最古老的国际法律文件[⑤],该文件规定了两国疆界不可侵犯,并规定了仲裁条款。不过,在古代,国家间的国际关系尚不活跃,多以不成文的习惯来维系,当时的国际法仅仅是国际法发展的原始阶段[⑥]。现代意义上的国际法起源于西欧,构建在欧洲国际关系体系基本范式之上,以结束

---

① [英]伊恩·布朗利.国际公法原理[M].曾令良,余敏友,译.北京:法律出版社,2003.
② [英]马尔科姆·N.肖.国际法[M].第五版.北京:北京大学出版社,2005.
③ 杜焕芳.国际私法条约解释的路径依赖与方法展开[J].中国法学,2014(2).
④ 韩燕煦.《联合国宪章》解释对传统条约解释规则的影响和发展[J].环球法律评论,2010(3).
⑤ 杨泽伟.宏观国际法史[M].武汉:武汉大学出版社,2001.
⑥ 黄惠康.中国特色大国外交与国际法[M].北京:法律出版社,2019.

了欧洲"三十年战争"的《威斯特伐利亚和约》所确立的主权、民族国家平等体系为基础。因而,常被称为欧洲的国际法①。缔约是构建国际交往规则、稳定国际社会秩序不可或缺的路径,谈判是缔约的核心能力。

习近平总书记谈及提高中国参与全球治理的能力时强调,要着力增强规则制定能力、议程设置能力、舆论宣传能力、统筹协调能力,要大力培养具有全球视野、熟练运用外语、通晓国际规则、精通国际谈判的专业人才②。

在"一带一路"国际合作的过程中,要重视条约的缔结,循序渐进,通过国际谈判,逐渐构建条约化的制度约束,弥补松散的、低标准的、软约束型的国际合作模式。

擅缔约促进国际法治的良好构建。欧洲三十年战争后的威斯特伐利亚体系以及两次世界大战后的联合国体系,弥足珍贵。国际法由"大难"走向"大治"的文明发展史也是人类由"武力"走向"法治"的文明发展史。各国经理性谈判通过条约与国际组织构建的战后国际秩序,彰显了人类的"大智慧"。百年未有之大变局加速到来,世界出现领导力赤字,在全球治理体系变革的十字路口,和平崛起的中国面对挑战,应当引领国际社会充分运用法律工具进行治理。条约是国际法治的核心工具,擅缔约才能促进国际法治的良好构建。

擅缔约促进国际争端的善意预防。有交往,就可能有摩擦。全球化的发展也提高了国际争端发生的频率。不能因为存在国际争端发生的可能性而不进行国际交往,因噎废食不可取。现代文明各国应当采取明智之举,在国际交往中充分运用法律工具规范相互之间的交往行为,遵循"诚信、善意、有约必守"的原则,加强规则意识、契约精神。条约为国与国之约,擅缔约方能降低国际争端发生的概率,利于国际争端的善意预防。

(三)擅释约促进国际争端解决法治化发展

法官对条约的解释、适用可能造成法官"造法"。以条约解释的方法进行造法是法官的正当权利。可见条约解释的重要性,解释即为法律,法律即为解释。条约如何解释,取决于由谁来解释。法官如何解释条约,取决于其价值、利益偏好,并非仅仅依据条约解释的规则。尽管规则是需要选择的,条约解释的规则往往是依据解释者的立场来选择的,但条约解释的规则依然很重

---

① 何志鹏.国际法的变与不变[J].《国际法研究》第 8 卷.
② 习近平.习近平谈治国理政第二卷[M].北京:外文出版社,2017.

要。形式主义对法律学者不可少,要学会用法律的话语讲政治的故事,而不能用政治的话语讲法律的故事①。外交有国籍,要熟练掌握国际法的话语语法体系为中国的对外交往、民族复兴、和平崛起服务,进而促进世界和平,构建人类命运共同体②。

各国在"一带一路"倡议合作的履约过程中,难免存在缺漏,时有分歧,或是因为有些约文规定不明,或是因为有些情势发生变迁。因而,仅仅擅缔约还不够,还要擅释约。

擅释约促进国际法治的良性完善。缔约各方、法官、仲裁员对条约的解释,在某种程度上或多或少可能构成造法行为。背后支撑解释方法或规则选择的是解释者的价值取向和利益偏好。在百年变局、治理变革的时代背景下,作为有担当的、负责任的大国,中国应当多多掌握用法律话语讲政治故事的技能,做好世界的和平使者,求同存异,擅释约才能更好地促进国际法治的良性完善。

擅释约促进国际争端的善意解决。各国政治制度、文化背景、经济发展各不相同,跨国交往中产生分歧、引发国际争端,实属必然。即便相互之间缔约进行了规范、约束,也无法绝对避免国际争端。在解决国际争端的过程中,如何充分运用法律工具,对条约进行解释,至关重要。在国际格局变化、国际力量呈现"东升西降"之势的当下,中国更要审慎应对,维护和谐稳定的国际环境,擅释约才能更好地促进国际争端的善意解决。

---

① 李鸣.国际法院的条约解释.2021年10月23日09:00—12:10复旦大学法学院会议.
② 李鸣.国际法作为一门技能——基于对国际法"否定之否定"认识.2021年12月7日19:00—21:10复旦大学法学院会议.

第十五章
美墨水债问题：国际水权纠纷的新发展

美国和墨西哥有长达 3 146 公里长的边界，其中的 65% 以国际河流中线为界，其中在科罗拉多河干流约 40 公里、格兰德河干流埃尔帕索（美国新墨西哥州边境城市）以下至墨西哥湾有 2 020 公里[①]。两国在 19 世纪末到 20 世纪 50 年代，签订了一系列协议来解决包括国际水资源管理在内的边界问题。虽然地处干旱、半干旱地区，水资源稀缺，美墨边境地区的国际河流管理并没有出现太激烈的争议[②]。1992 年，墨西哥声称干旱使其无法依照条约给美国格兰德河供水，产生了美墨水债问题。该问题至今未能彻底解决，成为持续影响两国边界稳定的主要因素。美墨水债问题与美国的边境墙建设、界河生态环境、全美运河衬砌带来的地下水等问题相互交织，直接影响着美墨关系的未来。

一、美墨水债问题的背景和现状

（一）水文地理背景

格兰德河（墨西哥境内段称北布拉沃河）全长 3 107 公里，是北美第五大河。它起源于科罗拉多州南部的圣胡安山脉，经过北美最大的奇瓦瓦沙漠，最后汇入墨西哥湾。格兰德河流经美国的三个州：科罗拉多州、新墨西哥州

---

① U. S. IBWC. The International Boundary and Water Commission—Its Mission, Organization and Procedures for Solution of Boundary and Water Problems. [no date]. https://www.ibwc.gov/About_Us/About_Us.html.

② Ingram S G. In a Twenty-First Century "Minute"[J]. Natural Resources Journal，2004，44(1)：163-211.

和得克萨斯州;墨西哥的四个州:奇瓦瓦州、科阿韦拉州、新莱昂州和塔毛利帕斯州[①]。格兰德河流域总面积约为61万平方公里,流域人口超过1 000万[②],流域内以农业经济为主,灌溉用水占总需求的88%,灌溉面积巨大。其中,流域内墨西哥灌溉面积约为4 800平方公里,美国灌溉面积约为4 020平方公里。由于水库储水和消耗性使用,格兰德河在得克萨斯州奎特曼堡经常断流,使格兰德河实际上成为两条独立的河流:奎特曼堡以上为格兰德河上游,水源主要来自科罗拉多州的融雪;奎特曼堡以下为格兰德河下游,水源主要来自墨西哥孔桥斯河的夏季季风雨水[③]。2007年3月,由于水资源供需关系的紧张,格兰德被世界自然基金会(WWF)认定为世界十大濒危河流之一。

(二) 国际条约背景

长期以来,美墨两国在格兰德河上建立了以国际条约、会议纪要为基础的水管理框架。由于格兰德河在地理上分成两个基本上互不相连的上下游河段,两国分别为这两个河段缔结了水分配条约,即1906年《格兰德河灌溉公约》(以下简称1906年水条约)和1944年《美利坚合众国与墨西哥合众国关于利用从得克萨斯州奎得曼堡到墨西哥湾的科罗拉多河、提华纳河和格兰德河(布拉沃河)水域的条约》(以下简称1944年水条约)。其中,界河上游(得克萨斯州埃尔帕索—华雷斯山谷和奎特曼堡之间)的水资源利用,由1906年水条约调整,美国要从国内水库向墨西哥每年输送6万亩英尺(1亩英尺=1 233.482立方米)的水。另外,如果美国的灌溉系统发生严重事故或特别干旱,交付给墨西哥的水量(来自美国境内象山水库)将与输送到美国的水同比例减少。

而格兰德河下游(得克萨斯州奎特曼堡以下至河口)的河水利用,则由1944年水条约规范,该条约规定墨西哥有义务向美国供水。当前的美墨水争端(美墨水债问题),就是发生在下游河段。有关格兰德河下游水分配的具体内容有:第一,对于得克萨斯州奎特曼堡以下的格兰德流域,墨西哥和美国各有权分得格兰德干流流量的一半。第二,墨西哥有权获得格兰德河下游6条

---

① 陈海燕.可利用水量变化影响国际河流分水的实例及其启示[J].水利发展研究,2006(7).

② WWF. "World's Top 10 Rivers at Risk", accessed March 20, 2007. http://assets.panda.org/downloads/worldstop10riversatriskfinalmarch13.pdf

③ Lacewell R D, Dubois M, Michelsen A, et al. Transboundary Water Crises: Learning from Our Neighbors in the Rio Grande (Bravo) and Jordan River Watersheds[J]. Journal of Transboundary Water Resources, 2010(1):95-123.

支流水量的三分之二。第三,美国获得美国境内支流的全部水量和墨西哥境内格兰德河 6 条支流水量的三分之一。条约规定这个三分之一有最低数量要求,即不得少于连续五年的平均数量(每年 35 万亩英尺)。如果由于特殊干旱或者设施严重故障,墨西哥未能履行其为期五年最小水量交付义务,则必须在下一个五年周期内补足差额。

条约的执行机构是国际边界水委员会(IBWC),其前身是国际边界委员会(IBC)。IBWC 由美国和墨西哥联合组成,两国分别委派一名工程师专员、两名主要工程师、一名法律顾问和一名外交事务秘书共同决策,形成会议纪要。根据 1944 年条约的规定,IBWC 有权"解决两国政府在条约适用方面可能出现的所有分歧,但须经两国政府批准"。"会议纪要"是 IBWC 解决条约适用和争议解释的法律性文件,会议纪要在签署后三天内提交两国政府。如果政府均未表示不批准会议纪要,则会议纪要在 30 天后被视为已获批准,成为在美墨之间具有约束力的执行协议。至今,有关解决格兰德河水债争端的会议纪要主要有 234 号、293 号、307 号和 308 号。其中,第 234 号会议纪要规定了墨西哥偿还水债的三种不同的水源:第一,从分配给美国三分之一河水的 6 条墨西哥境内支流偿还;第二,从墨西哥境内其他支流偿还;第三,用储存在格兰德的国际水库水资源偿还。后三个会议纪要(293 号、307 号、308 号)则以 234 号会议纪要为基础,围绕不同时间内的水债问题,形成具体的解决手段和程序。

(三)美墨水债问题的现状

水债问题是 20 世纪 90 年代出现的美墨水争端新问题。自 1992 年墨西哥声称因发生重大干旱不能完成水支付义务开始,其在 1992—1997 年、1997—2002 年、2002—2007 年和 2010—2015 年等条约规定的四个五年周期内,未履行其水交付义务(即墨西哥欠了水债)。

1992 年到 1997 年是墨西哥水债产生的第一个五年周期。在这个周期内,墨西哥不但未能按条约给美国河水,而且请求美国借水给墨西哥,即"水贷"。关于水贷的谈判形成了 293 号会议纪要,其主要内容包括美国承诺借给墨西哥一定数量的水,但墨西哥的水债也必须偿还。到 1997 年(1992—1997 五年水循环结束年),墨西哥欠美国 100 万亩英尺的水。根据条约规定,墨西哥必须在下一个会计周期(1997 年至 2002 年)还清水债。

但是,墨西哥在 1997 年到 2002 年这个周期内没有还清水债,美国(主要是得克萨斯州)和墨西哥之间的紧张局势因而逐渐升级。美墨水谈判最终达成 307 号会议纪要(2001 年 3 月),要求墨西哥在 2001 年 7 月 31 日之前偿还

60万亩英尺,后又延期到当年9月。但墨西哥在307会议纪要规定的9月截止日期前仅偿还了34.8万亩英尺。

由于墨西哥又一次未能在承诺期限内完全还清水债,因而被指责在还水债问题上"半心半意"。随后的水谈判产生了308号会议纪要(2002年6月),要求墨西哥立即将9万亩英尺的水从国际水库转移到美国。到2002年(1997年至2002年周期结束年),墨西哥的水债再增加47.7828万亩英尺,达到约150万亩英尺[①]。经过墨西哥间断还水,到2005年2月,还欠美国水债73.07万亩英尺。

2005年3月10日,美国和墨西哥达成了消除墨西哥水债的谅解。根据该协议,墨西哥要在2005年9月30日前用界河国际水库的水偿清水债(约71.667万亩英尺)[②]。当年夏天,飓风导致降雨增加,墨西哥利用此机会于2005年9月底还清了水债,水债紧张局势暂时消除。2010年—2015年这一周期,又形成了水债,但这轮水债很快被还清。

目前的墨西哥给美国供水周期始于2015年10月,预计将于2020年10月结束。在当前周期中,墨西哥第一年的交付量低于35万亩英尺,只交付了21.6562万亩英尺,但墨西哥在第二年进行了额外交付,使两年总交付量超过了累计的两年目标70万亩英尺[③]。但墨西哥在2019年和2020年都未能完成交付量,累计水债已经再次产生,2020年7月,墨西哥多次爆发农民与墨西哥军队的冲突,以抗议本国从大坝放水偿还欠美国的水债的行为[④]。

长期以来,美墨水债对双方边境经济发展、边境用水关系以及双边关系都有一定的负面影响。首先,墨西哥的"低于目标"或"不可预期"的水交付,造成美国南部边境(特别是得克萨斯州)巨大的经济损失。仅1992—2004年间,德州南部灌溉面积减少了约29%,经济损失超过10亿美元[⑤]。其次,美墨

---

① U.S. IBWC. Press Release, accessed March 10,2005. http://www.ibwc.state.gov/PAO/CURPRESS/2005/WaterDelFinalWeb.pdf.

② U.S. IBWC. Rio Grande River Basin Estimated Volumes Allotted to the United States by Mexico from Six Named Mexican Tributaries under the 1944 Water Treaty (October 25, 2015 thru September 26, 2020), accessed October 02,2020. https://www.ibwc.gov/wad/_images/current_cycle.pdf.

③ The Associated Press, More clashes in Mexico over Repaying U.S. Water Debt, accessed July 20,2020. https://apnews.com/article/ccd77c1842d4cb0d792b38b2041cc965

④ Combs S. The Mexico water debt[J]. Texas Bar Journal, 2004, 67(3): 198-201.

⑤ FNS news. Water Fights Flare. accessed May 07,2013. https://fnsnews.nmsu.edu/water-fights-flare/.

水债使格兰德河边境地区农民之间的用水矛盾趋于尖锐[1],各种口头交恶不断。得克萨斯人认为,墨西哥用水债部分剥夺了其视为生命的河水[2],墨西哥操纵境内6条支流,偷水严重。但墨西哥人则认为,"我们不能支付(债务),我们没有水",或者换句话说,"美国要求的水不存在"[3]。再次,水债纠纷也影响了美墨关系,使美墨关系更为紧张。2017年1月26日,墨西哥时任总统涅托因美国对墨西哥政策不满等原因取消了与美国时任总统特朗普的会晤[4]。虽然此次事件的直接起因是边境墙与美国墨西哥移民问题,但与水债问题也不无关联。

二、美墨水债问题的成因

（一）根本原因:对立的河流主权理念

美墨的国际河流利用观念自始对立。很早以来,美墨两国在国际水利用实践中,就形成了两个极端对立的河流利用理念:绝对主权论和绝对领土完整论。

在格兰德河上游,水量主要来自美国境内,针对美国向西扩张,用水增多,墨西哥抗议美国过度分流格兰德上游河水,指责其违反了国际法。而美国则认为,美国对其领土内的水资源拥有绝对的主权,美国可以利用境内河流所有流量,无论其利用对下游沿岸国家的影响如何(绝对主权论)。墨西哥认为,墨西哥人在格兰德流域的使用比美国人要早得多,因而墨西哥所拥有的水流形态不应受到美国使用的影响(绝对领土完整论),墨西哥的水资源利用也不应受到新用途的伤害[5]。

在格兰德河下游,虽然是两国界河,但墨西哥境内降水是其主要水量来

---

[1] Milloy R E. A Rift over Rio Grande Water Rights, accessed September 18, 2001. https://www.nytimes.com/2001/09/18/us/a-rift-over-rio-grande-water-rights.html

[2] Weiner T. Water Crisis Grows into a Test of U. S.—Mexico Relations, accessed May 24, 2002. https://www.nytimes.com/2002/05/24/world/water-crisis-grows-into-a-test-of-us-mexico-relations.html

[3] Clare C R., Villarreal M A. Mexican—U. S. Relations: Increased Tensions (IN10641), accessed Feburary 01, 2017. https://fas.org/sgp/crs/row/IN10641.pdf

[4] Simsarian J. The Diversion of Waters Affecting the United States and Mexico[J]. Texas Law Review, 1938:27-61.

[5] Utton A E. Coping with Scarcity in the Rio Grande/Rio Bravo Drainage Basin: Lessons to be Learned from the Droughts of 1993—1996[J]. Natural Resources Journal, 1999, 39(1): 27-34.

源,墨西哥主张绝对主权论,要求各自支配国家境内支流,而美国则采用绝对领土完整理念,要求墨西哥限制其支流用水以保障格兰德河界河水量,保护得克萨斯州灌溉用水。

虽然两国通过平衡各种利益调和了水利用矛盾,成功缔结了水条约,但条约没有解决美墨之间观念的根本分歧,而是基于当时的人口和灌溉需水暂时妥协的结果,给美墨水债问题的持久性埋下了伏笔。从条约内容看,条约分配水的依据既包括绝对主权论[1],也包括绝对领土完整理念[2]。这种没有统一标准、暂时妥协的结果,随着两国边境人口的增加和社会发展已经越来越难以平衡两国利益。

(二) 制度原因:美墨格兰德河管理法律框架僵化

1944年水条约中有两条是水债问题产生的制度原因。一方面,条约的保证条款给美墨水债问题的产生提供了可能性。1944年水条约第4(B)(C)条规定,无论实际从指定的支流流入格兰德河的水量多少,美国仍有权获得不低于每年35万亩英尺的水量。这就是条约的保证条款,旨在确保美国德州水供应,使美国能够固定地从格兰德河获得固定水量。但条约执行50多年来,该地区用水情况发生了很大变化,水资源日益紧张。整个流域人口自1950年以来增长了400%。原来墨西哥华雷斯市人口约有8千人,美国埃尔帕索人口约有1.6万人;但到20世纪末华雷斯市人口有100多万,埃尔帕索也达到60万[3]。另外,受北美自由贸易协定的刺激,墨西哥边境加工工业迅速发展,增加了对河水的用途,加剧了河水紧张程度,墨西哥用境内河流向美国输水的阻力越来越大。

另一方面,条约中墨西哥在特殊干旱时可以延迟供水责任的临时豁免条款,使水债问题的产生有了制度上的合法性。1944年水条约第4条和第9条的规定,墨西哥在"在极端干旱或者墨西哥支流的水力系统发生严重事故"的情况下,可以将五年周期内发生的任何债务延缓到下一个会计期间支付。这就是条约的水交付临时豁免条款。根据此条规定,只要符合一定的条件,墨西哥可以合法地将上一个周期供水义务拖延至下一个周期履行。

---

[1] 即承认一些支流归各自所在的流域国支配,平均分配得克萨斯州的奎特曼堡和墨西哥湾之间的格兰德河干流河水。

[2] 即承认边界河流形态完整,保证格兰德河下游德州用水。

[3] Kibel P S, Schutz J R. Rio Grande Designs, Texans NAFTA Water Claim Against Mexico [J]. Berkeley Journal of International Law, 2007(25):228-267.

（三）直接原因：干旱气候

干旱原因是墨西哥官方在谈及不能履行义务时提到的唯一原因[①]，1995年干旱年份，墨西哥声称，"即使在保护和有效利用水的方案的情况下，墨西哥目前在水坝中储存的水，也只能满足1996年6月前墨西哥的水需求"，墨西哥已经"不能满足其河边社区供水需求"[②]。

格兰德河流域本身处于半干旱地区，年平均降雨量在356到508毫米之间，出现旱情在所难免。随着人口迅速增长和高耗水量农作物种植面积的大规模增加，两国用水竞争不断加剧[③]。再加之气候干旱因素，2012年到2018年七年中的年均交付水量只有条约规定水量的53%。而1906年水条约规定美国无须偿还任何因干旱减少交付的水量，美国支付水量减少并不违约。但对于墨西哥来说，1944年水条约虽然允许其延迟交付，而并不能减免，条约只是为墨西哥争取到五年时间的延缓期。IBWC会议纪要虽然有助于缓解墨西哥严重干旱[④]，但美国给墨西哥提供的水贷以及水债，还是必须要还的。因此，在干旱条件下，墨西哥给美国提供1944年水条约规定的最低基数水量困难加大，水债问题产生的可能性也自然增大。

三、美墨水债问题的走向

（一）两国政府短期内不会考虑重新缔结条约

对于墨西哥来说，格兰德河重新谈判缔结水条约不符合其最佳利益。第一，墨西哥是美国的第三大贸易伙伴，美国是墨西哥最大的贸易伙伴，双边经济关系对两国都很重要，而水资源是边境经济发展的重要支柱，也是两国边境贸易的润滑剂。就墨西哥而言，主权、对美经济依赖以及保持双边合作的愿望都会影响到其水问题的决策。第二，1944年水条约将格兰德河与科罗拉多河联系在一起，存在着利益上的牵连关系。在格兰德河下游，墨西哥给美

---

① U. S. IBWC. Minute No. 293, Emergency Cooperation To Supply Municipal Needs Of Mexican Communities Located Along The Rio Grande Downstream of Amistad Dam, accessed October 04, 1995. http://www.ibwc.state.gov/Files/Minutes/Min293.pdf.
② 《生态经济》编辑部. 争夺激烈的水源[J]. 生态经济, 2007(8).
③ 季尔知. 美墨边境安全问题和美墨合作[J]. 国际研究参考, 2013(8).
④ 如293会议纪要授权墨西哥使用储存在两个国际水库中的一些属于美国的水，以解燃眉之急。

国供水；在科罗拉多河上游，美国同意给墨西哥每年150万亩英尺的科罗拉多河水。如果重新谈判，美国西部科罗拉多河流域的7个州将努力说服国会减少对墨西哥的分配水量。第三，墨西哥要求减少或取消1944年水条约第4(B)条规定的格兰德河下游固定输水义务，同时拒绝美国对墨西哥科罗拉多河150万亩英尺固定输水义务的修改，在法理上也存在弱点。如墨西哥认为气候干旱、人口增长需要减少其格兰德河下游的输水义务，那么，科罗拉多河流域过去六十年的用水也逐渐加大，美国是否也可以减免其输水义务？因此，尽管某些墨西哥学者和政治家发出了强烈抗议并要求重新谈判，但墨西哥政府层面的"还水"政策不会改变。

重新谈判对美国来说也不是好的选择。从以往谈判情况以及会议纪要内容来看，美国也坚定地致力于在1944年水条约和IBWC框架内解决目前的水纠纷。其原因有二：一是美国不想因为水债影响到美墨的稳定关系。美墨边境关系并不只有水关系，其他的边界问题，例如殖民执法、打击毒品交易和恐怖主义等也是美国决策者一直关注的问题，需要双方合作完成。美墨经济合作多年，墨西哥已成为美国在地区和全球事务中的战略盟友。美国不希望墨西哥因水债问题而引发边境地区的经济衰退或暴力升级，进而影响到美国的利益。二是当前条约规定对美国是有利的。条约最低限度给水的规定[①]，阻止了墨西哥随意拦截和开发其境内格兰德河支流的可能，在格兰德河下游70%的流量来自墨西哥支流的情况下，确保了美国稳定地获得河水水量的大部分，避免得克萨斯州的农民陷入困境。

（二）两国将在法律框架内尽可能减少水债问题的负面影响

墨西哥政府因水债偿还问题对内承受很大的压力。墨西哥民间认为，1944年水条约对墨西哥在特殊干旱时期的水交付只是享有延迟交付的临时豁免，没有使"墨西哥在其水库中保留足够的水以满足干旱时期自身的用水需求"，对墨西哥不公平，因而要求政府与美国修改条约条款，减少墨西哥水交付义务。但由于两国政府短期内都没有重新缔结或修改条约的意愿，因而水债问题只能在现有的法律框架内解决，并尽可能利用现有的制度条件，消除水债问题带来的负面影响。

第一，在未来一段时间内，美国政府在水债方面将继续采取有底线的宽容态度，但会采取各种手段敦促墨西哥偿还水债。由于会议纪要234号已经

---

① 墨西哥每年至少给美国供应35万亩英尺的河水。

列举了墨西哥支付水债的多种方式,因此,在美国看来,目前的水债纠纷只是促使墨西哥遵守现有规定的问题。美国在处理墨西哥水债问题上呈现出的宽容态度①,只是对墨西哥的抚慰措施,其目的是缓和美墨水分配矛盾,削弱人们对于条约"不公平"的批评效果。因此,美国对水债问题的态度是,美国只会在墨西哥"关键供水"上让步。只要墨西哥还有水保证其家庭和市政用途,美国仍将全力敦促墨西哥还水。

第二,墨西哥会继续承诺偿还水债,因为这种承诺也有利于平稳边境地区尤其是得克萨斯州农民的情绪,缓和美墨紧张关系,避免更大损失。但墨西哥也可能视情况在法律允许的框架内尽量推迟。因而,在极端气候条件下,水债争端还会继续存在,美墨水关系会有进一步恶化的可能。

第三,水债问题会在继续谈判中以会议纪要的形式解决,两国也会加强水技术改进、保护等方面的合作。目前,IBWC已经成立了两国工作组,来推进科罗拉多河水管理问题的解决,以确保遵守1944年水条约,提高两国水输送的可预测性和可靠性。

(三)两国水债问题将与各类边界问题综合考量

目前,IBWC以非常宽松的方式解释条约的规定,形成了双方都能接受并保持相对稳定的权宜之计。但国家间的跨界争议不是国际舞台上的孤立事件。美墨水债问题以及IBWC处理水债问题的工作,不但会受到美墨边境各种关系的影响,也会反过来影响美墨关系。为确保美墨边境地区关系的稳定和安全,IBWC至少必须处理好以下几个与水债问题相关的边境问题。

第一,继续安抚美墨两岸居民,减轻两国政府压力,减少两国用更激烈的方式解决问题的可能。水债给美国和墨西哥政府都带来极大的压力,应维护现有条约并确保在IBWC框架内解决当前争议。如果水债问题长期拖而不决,愤怒的得克萨斯州利益相关者和墨西哥北部农民之间的冲突就无法消除,最终造成边境地区不稳定。对于美国现任政府来说,在富有投票权的得克萨斯州,农民的潜在政治动荡将超过从墨西哥关系中获得的任何利益。因此,如何在安抚墨西哥和安抚美国水债问题利益攸关者之间寻求平衡,又不会因为对墨西哥宽容而失去民心②,成为未来水债问题解决的重要考量因素。

---

① 如对墨西哥的"水贷"。
② Meyers C J, Noble N L. The Colorado River: the Treaty With Mexico[J]. Stanford Law Review, 1967,19(2): 367-419.

第二，平衡美墨在偿还水债法律程序方面的分歧。要求确定墨西哥水交付时间是美墨水债问题的紧张点，也是程序性地解决水债问题的关键。对于美国利益相关者来说，墨西哥交付时间的不确定性，会影响交付水的有效使用、管理和释放，墨西哥在格兰德河上的五年周期灵活交付对美国用水者来说有挫败感，部分原因是美国在科罗拉多河上对墨西哥年输水150亩英尺的规定性更强(需要每年交付)。虽然从美国角度看，水债问题根据234号会议纪要的框架，可按照307、308等会议纪要执行，而墨西哥虽然一再承诺会还水，但并没有放弃水交付的临时豁免权，因而没有解决墨西哥水交付的不可预测性。2003年开始，墨西哥和美国都同意举行联合峰会以解决"如何"在稀缺和充沛的降雨期间确保可靠和可预测的供水[1]，但时至今日协议仍没有达成。如果没有形成墨西哥交付河水的明确时间表，水债问题像不定时炸弹一样，随时都有可能出现。

第三，减轻边境墙建设的负面影响，促进格兰德河洪水预防和环境保护。边境墙问题是和美墨水关系相关的另一个重要问题，因为它的建设可能会引发格兰德河洪水。地理学家认为，美国边境巡逻队在隧道中安装的格栅的碎片堵塞了墨西哥一侧，造成水流堵塞。2014年7月27日，季风降雨袭击了美国亚利桑那州诺加利斯和墨西哥索诺拉州，洪水冲向马里波萨入境口以西，碎片堵塞了60英尺的边界围栏，造成巨大损失。2008年，边境基础设施造成了季风降雨时诺加莱斯市800万美元的损失，两个人死亡，边境墙有很大的责任[2]。但边境墙对美国边境安全有着重要意义，美国不可能放弃。目前，边境墙问题不但是IBWC和边境巡逻队之间争论的焦点，也是边界委员会内部两国委员争论的重要内容：IBWC的墨西哥委员认为"他们计划的那种墙会对跨界水流产生严重影响"，因而不同意建设；而IBWC的美国委员则考虑到边界安全对国家安全的意义，对建墙问题持妥协态度。IBWC内部观点的分歧，给边境墙建设和洪水问题的协调解决增加了难度。

第四，平衡当前使用(家庭、灌溉)与潜在未来用途(生态、环境)问题。

---

[1] U.S. IBWC. Press Release, United States and Mexico Agree on Delivery of Rio Grande Water, accessed Jaurary 10, 2003. http://www.ibwc.state.gov/PAO/CURPRESS/CurPress2waterunderstanding-Stateweb.htm.

[2] Sadasivam N. The Texas-Mexico Border Wall Comes With A Dangerous, Costly Side Effect: Flooding, accessed August 17, 2018. https://www.texasobserver.org/the-texas-mexico-border-wall-comes-with-a-dangerous-costly-side-effect-flooding/.

1944 年水条约将格兰德河全部分配完毕。在其第 3 条列出了河水使用等级的 7 种用途中,生态用水不包括在内①。目前,格兰德河已经没有多余的水应对干旱、生态和发展所需,格兰德河中游地区的生态系统退化严重,其中 36% 至 63% 的本地鱼类已经灭绝②,生态危机初现端倪。而一旦考虑到其他潜在的未来用途,例如生态保护或承认美洲原住民的要求,河流资源就会枯竭。这样一来,水债问题更加难以解决,美墨水争无法平息。由于根据条约的使用等级,条约精神强烈支持发展而不是环境,生态系统保护不可能被提升到高度优先地位③,因而,边界水委会对生态问题和当前水使用等级价值的权衡,就成为一个重大的现实问题。

第五,全美运河衬砌与地下水问题。边境地下水问题本身就是美墨水关系中必须考量的现实问题④。特别是它与全美运河衬砌项目联系在一起,使美墨水关系更加复杂化,因而成为 IBWC 必须权衡考量的问题。

全美运河(AAC)与美墨边境平行,从胡佛大坝延伸到加利福尼亚州的帝王谷,全长 132 公里。全美运河衬砌旨在防止渗水造成的 2% 的水损失⑤,每年增加加利福尼亚州 7 万亩英尺的水供应。由于全美运河全部位于美国境内,因而美国认为全美运河衬砌是国内问题。

但对于墨西哥来说,渗漏的地下水也是其距离几百米边境的墨西哥农业区域的生命。墨西哥通过 400 多口水井获取水,并用它来灌溉 5 万英亩的农田。因而墨西哥认为,全美运河衬砌是两国间的问题。全美运河渗漏的水进入地下水系统并流经边界进入墨西哥,墨西哥通过持续使用资源获得了渗透地下水的所有权。因此,墨西哥将全美运河衬砌问题与格兰德河水债问题联系在一起,增加自己在水债问题上的谈判砝码。每当美国向墨西哥提出输送水问题时,墨西哥就会提出对全美运河衬砌的反对意见。

---

① 1944 年水条约第 3 条规定,对格兰德河的使用优先顺序为:家庭和市政用途;农业和畜牧业;电力;其他工业用途;航行;捕鱼和狩猎;可由委员会决定的任何其他有益用途。
② Fort D D. Restoring the Rio Grande: A Case Study in Environmental Federalism[J]. Environmental Law, 1998, 28(1): 15-52.
③ Mumme S. The Case for Adding an Ecology Minute to the 1944 United States—Mexico Water Treaty[J]. Tulane Environmental Law Journal, 2002, 15(2): 239-256.
④ 张远东,魏加华.全美灌溉系统衬砌工程及其争议[J].南水北调与水利科技,2006(6).
⑤ Kraul C, Perry T. Rift Runs Deep in Water War. accessed May 04, 2002. https://www.latimes.com/archives/la-xpm-2002-may-04-fg-water4-story.html.

四、结论与启示

由于地理水文以及制度原因,美墨水债问题会不定时出现并且长期存在,是引发美墨水关系冲突的主要因素。从美墨1992年至今的水谈判历史来看,两国政府并不希望采取激烈措施解决水债问题,1944年水条约框架仍是基础,但美墨水债问题的彻底解决,似乎前途渺茫。美国和墨西哥之间双边水关系的基调和性质,主要取决于解决水紧张局势和改善共享河流合作管理努力的有效性。要解决美墨国际水权纠纷问题,不仅是美国和墨西哥边界水管理部门IBWC的职责,美墨其他相关政治官员也应介入解决水资源共享问题。格兰德河水对两国的重要性,意味着在解决过程中需要更多权力的较量和利益的平衡。

我国与陆上周边国家共处于18条不同的国际河流流域,国际河流水资源量占中国水资源总量的40%。其中主要的15条国际河流年径流量占中国河川年径流量的40%。虽然国际河流众多,但我国却是世界上水资源贫乏的国家之一,人均水资源仅为世界的三分之一。对国际河流的开发将有助于缓解水资源供需矛盾。但由于我国国际河流开发时间晚,面临着一系列问题和挑战。美墨水权纠纷的新发展,可以给我国国际水政策的制定提供借鉴。

首先,要有统一的水资源权利理念。由于美墨双边水条约中并存了对立的河流主权理念,导致水债问题长期存在,负面影响多,争端解决成本巨大。为了彰显合作诚意,避免冲突,国际谈判是最初和最重要的一步,但要在谈判中取得有利地位,必须有一个有利于自己的理论作基础。我们可以主张、宣传国际河流利用中的流域国之间在统一流域内,奉行国家间权利义务对等原则。

其次,强调国际河流水资源利用中环境保护的必要性。我国迄今为止还没有与周边国家签订任何分水协议,在以后有可能的相关协议中要考虑到环境问题。局限于当时历史环境,美墨双边水协议签订没有考虑生态问题,在我国今后的国际水条约中要充分考虑该问题,并指出保持河流生态的义务适用于全流域所有国家。这样,在以后利用国际河流河水的过程中,我国应对其他国家以生态为借口来制约我国利用时,就占了先机。

最后,强调以贡献率为标准确定国际河流水权。贡献率多的国家水权多,这是符合水资源主权原则和权利义务对等法律原则的。美墨条约中没有明确指出这一点,各方可获得水量基于 70 多年甚至 100 多年前的人口和生产需求,随着时间的推移,这种标准逐渐难以维持。但国际条约又要有长期性、稳定性的特点,所以确定客观的水权标准至关重要。虽然这很难被一些既得利益多而水贡献少的国家所接受,但强调贡献率,至少使我们的损失摆在了明处,而那些获利多的国家,也失去了"抢水"的合法性基础,强调其历史利用时也显得不那么理直气壮了。

参考文献

[1] 长江技术经济学会. 促进经济带发展问题研究[M]. 武汉:长江出版社,2006.

[2] 廖志丹,孔祥林. 流域管理与立法探析[M]. 武汉:湖北科学技术出版社,2014.

[3] 国冬梅,张扬,魏亮,等. 跨国界流域水环境综合管理国际经验借鉴研究[M]. 北京:中国环境出版社,2018.

[4] 沈百鑫. 德国环境保护领域的立法权限[M]//徐祥民. 中国环境法学评论(2010年卷). 北京:科学出版社,2010.

[5] 曹宝,罗宏,张玉虎,等. 流域环境与经济一体化发展战略研究[M]. 北京:中国环境出版社,2016.

[6] 吕忠梅,陈虹,邱秋,等. 长江流域立法研究[M]. 北京:法律出版社,2021.

[7] 杨临萍. 聚焦长江司法保护[M]. 北京:人民法院出版社,2021.

[8] 熊文,李志军,黄羽,等. 中华人民共和国长江保护法要点解读[M]. 武汉:长江出版社,2021.

[9] 王志坚. 权利义务对等原则在国际河流水体利用中的适用——兼及国际河流水权的构建[M]. 南京:河海大学出版社,2017.

[10] 俄勒冈州立大学,联合国环境规划署,联合国粮农组织. 国际淡水条约图集[M]. 2002.

[11] 王志坚. 水霸权、安全秩序与制度构建:国际河流水政治复合体研究[M]. 北京:社会科学文献出版社,2015.

[12] 王志坚. 国际河流法研究[M]. 北京:法律出版社,2012.

[13] 孔令杰,田向荣. 国际涉水法条研究[M]. 北京:中国水利水电出版社,2011.

[14] 何大明,冯彦. 国际河流跨境水资源合理利用与协调管理[M]. 北京:科学出版社,2006.

[15] 何艳梅. 国际水资源利用和保护领域的法律理论与实践[M]. 北

京:法律出版社,2007.

[16] 廖成梅.中亚水资源问题研究[M].广州:世界图书出版社,2017.

[17] 吾甫尔·努尔丁·托仑布克.坎儿井[M].乌鲁木齐:新疆人民出版社,2015.

[18] 中华人民共和国商务部.2020年度中国对外承包工程统计公报[M].北京:中国商务出版社,2021.

[19] 张泉.大国战略:中国经济宏观发展战略分析[M].北京:中国经济出版社,2017.

[20] 康晓.逆全球化下的全球治理:中国与全球气候治理转型[M].北京:社会科学文献出版社,2020.

[21] 李浩培.条约法概论[M].第2版.北京:法律出版社,2003.

[22] 卢光盛,段涛,金珍.澜湄合作的方向、路径与云南的参与[M].北京:社会科学文献出版社,2018.

[23] 张洁清,彭宾,李盼文,等.东盟国家环境管理制度及案例分析[M].北京:中国环境科学出版社,2017.

[24] 盛愉,周岗.现代国际水法概论[M].北京:法律出版社,1987.

[25]《习近平法治思想概论》编写组.习近平法治思想概论[M].北京:高等教育出版社,2021.

[26] 黄惠康.中国特色大国外交与国际法[M].北京:法律出版社,2019.

[27] 孙珺.全球治理视角下的国际经济法[M].北京:北京大学出版社,2021.

[28] 万鄂湘,石磊,杨成铭,等.国际条约法[M].武汉:武汉大学出版社,1998.

[29] 王铁崖.国际法[M].北京:法律出版社,1995.

[30] 习近平.习近平谈治国理政(第二卷)[M].北京:外文出版社,2017.

[31] 习近平.习近平谈治国理政(第三卷)[M].北京:外文出版社,2020.

[32] 杨泽伟.宏观国际法史[M].武汉:武汉大学出版社,2001.

[33] 余锋.WTO决策法律制度研究——民主的视角[M].上海:华东师范大学出版社,2010.

[34] 中共中央宣传部编.习近平新时代中国特色社会主义思想三十讲[M].北京:学习出版社,2018.

[35] 中共中央宣传部编.习近平新时代中国特色社会主义思想学习纲要[M].北京:学习出版社,2019.

[36] 中共中央宣传部理论局.中国制度面对面:理论热点面对面[M].北京:人民出版社,2020.

[37] 交告尚史,臼杵知史,前田阳一,等.日本环境法概论[M].田林,丁倩雯,译.北京:中国法制出版社,2014.

[38] 巴瑞·布赞,奥利·维夫,迪·怀尔德.新安全论[M].朱宁,译.杭州:浙江人民出版社,2003.

[39] 卡拉贝若·安东尼,拉尔夫·埃莫斯,阿米塔夫·阿查亚,等.安全化困境:亚洲的视角[M].段青,编译.杭州:浙江大学出版社,2010.

[40] 詹宁斯,瓦茨修订.奥本海国际法[M].王铁崖,等,译.北京:中国大百科全书出版社,1995.

[41] 国际大坝委员会.国际共享河流开发利用的原则与实践[M].贾金生,等,译.北京:中国水利水电出版社,2009.

[42] 马克思恩格斯全集[M].北京:人民出版社,2016.

[43] [英]安东尼·奥斯特.现代条约法与实践[M].江国青,译.北京:中国人民大学出版社,2005.

[44] [比]彼得·范德博思,单文华.世界贸易组织法原理(上册)[M].尚宽,贺艳,译.单文华,校.北京:法律出版社,2020.

[45] 伊恩·布朗利.国际公法原理[M].曾令良,余敏友,译.北京:法律出版社,2003.

[46] 王金南,万军,王倩,等.改革开放40年与中国生态环境规划发展[J].中国环境管理,2018(6).

[47] 陈琴.《水法》修订实施十周年回顾与展望[J].水利发展研究,2012(9).

[48] 王清军.我国流域生态环境管理体制:变革与发展[J].华中师范大学学报(人文社会科学版),2019(6).

[49] 李干杰.继往开来 砥砺前行 谱写新时代生态环境保护事业壮丽华章[J].环境保护,2019(17).

[50] 郑少华,王慧.中国环境法治四十年:法律文本、法律实施与未来走

向[J].法学,2018(11).

[51] 邢鸿飞,王志坚.湄公河水安全问题初探[J].世界经济与政治论坛,2019(6).

[52] 何艳梅.我国流域水管理法律体制的演变与发展[J].水利经济,2020(6).

[53] 付琳,肖雪,李蓉.《长江保护法》的立法选择及其制度设计[J].人民长江,2018(18).

[54] 鄢德奎.中国环境法的形成及其体系化建构[J].重庆大学学报,2020(6).

[55] 周誉东.长江保护法草案二审:碧水东流 法治护航[J].中国人大,2020(20).

[56] 陈金木,汪贻飞.我国水法规体系建设现状总结评估[J].水利发展研究,2020(10).

[57] 何江.为什么环境法需要法典化:基于法律复杂化理论的证成[J].法制与社会发展,2019(5).

[58] 才惠莲.流域生态修复责任法律思考[J].中国地质大学学报(社会科学版),2019(4).

[59] 谭辉,张俊洁,冯时.美国田纳西河流域环境保护特点分析[J].水利建设与管理,2016(7).

[60] 伍永年.中欧流域管理立法比较研究——以太湖流域为例[D].上海:复旦大学,2012.

[61] 沈百鑫,沃尔夫冈·科克.德国水体保护监管机制和治理理念发展及对我国的启示[J].环境法评论,2018(1).

[62] 王莉.加拿大流域管理法律制度解析[J].郑州大学学报(哲学社会科学版),2014(6).

[63] 史漩,赵志轩,李立新,等.澳大利亚墨累—达令河流域水管理体制对我国的启示[J].干旱区研究,2012(3).

[64] 陈虹.流域法治何以可能:长江流域空间法治化的逻辑与展开[J].中国人口·资源与环境,2019(10).

[65] 邓海峰,俞黎芳.环境法法典化的内在逻辑基础[J].中国人民大学学报,2019(2).

[66] 邵天一,范卓玮,吴志红.水法规体系中的法律责任条款设置和优

化建议[J].水利发展研究,2019(7).

[67] 邱秋.域外流域立法的发展变迁及其对长江保护立法的启示[J].中国人口·资源与环境,2019(10).

[68] 胡苑.环境法律"传送带"模式的阻滞效应及其化解[J].政治与法律,2019(5).

[69] 傅涛,杜鹏,钟丽锦.法国流域水管理特点及其对中国现有体制的借鉴[J].水资源保护,2010(5).

[70] 习近平.在深入推动长江经济带发展座谈会上的讲话[J].社会主义论坛,2019(10).

[71] 吕忠梅.关于制定《长江保护法》的法理思考[J].东方法学,2020(2).

[72] 张梓太,郭少青.结构性陷阱:中国环境法不能承受之重——兼议我国环境法的修改[J].南京大学学报(哲学·人文科学·社会科学版),2013(2).

[73] 柯坚,王敏.论《长江保护法》立法目的之创设——以水安全价值为切入点[J].华中师范大学学报(人文社会科学版),2019(6).

[74] 郭武.论中国第二代环境法的形成和发展趋势[J].法商研究,2017(1).

[75] 朱艳丽.长江流域协调机制创新性落实的法律路径研究[J].中国软科学,2021(6).

[76] 杜辉,杨哲.流域治理的空间转向——大江大河立法的新法理[J].东南大学学报(哲学社会科学版),2021(4).

[77] 王春业.论我国"特定区域"法治先行[J].中国法学,2020(3).

[78] 徐祥民.习近平生态文明法治思想的基本命题:环境保护优先[J].中国政法大学学报,2021(3).

[79] 安川.建立和完善跨区域水污染治理机制[J].中共乐山市委党校学报,2009(1).

[80] 邓铭江,龙爱华,李湘权,等.中亚五国跨界水资源开发利用与合作及其问题分析[J].地球科学进展,2010(12).

[81] 刘鸿志,单保庆,张文强,等.创新思路 推进区域水环境综合治理——以浙江省"五水共治"为例[J].环境保护,2016(5).

[82] 孟庆瑜,张思茵.论水资源用途管制与市场配置的法律调适[J].中

州学刊,2021(9).

［83］彭诚信.从利益到权利——以正义为中介与内核[J].法制与社会发展,2004(5).

［84］陶蕾.国际河流水权概念辨析[J].水利经济,2010(6).

［85］王书明,周寒.竞争、合作与生态文明建设合作制度的建构——结合环渤海区域水污染治理的思考[J].哈尔滨工业大学学报(社会科学版),2015(6).

［86］朱玲玲,蒋正翔.人类命运共同体的理论阐释与国际传播[J].党政研究,2019(1).

［87］林莉红,邓嘉咏.论生态环境损害赔偿诉讼与环境民事公益诉讼之关系定位[J].南京工业大学学报(社会科学版),2020(1).

［88］李浩.生态损害赔偿诉讼的本质及相关问题研究——以环境民事公益诉讼为视角的分析[J].行政法学研究,2019(4).

［89］江劲.论生态环境损害赔偿诉讼与关联诉讼衔接规则的建立———以德司达公司案和生态环境损害赔偿相关判例为鉴[J].环境保护,2018(5).

［90］何燕,李爱年.生态环境损害担责之民事责任认定[J].河北法学,2019(1).

［91］宋丽容.生态环境损害赔偿与社会组织公益诉讼之衔接[J].中国环境管理干部学院学报,2018(5).

［92］黄萍.生态环境损害索赔主体适格性及其实现———以自然资源国家所有权为理论基础[J].社会科学辑刊,2018(3).

［93］肖建国.利益交错中的环境公益诉讼原理[J].中国人民大学学报,2016(2).

［94］史玉成.生态环境损害赔偿制度的学理反思与法律建构[J].中州学刊,2019(10).

［95］王克稳.自然资源国家所有权的性质反思与制度重构[J].中外法学,2019(3).

［96］刘倩.生态环境损害赔偿:概念界定、理论基础与制度框架[J].中国环境管理,2017(1).

［97］徐以祥.论生态环境损害的行政命令救济[J].政治与法律,2019(9).

[98] 张宝.生态环境损害政府索赔制度的性质与定位[J].现代法学,2020(2).

[99] 王灵波.公共信托理论在美国自然资源配置中的作用及启示[J].苏州大学学报(哲学社会科学版),2018(1).

[100] 康京涛.欧盟生态损害救济:理路、实效、困境及启示[J].宁夏社会科学,2020(1).

[101] 王曦.论环境公益诉讼制度的立法顺序[J].清华法学,2016(6).

[102] 韩英夫,黄锡生.生态损害行政协商与司法救济的衔接困境与出路[J].中国地质大学学报(社会科学版),2018(1).

[103] 徐祥民,宋福敏.建立中国环境公益诉讼制度的理论准备[J].中国人口·资源与环境,2016(7).

[104] 巩固.大同小异抑或貌合神离?中美环境公益诉讼比较研究[J].比较法研究,2017(2).

[105] 张远东,魏加华.全美灌溉系统衬砌工程及其争议[J].南水北调与水利科技,2006(6).

[106] 陈海燕.可利用水量变化影响国际河流分水的实例及其启示[J].水利发展研究,2006(7).

[107]《生态经济》编辑部.争夺激烈的水源[J].生态经济,2007(8).

[108] 季尔知.美墨边境安全问题和美墨合作[J].国际研究参考,2013(8).

[109] 邓宏兵.我国国际河流的特征及合作开发利用研究[J].世界地理研究,2000(2).

[110] 刘恒,耿雷华,钟华平,等.关于加快我国国际河流水资源开发利用的思考[J].人民长江,2006(7).

[111] 李晨阳,卢光盛.澜沧江湄公河次区域合作发展报告(2011—2012)[M].北京:社会科学文献出版社,2012.

[112] 卢光盛.中国加入湄公河委员会,利弊如何[J].世界知识,2012(8).

[113] 孙周亮,刘艳丽,刘冀,等.澜沧江—湄公河流域水资源利用现状与需求分析[J].水资源与水工程学报,2018(4).

[114] 王亦楠.对水利水电工程的社会认知亟需走出"生态愚昧"[J].中国三峡,2016(12).

[115] 王庆忠.大湄公河水资源"安全化"的形成及影响[J].东南亚纵横,2016(5).

[116] 张励,卢光盛."水外交"视角下的中国和下湄公河国家跨界水资源合作[J].东南亚研究,2015(1).

[117] 门洪华."安全困境"与国家安全观念的创新[J].科学决策,2007(2).

[118] 于宏源,李坤海.地缘性介入与制度性嵌构:美国亚太区域水安全外交战略[J].国际安全研究,2020(5).

[119] 冯彦,何大明.澜沧江—湄公河水资源公平合理分配模式分析[J],自然资源学报 2000(3).

[120] 郭延军."一带一路"建设中的中国周边水外交[J].亚太安全与海洋研究,2015(4).

[121] 全毅.中国—东盟澜湄合作机制建设背景及重要意义[J].国际贸易,2016(8).

[122] 金新,张梦珠.澜湄水资源治理:域外大国介入与中国的参与[J].国际关系研究,2019(6).

[123] 卢光盛.澜湄合作:制度设计的逻辑与实践效果[J].当代世界,2021(8).

[124] 张励.水外交:中国与湄公河国家跨界水合作及战略布局[J].国际关系研究,2014(4).

[125] 夏军,郑冬燕,刘青娥.西北地区生态需水估算的几个问题探讨[J].水文,2002(5).

[126] 邢伟.澜湄合作机制视角下的水资源安全治理[J].东南亚研究,2016(6).

[127] 罗仪馥.从大湄公河机制到澜湄合作:中南半岛上的国际制度竞争[J].外交评论,2018(6).

[128] 卢光盛,罗会琳.从培育期进入成长期的澜湄合作:新意、难点和方向[J].边界与海洋研究,2018(2).

[129] 马婕.澜湄合作五年:进展、挑战与深化路径[J].国际问题研究,2021(4).

[130] 罗圣荣,苏蕾.澜湄合作与大湄合作的比较及启示[J].和平与发展,2019(1).

[131] 邢伟. 美国对东南亚的水外交分析[J]. 南洋问题研究, 2019(1).

[132] 朴键一, 李志斐. 水合作管理: 澜沧江—湄公河区域关系构建新议题[J]. 东南亚研究, 2013(5).

[133] 何艳梅. 国际河流水资源公平和合理利用的模式与新发展: 实证分析、比较与借鉴[J], 资源科学, 2012(2).

[134] 吴凤平, 白雨卉. "一带一路"跨境水资源合作——以中哈为例[J]. 经济与管理评论, 2020(5).

[135] 郑晨骏. "一带一路"倡议下中哈跨界水资源合作问题[J]. 太平洋学报, 2018(5).

[136] 余晓钟, 罗霞. "一带一路"国际能源合作模式创新的多元主体互动机制研究[J]. 青海社会科学, 2019(10).

[137] 白明华. 国际合作原则在国际水法中的发展[J]. 甘肃政法学院学报, 2013(6).

[138] 李昕蕾. 冲突抑或合作: 跨国河流水治理的路径和机制[J]. 外交评论(外交学院学报), 2016(1).

[139] 何大明, 刘恒, 冯彦, 等. 全球变化下跨境水资源理论与方法研究展望[J]. 水科学进展, 2016(6).

[140] 胡兴球, 张阳, 郑爱翔. 流域治理理论视角的国际河流合作开发研究: 研究进展与评述[J]. 河海大学学报(哲学社会科学版), 2015(2).

[141] 耿捷. "一带一路"框架下中亚跨界河流治理研究[J]. 学术探索, 2020(12).

[142] 李兴, 耿捷. "安全化"与"去安全化": 中哈跨界河流合作中的问题与对策[J]. 国外理论动态, 2019(11).

[143] 王俊峰, 胡烨. 中哈跨界水资源争端: 缘起、进展与中国对策[J]. 国际论坛, 2011(4).

[144] 刘华. 以软法深化周边跨界河流合作治理[J]. 北京理工大学学报(社会科学版), 2017(4).

[145] 袁喆玮. 跨国流域治理的协调机制研究: 缘起、框架与成效[D]. 上海: 上海外国语大学, 2019.

[146] 邱月. 中哈跨界河流水资源利用合作的法律问题研究[D]. 乌鲁木齐: 新疆大学, 2013.

[147] 崔峰, 王思明, 赵英. 新疆坎儿井的农业文化遗产价值及其保护利

用[J].干旱区资源与环境,2012(2).

[148] 邓铭江.干旱区坎儿井与山前凹陷地下水库[J].水科学进展,2010(6).

[149] 邢义川,王俊臣,黄庆文.新疆吐鲁番地区坎儿井的破坏特性研究[J].水利学报,2011(5).

[150] 裴建生.干旱区山前冲洪积扇凹陷带坎儿井式地下水库建设的原理及实践[J].水利水电技术,2016(3).

[151] 王中雨.新疆坎儿井农业遗产资源保护与旅游开发利用[J].中国农业资源与区划,2018(6).

[152] 阿不都沙拉木·加拉力丁,师芸宏,再米热·阿不都沙拉木.吐鲁番绿洲坎儿井系统工程的衰减与保护[J].系统工程,2016(3).

[153] 吾甫尔·努尔丁·托仑布克.吐鲁番绿洲农业:坎儿井浇灌出来的文化生态辉煌[J].原生态民族文化学刊,2017(1).

[154] 阿依格林·乌兰,阿不都沙拉木·加拉力丁,马佳,等.坎儿井测量方法特征差异研究——以中国、伊朗为例[J].系统科学学报,2018(3).

[155] 刘志佳.环球分布的地下水灌溉系统:坎儿井的起源与扩散[J].农业考古,2018(1).

[156] 丁宏.民族研究文集,国际学术交流卷[M].北京:中央民族大学出版社,2002.

[157] 关东海,张胜江,吾甫尔·努尔丁·托仑布克.新疆坎儿井水资源保护与可持续利用研究[J].水资源保护,2008(5).

[158] 王毅萍,周金龙,郭晓静.新疆坎儿井现状及其发展[J].地下水,2008(6).

[159] 王春峰.国内外坎儿井综述[J].地下水,2014(6).

[160] 俞来雷.可持续视野的吐鲁番水文化遗产坎儿井[J].中国园林,2013(3).

[161] 邢义川,张爱军,王力,等.坎儿井地下水资源涵养与保护措施研究[J].中国水利水电科学研究院学报,2016(2).

[162] 柯坚,王敏.论《长江保护法》立法目的之创设——以水安全价值为切入点[J].华中师范大学学报(人文社会科学版),2019(6).

[163] 郭武.论中国第二代环境法的形成和发展趋势[J].法商研究,2017(1).

[164] 张锡镇. 中国参与大湄公河次区域合作的进展、障碍与出路[J]. 南洋问题研究,2007(3).

[165] 朱杰进,诺馥思. 国际制度设计视角下的澜湄合作[J]. 外交评论(外交学院学报),2020(3).

[166] 毕世鸿. 机制拥堵还是大国协调——区域外大国与湄公河地区开发合作[J]. 国际安全,2013(2).

[167] 屠酥,胡德坤. 澜湄水资源合作:矛盾与解决路径[J]. 国际问题研究,2016(3).

[168] 卢光盛,金珍. 超越拥堵:澜湄合作机制的发展路径探析[J]. 世界经济与政治,2020(7).

[169] 李志斐. 中美博弈背景下的澜湄水资源安全问题研究[J]. 世界经济与政治,2021(10).

[170] 何志鹏. 国际法治:一个概念的界定[J]. 政法论坛,2009(4).

[171] 何志鹏."一带一路":中国国际法治观的区域经济映射[J]. 环球法律评论,2018(1).

[172] 刘晓红. 论"一带一路"中的软法治理[J]. 东方法学,2022(5).

[173] 吴永辉. 全球治理中国际软法的勃兴[J]. 国际经济法学刊,2008(1).

[174] 宋丽,翁国民. 数字服务贸易规则的发展趋势及中国的因应之策——以海南自贸港为视角[J]. 上海政法学院学报(法治论丛),2021(2).

[175] 何志鹏. 逆全球化潮流与国际软法的趋势[J]. 武汉大学学报(哲学社会科学版),2017(4).

[176] 何志鹏,孙璐. 国际软法何以可能:一个以环境为视角的展开[J]. 当代法学,2012(1).

[177] 黄炎. 澜沧江—湄公河流域水资源国际合作的动因、基础与路径选择[J]. 国际法研究,2019(2).

[178] 孔玥. 中国对湄公河国家经济外交研究(1992—2016)[D]. 昆明:云南大学,2018.

[179] 梁岱桐,黄德凯. 澜沧江—湄公河合作框架下跨境水资源合作的作用及意义[J]. 东南亚纵横,2021(2).

[180] 黄汉文,李昌文,徐驰. 澜沧江—湄公河水资源合作的现实、挑战与方向[J]. 人民长江,2021(7).

[181] 王庆忠.国际河流水资源治理及成效:湄公河与莱茵河的比较研究[J].安徽广播电视大学学报,2017(1).

[182] 尹君.美国非政府组织参与湄公河流域国家社会治理的机制研究[J].南洋问题研究,2019(3).

[183] 陈思.携手将澜湄水资源合作推向新高度[N].中国水利报,2021-12-2(004).

[184] 李克强.在澜沧江—湄公河合作第三次领导人会议上的讲话[N].人民日报,2020-8-25(003).

[185] 李海川.携手应对水旱灾害的大国担当[N].中国水利报,2020-11-7(001).

[186] 王菡娟.水利部部长李国英:澜湄水资源合作进入"快车道"[N].人民政协报,2021-12-9(006).

[187] 李克强.在大湄公河次区域经济合作第七次领导人会议上的讲话[N].光明日报,2021-09-10(04).

[188] 何祖坤,马勇.关于深化澜沧江—湄公河合作的思考[J].东南亚纵横,2018(6).

[189] 王若兰.澜沧江—湄公河流域5国水资源利用差异分析[D].昆明:云南大学,2019.

[190] 寇勇栎.澜沧江—湄公河流域水资源合作的国际法视角[J].河南工程学院学报,2019(3).

[191] 张飞,陈道胜.世界水日、中国水周主题下的水资源发展回顾与展望[J].水利水电科技进展,2020(4).

[192] 葛勇平,苏铭煜.公平合理利用原则在国际水法中的适用局限及其反思[J].河海大学学报(哲学社会科学版),2020(1).

[193] 赵祺,徐罗卿.大湄公河次区域合作机制"碎片化"问题研究[J].兵团党校学报,2019(4).

[194] 毕世鸿.机制拥堵还是大国协调——区域外大国与湄公河地区开发合作[J].国际安全研究,2013(2).

[195] 吴世韶.中国与东南亚国家次区域经济合作研究[D].武汉:华中师范大学,2011.

[196] 孟慧,刘润华.澜沧江—湄公河国际航运发展研究[J].现代工业经济和信息化,2015(6).

[197] 梁洪.澜沧江—湄公河的国际航运[J].珠江水运,2009(9).

[198] 王江.跨界水道开发和利用争端解决机制的构建研究[J].环境保护,2017(17).

[199] 贾琳.国际河流开发的区域合作法律机制[J].北方法学,2008(5).

[200] 冯彦,何大明,甘淑.澜沧江水资源系统变化与大湄公河次区域合作的关联分析[J].地理研究,2005(4).

[201] 李晨阳.澜沧江—湄公河合作:机遇、挑战与对策[J].学术探索,2016(1).

[202] 王勇辉,余珍艳.中国与东盟小多边安全机制的构建现状——从公共产品供给的视角[J].世界经济与政治论坛,2015(4).

[203] 王文硕.湄公河流域执法安全合作机制建立两年成效显著[N].人民公安报,2013-12-26(001).

[204] 郝少英.跨国水资源和谐开发十大关系法律初探[J].自然资源学报,2011(1).

[205] 倪然,谢青霞.国际河流水资源利益冲突的法律分析[J].珠江水运,2018(3).

[206] 尹君.美国非政府组织参与湄公河流域国家社会治理的机制研究[J].南洋问题研究,2019(3).

[207] 何祖坤,马勇.关于深化澜沧江—湄公河合作的思考[J].东南亚纵横,2018(6).

[208] 周士新.澜沧江—湄公河合作机制:动力、特点和前景分析[J].东南亚众横,2018(1).

[209] 刘稚,徐秀良.澜湄国家命运共同体视域下的区域公共卫生安全合作治理[J].太平洋学报,2020(12).

[210] 卢光盛.全方面推进澜湄国家命运共同体建设[N].中国社会科学报,2020-07-09(008).

[211] 卢光盛,聂姣.澜湄合作的动力机制——基于"利益-责任-规范"的分析[J].国际展望,2021(1).

[212] "人类命运共同体与国际法"课题组.人类命运共同体的国际法构建[J].武大国际法评论,2019(1).

[213] 杜焕芳.国际私法条约解释的路径依赖与方法展开[J].中国法学,2014(2).

[214] 古祖雪.治国之法中的国际法:中国主张和制度实践[J].中国社会科学,2015(10).

[215] 韩燕煦.《联合国宪章》解释对传统条约解释规则的影响和发展[J].环球法律评论,2010(3).

[216] 何志鹏.国际法的变与不变[J].国际法研究,第八卷.

[217] 何志鹏.国际法治的中国表达[J].中国社会科学,2015(10).

[218] 何志鹏.国际法治中的全球共识与中国贡献[N].光明日报,2015-5-13(014).

[219] 黄进,鲁洋.习近平法治思想的国际法治意涵[J].政法论坛,2021(3).

[220] 黄进.始终坚持国际法基本原则[N].人民日报,2020-7-20(009).

[221] 黄进.习近平全球治理与国际法治思想研究[J].中国法学,2017(5).

[222] 李琮.论经济全球化[J].中国社会科学,1995(1).

[223] 王维俭.林则徐翻译西方国际法著作考略[J].中山大学学报(社会科学版),1985(1).

[224] 曾令良.国际法治与中国法治建设[J].中国社会科学,2015(10).

[225] 曾令良.中国国际法学话语体系的当代构建[J].中国社会科学,2011(2).

[226] 张柏森."一带一路"下区域金融监管法律协调模式的选择——基于对欧盟模式和东盟模式的比较分析[J].福建金融,2017(3).

[227] 张卫彬,许俊伟."一带一路"与投资争端解决机制创新——亚投行的角色与作用[J].南洋问题研究,2017(4).

[228] 赵骏.全球治理视野下的国际法治与国内法治[J].中国社会科学,2014(10).

[229] 中国国际私法学会课题组,黄进.习近平法治思想中的国际法治观[J].武大国际法评论,2021(1).

[230] CAPONERA D A, NANNI M. Principles of Water Law and Administration: National and International [M]. New York: Routledge Press, 2019.

[231] KEOHANE R. After Hegemony: Cooperation and Discord in the World Political Economy [M]. Princeton: Princeton University

Press, 1984.

[232] FAO. Modern water rights: Theory and practice[M]. Rome: Food and Agriculture Organization of the United Nations, 2006.

[233] ISLAM S, SUSSKIND L E. Water Diplomacy: A Negotiated Approach to Managing Complex Water Networks[M]. New York: Routledge Press, 2012.

[234] IBWC. The International Boundary and Water Commission—Its Mission, Organization and Procedures for Solution of Boundary and Water Problems [EB/OL]. [no date]. https://www.ibwc.gov/About_Us/About_Us.html.

[235] INGRAM S G. In a Twenty-First Century "Minute"[J]. Natural Resources Journal, 2004, 44(1): 163-211.

[236] WWF. World's Top 10 Rivers at Risk [EB/OL]. [2007-03-20]. http://assets.panda.org/downloads/worldstop10riversatriskfinalma rch 13.pdf.

[237] LACEWELL R D, DUBOIS M, MICHELSEN A, et al. Transboundary Water Crises: Learning from Our Neighbors in theRio Grande (Bravo) and Jordan River Watersheds [J]. Journal of Transboundary Water Resources, 2010(1).

[238] IBWC. Press Release [EB/OL]. [2005-03-10]. http://www.ibwc.state.gov/PAO/CURPRESS/2005/WaterDelFinalWeb.pdf.

[239] IBWC. Rio Grande River Basin Estimated Volumes Allotted to the United States by Mexico from Six Named Mexican Tributaries under the 1944 Water Treaty (October 25, 2015 thru September 26, 2020) [EB/OL]. [2020-10-02]. https://www.ibwc.gov/wad/_images/current_cycle.pdf.

[240] The Associated Press, More clashes in Mexico over Repaying U.S. Water Debt [EB/OL]. [2020-07-20]. https://apnews.com/article/cc d77c1842d4cb0d792b38b2041cc965.

[241] COMBS S. The Mexico water debt [J]. Texas Bar Journal, 2004, 67(3).

[242] FNS news. Water Fights Flare [EB/OL]. [2013-05-07]. ht-

tps://fnsnews.nmsu.edu/water-fights-flare/.

[243] MILLOY R E. A Rift over Rio Grande Water Rights [EB/OL]. [2001-09-18]. https://www.nytimes.com/2001/09/18/us/a-rift-over-rio-grande-water-rights.html.

[244] WEINER T. Water Crisis Grows into a Test of U.S.—Mexico Relations [EB/OL]. [2002-05-24]. https://www.nytimes.com/2002/05/24/world/water-crisis-grows-into-a-test-of-us-mexico-relations.html.

[245] CLARE C R, VILLARREAL M A. Mexican—U.S. Relations: Increased Tensions (IN10641)[EB/OL]. [2017-02-01]. https://fas.org/sgp/crs/row/IN10641.

[246] SIMSARIAN J. The Diversion of Waters Affecting the United States and Mexico[J]. Texas Law Review, 1938.

[247] UTTON A E. Coping with Scarcity in the Río Grande/Río Bravo Drainage Basin: Lessons to be Learned from the Droughts of 1993—1996 [J]. Natural Resources Journal, 1999, 39(1).

[248] KIBEL P S, SCHUTZ J R. Rio Grande Designs: Texans' NAFTA Water Claim Against Mexico [J]. Berkeley Journal of International Law, 2007(25).

[249] IBWC. Minute No. 293, Emergency Cooperation To Supply Municipal Needs Of Mexican Communities Located Along The Rio Grande Downstream of Amistad Dam [EB/OL]. [1995-10-04]. http://www.ibwc.state.gov/Files/Minutes/Min293.pdf.

[250] KRAUL C, PERRY T. Rift Runs Deep in Water War [EB/OL]. [2002-05-04]. https://www.latimes.com/archives/la-xpm-2002-may-04-fg-water4-story.html.

[251] MEYERS C J, NOBLE N L. The Colorado River: the Treaty With Mexico [J]. Stanford Law Review, 1967, 19(2).

[252] IBWC. Press Release, United States and Mexico Agree on Delivery of Rio Grande Water [EB/OL]. [2003-01-10]. http://www.ibwc.state.gov/PAO/CURPRESS/CurPress2waterunderstandingStateweb.htm.

[253] SADASIVAM N. The Texas-Mexico Border Wall Comes With A

Dangerous, Costly Side Effect: Flooding [EB/OL]. [2018-08-17]. https://www.texasobserver.org/the-texas-mexico-border-wall-comes-with-a-dangerous-costly-side-effect-flooding/.

[254] FORT D D. Restoring the Rio Grande: A Case Study in Environmental Federalism [J]. Environmental Law, 1998, 28(1).

[255] MUMME S. The Case for Adding an Ecology Minute to the 1944 United States—Mexico Water Treaty [J]. Tulane Environmental Law Journal, 2002, 15(2).

[256] COMMISSION M R. Integrated Water Resources Management-based Basin Development Strategy (2016—2020) [C]. Vientiane, Laos: MRC, 2016.

[257] COMMISSION M R. Annual Mekong Flood Report[C]. Phnom Penh, Cambodia: MRC 2014.

[258] ALLOUCHE J. Water Nationalism: an Explanation of the Past and Present Conflicts in Central Asia, the Middle East, and the Indian Subcontinent? [J]. Universite de Geneve. Ph. D. dissertation. 2005.

[259] Transboundary Waters Assessment Programme (TWAP). The global transboundary river basins [EB/OL]. [2021-12-30]. http://twap-rivers.org/#home.

[260] Water, Land and Ecosystems. Dataset on the Dams of the Irrawaddy, Mekong, Red and Salween River BasinsVientiane, Lao PDR: CGIAR Research Program on Water, Land and Ecosystems Greater Mekong [EB/OL]. [2021-12-15]. https://wle-mekong.cgiar.org/maps/.

[261] GRUEN G E. Turkish Waters: Source of Regional Conflict or Catalyst for Peace? [J]. Water, Air and Soil Pollution, 2000(123): 565-579.

[262] BUZAN B, et al eds. Security: A New Frame-work For Analysis [M]. Boulder, Colorado: Lynne Rienner Publishers, 1998.

[263] YOSHIMATSU H. The United States, China, and Geopolitics in the Mekong Region[J]. Asian Affairs: An American Review, 2015(4): 173-194.

[264] BIBA S. China's "Old" and "New" Mekong River Politics: The

Lancang-Mekong Cooperation from a Comparative Benefit-sharing Perspective[J]. Water International,2018(5).

[265] ALLAN J A. Hydro-peace in the Middle East: Why No Water Wars? A Case Study of the Jordan River Basin[J],SAIS Review. International Affair, 2003:255-272.

[266] MCCAFFREY S. The Law of International Watercourses: Non-navigational Uses[M]. Oxford: Oxford University Press,2001.

[267] AARON T W. International Water Conflict Resolution:Lessons from Comparative Analysis[J]. International Journal of Water Resources Development,2015,13(3).

[268] GUNASEKARA N K,KAZAMA S,YAMAZAKI D,et al. Water conflict risk due to water resource availability and un-equal distribution[J]. Water Resources Management,2014,28(1).

[269] YAZDI A A S,KHANEIKI M L. Veins of desert:a review on the technique of Qanat/Falaj/Karez[M]. Tehran:Iran Water Resources Management Organization,2010.

[270] KOBORI I. Notes from the Turpan Basin:pioneering research on the Karez[M]. Berlin:Springer Science+Business Media B. V,2010.

[271] ASHRAF M,MAJEED A,SAEED M. Impact evaluation of a Karez irrigation scheme in Balochistan-Pakistan:issues and options[J]. Pakistan Journal of Agricultural Sciences,2016(3).

[272] MEMON J A,JOGEZAI G,HUSSAIN A,et al. Rehabilitating traditional irrigation systems:assessing popular support for Karez rehabilitation in Balochistan, Pakistan[J]. Journal of Human Ecology,2017(2).

[273] MANUEL M,LIGHTFOOT D,FATTAHI M. The sustainability of ancient water control techniques in Iran:an overview[J]. Water History,2018(10).

[274] MOGHADAM H M,KARAMI G H,BAGHERI R,et al. Death time estimation of water heritages in Gonabad Plain, Iran[J]. Environmental Earth Science,2021 (4).

[275] GOES B J M,PARAJULI U N,HAQ M,et al. Karez (Qanat) irrigation in the Helmand River Basin, Afghanistan:a vanishing indigenous

legacy[J]. Hydrogeology Journal,2017(2).

[276] STINSON P T, NAGLAK M C, MANDEL R D, et al. The remote-sensing assessment of a threatened ancient water technology in Afghanistan[J]. Journal of Archaeological Science:Reports,2016(10).

[277] MACPHERSON G L, JOHNSON W C, LIU H. Viability of Karezes (ancient water supply systems in Afghanistan) in a changing world [J]. Applied Water Science,2017(4).

[278] REMINI B, ACHOUR B, ALBERGEL J. Timimoun's Foggara (Algeria):a heritage in danger[J]. Arabian Journal of Geosciences,2011(4).

[279] MOKADEM N, REDHAOUNIA B, BESSER H, et al. Impact of climate change on groundwater and the extinction of ancient "Foggara" and springs systems in arid lands in North Africa:a case study in Gafsa basin (Central of Tunisia)[J]. Euro-Mediterranean Journal for Environmental Integration,2018 (3).

[280] GABLOT H. Les Qanats, une technique d'acquisiton de l'eau [J]. École des Hautes études en Sciences Sociales,1979.

[281] YAN F, WANG W L, SUMAN D, et al. Water Cooperation Priorities in the Lancang-Mekong River Basin Based on Cooperative Events Since the Mekong River Commission Establishment [J]. Chinese Geographical Science,2019(1).

[282] JEFFREY W J. The Mekong River Commission:Transboundary Water Resources Planning and Regional Security [J]. The Geographical Journal,2002(4).

[283] SMITH H. The Economic Uses of International Rivers[J]. International Law Association Berlin Conference, Commentary on Article 11 of Berlin Rules,2004.

[284] KRAHL T, DOSCH J. The Greater Mekong Subregion (GMS)-Infrastructure Development and the Prospects for the Emergence of a Security Community[J].

[285] In: LOEWEN H, ZOROB A. Initiatives of Regional Integration in Asia in Comparative Perspective[M]. United Nations University Series on Regionalism, Springer, 2018,14.

[286] LAOHASIRIWONG S, OISHI M. Managing the Mekong River Conflicts: Political Stability at the Cost of Local Communities. In OISHI M: Managing Conflicts in a Globalizing ASEAN[M]. Berlin: Springer, 2019.

[287] KNUT I. Voelkerrecht (5. Auflage) [M]. Muenchen: Verlag C. H. Beck, 2004.

[288] MALCOLM N S. International Law (Fifth Edition) [M]. 世界法学精要影印版. 北京: 北京大学出版社, 2005.

[289] SURYA P S. Reassessing & Redefining the Principle of Economic Sovereignty of States[J]. Duncan French. Global Justice and Sustainable Development [M]. Martinus Nijhoff Publishers, 2010.

[290] 中华人民共和国生态环境部. 第三次全国环境保护会议[EB/OL]. 2023-1-4. https://www.mee.gov.cn/zjhb/lsj/lsj_zyhy/201807/t20180713_446639.shtml.

[291] 陆文琳. 黄河保护法通过, 明年4月1日起施行[EB/OL]. 2023-1-4. 参见浙江日报官方账号, 2022-10-30, https://baijiahao.baidu.com/s?id=1748113476813420911&wfr=baike.

[292] 杨淼. 苏皖三市协同立法保护江豚今起施行[EB/OL]. 2022-12-20. https://baijiahao.baidu.com/s?id=1747576846114961 8684&wfr=spider&for=pc.

[293] 习近平. 在生态环境保护问题上, 不能越雷池一步. 2017年5月26日, 习近平在中共中央政治局第四十一次集体学习时强调[EB/OL]. 2022-12-13. https://baijiahao.baidu.com/s?id=1600671080443170015&wfr=spider&for=pc.

[294] 水利部关于发布2019年度实行最严格水资源管理制度考核结果的公告. [EB/OL]. 2022-10-26. http://www.mwr.gov.cn/zwgk/gknr/202007/t20200730_1441256.html.

[295] 吐鲁番市统计局. 吐鲁番市2020年国民经济和社会发展统计公报[R/OL]. 2021-06-08. 2023-1-3. http://www.tlf.gov.cn/tlfs/c106443/202107/0ebf8a728bbb401bb7c789feedb3b15b.html.

[296] 吐鲁番市统计局. 吐鲁番市2003年国民经济和社会发展统计公报[R/OL]. 2004-03-15. 2023-1-3. http://www.tjcn.org/tjgb/31xj/10268.html.

［297］澜沧江—湄公河合作中国秘书处. 2018 年澜湄合作大事记［EB/OL］. http://www.lmcchina.org/2021—02/26/content_41463036.htm.

［298］Mekong River Commission and Ministry of Water Resources of China. Technical Report Joint Observation and Evaluation of the Emergency Water Supplement from China to the Mekong River Mekong River Commission, Vientiane, Lao PDR, 2016. 澜湄水资源合作信息共享平台. 澜湄流域干旱特性与水库调度影响评估研究报告［EB/OL］. 2021-08-07. http://cn.lmcwater.org.cn/authoritative opinion/study/202007/P020200719663211378886.pdf.

［299］国际法院 2009 年乌拉圭河纸浆厂案［EB/OL］. 2021-12-16. https://www.icj-cij.org/files/summaries/summaries-2008—2012-ch.pdf.

［300］湄公河委员会. 跨界水资源环境影响评价［EB/OL］. 2019-4-25. http://www.mrcmekong.org/aboutmrc/programmes/environment-programme/transboundary-eia/.

［301］湄公河委员会. 河流运输专题研究［EB/OL］. 2019-4-25. http://www.mrcmekong.org/topics/river-transport/.

后记

2021年,邢鸿飞教授以"'一带一路'国际水合作法律问题研究"为题,代表河海大学法学院牵头申报河海大学中央业务经费人文社科专项——重大培育项目(项目编号:B210207035),有幸获准。河海大学法学院的王春业、葛勇平、孙珺、李祎恒、王志坚、顾向一、黄雅屏等老师及穆斯塔基甫·吾甫尔、曾丽渲、向佳等博士研究生参与了课题研究。

在课题组诸位同仁的支持配合下,经过一年多的努力,《跨界水治理法律问题研究》作为该项目的最终成果,终于出版问世。本书出版受河海大学中央业务经费资助,并得到了河海大学出版社的大力支持。

本书各章初稿撰写人:第一章黄雅屏,第二章黄雅屏、金昊,第三章黄雅屏,第四章王春业、费博,第五章李祎恒、刘南希,第六章曾丽渲,第七章邢鸿飞、王志坚,第八章邢鸿飞、向佳,第九章邢鸿飞、穆斯塔基甫·吾甫尔,第十章顾向一、于慧,第十一章葛勇平,第十二章王志坚,第十三章邢鸿飞、王志坚,第十四章孙珺,第十五章邢鸿飞、王志坚。

本书编撰过程中,曾丽渲、向佳两位博士配合做了大量基础性工作,最终由邢鸿飞教授统稿并审定。

邢鸿飞
2023年1月3日